친애하는 슐츠씨

친애하는 슐츠씨

오래된 편견을 넘어선 사람들

박상현 지음

어크로스

추천사

미국에서 터전을 잡고 살고 있지만 정작 내가 읽는 미국에 대한 가장 유용하고 감동적인 글들은 <뉴욕타임스>도 <워싱턴포스트>도 아닌, 박상현 작가가 발행하는 <오터레터>에서 오는 경우가 많다. 역사 속에 숨겨진 심층적인 이야기들을 어쩌면 이처럼 잘 엮어서 한 편의 글로 만들까 싶은 생각이 절로 드는 그의 글. 그중에서도 인상적인 글을 모아놓은《친애하는 슐츠 씨》는 마치 추리소설처럼 다음 내용을 궁금하게 만드는 끌림이 있다. 미국의 이야기를 담고 있지만 동시에 우리 사회에 꼭 필요한 이야기다. 교육의 기회, 인종, 다양성에 관한 화두, 정치적 올바름에 대한 논쟁, 정신 건강에 대한 담론, 진정한 전문가란 누구인가에 대한 물음으로 꼬리에 꼬리를 물고 연결되는 그의 흥미진진한 이야기에 몰입하다 보니 이 두꺼운 책을 이틀 만에 완독할 수 있었다. 미국을 거울 삼아 한국 사회를 바라보고 싶은 모든 사람들에게 이 책을 강력 추천한다.

_나종호 예일대학교 의과대학 정신의학과 교수

'앞으로 어떤 정치인이 되고 싶은가'라는 질문을 받을 때 즐겨 하는 말이 있다. 정치인의 힘, 이른바 '권력'이란 '권' 자에 담긴 '저울추'라는 의미처럼 더 약한 쪽에 힘을 실어 사회의 균형을 맞추고 지속 가능한 발전을 도모하는 데 쓰여야 한다는 것이며 이를 실천하는 정치인을 목표로 하고 있다고. (비슷하게 영어로도 사물의 길이를 재는 데 쓰는 도구인 '자'를 의미하는 'ruler'라는 단어가 '권력자', '지배자'라는 뜻으로 쓰이는 걸 보면 동서양을 막론하고 비슷한 발상이 있었던 것이 아닌가 생각한다.)《친애하는 슐츠 씨》에 소개된, 차별에 맞서 싸운 이들이나 그들을 지지하며 함께한 이들의 이야기를 살펴보며 새삼스레 힘을 얻는다. 2024년의 우리보다 한참을 앞서 노력한 이들이 있었다는 당연한 사실에서, 앞으로도 쉼 없이 세상의 균형을 맞추고자 하는 이들이 있을 것이라는 희망도 함께 본 듯하다. 이 책을 통해 함께 저울추를 움직일 이들이 더욱 많아지길 바란다.

_정원오 성동구청장

박상현의 글은 미국 주요 매체 롱폼 기사에 기반한다. 그러나 그의 글이 단순한 번역이 아니라 흥미로운 스토리가 되는 이유는 한국 독자들이 놓칠 수 있는 미국식 문화코드와 배경 설명을 곁들이기 때문이다. 개인적으로는 <오터레터>에 연재되던 다양성, 편견, 차별 스토리들이 책 한 권으로 엮인 게 반갑다. 책을 덮고 나면 모든 차별과 편견은 서로 통하며, 인위적인 노력 없이는 차별이 없어지지 않음을 절로 알게 된다. 이 책의 또 다른 미덕은 급진적인 이들(미국 장애인 인권운동 대모 주디 휴먼)과 덜 급진적인 이들(<피너츠> 만화에 운동하는 소녀와 흑인 소년을 그려 넣은 찰스 슐츠)이 함께 세상을 변화시킬 수 있음을 알려준다는 것이다.

_홍윤희 무의('장애를 무의미하게') 이사장

"누가 칼 들고 협박했냐"와 "반박 시 님 말이 맞음"이 유행어가 된 시대는 옳고 그름을 논하는 일에 병적인 피로감을 드러낸다. 하지만 그 속에서 진정한 어른들은 조용히 세상의 낡은 관습을 정리하고 새로운 시대의 기준을 만들어가고 있다. 차별하고 차별받던 우리가 마주 보게 되는 날, 발밑에는 이 책이 우리를 지탱하고 있을 것이다.

_김소연 뉴닉 대표

차례

2부: 친애하는 슐츠 씨

인류의 낡은 생각과 이에 맞선 작은 목소리들

프롤로그

아주 오래된 습관

내 머리에 남아 있는 어린 시절의 첫 기억 중 하나는 아버지가 방에서 TV를 보고 계신 장면이다. 아마도 권투 중계였던 것 같지만 정확하지는 않다. 분명히 기억하는 건 아버지가 담배를 피우고 계셨다는 것이다. 1970년대, 아니 1980년대에도 방에 두툼한 유리 재떨이가 있는 집이 흔했고, 사무실에서 담배를 피우는 게 한국뿐 아니라 전 세계 어디에서도 문제가 되지 않았다. 그걸 내가 기억하는 이유는 아마도 어머니가 그 시절 얘기를 종종 하셨기 때문일 것이다. 옛날 기억은 그렇게 이야기 속에 등장하면서 생명이 연장된다. 그 과정에서 왜곡이 일어나기도 하지만.

어머니가 들려주신 아버지의 담배 이야기는 정확히는 담배를 끊게 만든 이야기였다. 어머니는 아버지의 흡연 습관을 싫어하셨다. 모든 비흡연자들이 담배 냄새를 싫어하지만 어머니는 어린 세 아이가 담배 연기를 마시게 되는 게 못마땅하셨던 것 같다. 지금은 상상할 수도 없는 일이지만 그 당시 담배는 커피와 다름없는 기호품이었기 때문에 아이가 옆에 있는 건 큰 문제가 아니었다. 아침마다 가정 예배 드리는 걸 평생 원칙으로 삼으셨던 어머니는 기도에 "아빠가 담배를 끊게 해주세요"라는 말을 빼놓지 않으셨고 아버지는 결국 담배를 끊으셨다. 내 기억 속에 아버지가 담배 피우는 장면이 하나밖에 없는 걸 보면 아버지는 내가 아주 어릴 때 금연에 성공하셨고 이후 담배에 전혀 손을 대지 않으셨다. 꽤 오래 피우셨던 담배를 하루아침에 끊으셨기 때문에 우리 식구는 담배를 끊는 것이 그렇게 힘든 일인 줄은 몰랐다.

이후 나는 세상에서 흡연이 서서히 사라지는 모습을 보며 자랐다. 한국의 경우 1990년대에 들어서면서 사무실, 비행기를 비롯한 공공장소에서 흡연이 금지되었고 금연구역은 점점 확대되어 이제는 별도로 지정되지 않은 곳에서는 담배를 피울 수 없게 되었다. 문화마다 조금씩 다르긴 하지만 많은 나라들이 비슷한 조치를 취하고 있다. 물론 이런 변화를 불러온 건 흡연이 폐암을 비롯한 각종 질병을 유발한다는 경고였다. 지금은 상식이 된 지구의 기후변화와 마찬가지로 처음에는 의사와 과학자들의 문제 제기에서 시작되어 사회적 공감대가 확대되고, 사업에 위협을 느낀 기업들이 이를 부정하는 연구를 지원하거나 정치인들을 상대로 로비를 하며 버티다가 결국 굴복하고 인정하게 되는 과정을 겪었다. 그런 기나긴 줄다리기 과정에서 흡연의 폐해를 100퍼센트 확신한 건 실험 연구를 한 의사와 담배로 인해 병에 걸린 환자들뿐이었다. 대부분의 사람들은 막연하게 '나쁠 것 같다'는 두려움과 '그래도 나는 괜찮지 않을까' 하는 무모한 기대 사이를 오가며 흡연을 계속했다. 담배 회사들에게는 이런 사람들이 많을수록 좋았다.

1994년 4월 어느 날, 미국의 7대 담배 회사의 CEO들이 연방 의회 청문회에 출두했다. 이들은 진실만을 말하겠다고 선서한 후 담배는 폐암을 유발한다고 생각하지 않으며, 니코틴은 중독성이 없다고 증언했다. 나를 비롯해 당시 이 뉴스를 본 사람들은 혼란스러웠다. '의회에서 선서하고 저렇게 자신 있게 말할 정도라면 담배의 폐해는 과장된 게 아닐까?' 나는 그 뉴스를 읽으면서 1970년대에 담배를 끊으신 아버지의 결정 과정이 궁금해졌다. '아버지는 흡연이 폐암을 유발한다는 사실을 얼마나 확신하셨을까?'

버크셔 작전

사실 담배가 몸에 해롭다는 건 아주 오래전부터 알려져 있었다. 1600년대 초에 잉글랜드와 스코틀랜드를 지배한 제임스 1세는 담배 연기가 눈과 코를 아프게 할 뿐 아니라 "뇌와 폐에 해롭다"고 말한 기록이 있다. 파이프 담배를 피우는 것이 구강암 발병과 관련 있다는 주장도 1700년대에 이미 나왔고 1800년대 말부터는 흡연이 다양한 암의 발병과 관련이 있다는 사실이 알려지기 시작했다. 그렇다면 우리 아버지를 포함해 20세기에 담배를 피우기 시작한 사람들은 처음부터 흡연의 위험성을 알고 있었다고 말해도 될까?

답은 간단하지 않다. 의사들은 흡연의 위험을 경고했지만 그들의 메시지는 다른 주장들이 내는 소음에 묻혀 분명하게 전달되지 않았다. 흡연과 암 발생의 인과관계를 본격적으로 증명한 연구가 쏟아져 나오기 시작한 것은 1950년대다. 사람들은 흡연의 위험성에 대해 익히 들어왔음에도 영국과 미국의 의료진들이 대규모 연구를 통해 이를 밝힌 후에야 본격적으로 담배의 해악을 걱정하기 시작했다. 심지어 담배 회사가 내부적으로 진행한 연구에서도 담배가 암을 유발한다는 사실이 지적되기도 했다. 그런데 1950년대는 미국 드라마 〈매드맨(Mad Men)〉으로 유명한 뉴욕의 광고 산업이 전성기에 접어들기 시작한 시점이고 대형 담배 회사들은 미국 광고 업계의 큰손이었다. 지금은 금지되었지만 50년 넘게 미국 담배 광고의 상징이었던 '말보로맨(Marlboro Man)'이 처음 등장한 게 1954년이었다. 즉 담배의 위험성이 의학적으로 증명되던 시점에 담배 회사들의 광고가 본격적으로 쏟아져 나온 것이다. 심지어 R. J. 레이놀즈 담배 회사는 실제 의사들을 모델로 내세워서 "의사들이 가장 선호하는 담배는 카멜"이라는 광고까지 내보냈다. 흡연과 발암에 관한 연구 결과를 보며 '내가 피우는 담배가 몸에 해롭지 않을까?' 하고 걱정하던 흡연자들은 의사가 카멜 담배를 선호한다는 광고를 보며 안심할 수 있었다.

담배 회사들의 목표는 담배가 암을 비롯한 많은 질병을 유발한다는 연구들을 모조리 부정해서 무해함을 증명하는 게 아니었다. 그저 이런 광고와 홍보를 통해 적당한 수준의 소음만 만들어

말보로맨 광고(위)와 카멜 담배 광고(아래)

내는 것으로 충분했다. 이는 전기차처럼 대중에게 익숙하지 않은 제품을 팔아야 하는 기업들과는 완전히 다른 작업이다. 테슬라를 비롯한 전기차 업체들은 초기에 구매자들의 우려를 불식시키기 위해 전기차가 얼마나 안전한가를 증명하는 데 큰 노력을 기울였다. 하지만 담배 회사의 고객은 이미 습관—정확하게는 니코틴 중독—이 형성된 사람들이었다. 소비자들이 새로운 행동을 하도록 유도해야 했던 테슬라와 달리 담배 회사들은 흡연자들이 습관을 끊지 않도록 적당히 다독여주기만 하면 되었던 것이다. 새로운 습관(귀가 후 전기차 충전)을 만들어내는 데 들어가는 노력과 기존 습관(스트레스받을 때 흡연)을 이어가도록 돕는 데 들어가는 노력의 차이는 물리학의 관성을 생각해보면 쉽게 이해할 수 있다.

담배 회사들이 소음을 일으켜서 의학계의 경고를 묻어버리는 작업을 가장 적나라하게 보여주는 사례가 '버크셔 작전(Operation Berkshire)'이다. 1977년 대형 담배 회사의 CEO들이 영국 모처에서 비밀 회동을 갖고는 대중이 흡연과 질병에 관한 정확한 정보를 듣지 못하도록 반대되는 연구를 지원해서 '논란'을 만들어내자고 결의한 것이다. 이런 집요한 노력의 결과 흡연자들은 담배의 해악에 대해서는 '의학계에서도 완전히 동의하지 않은' 문제라고 느끼게 되었고, 그 덕분에 불안을 달래가며 흡연 습관을 이어갈 수 있었다. 1994년 청문회에서 담배 회사의 CEO들이 그 사실을 부인한 것은 담배 회사들이 수십 년간 이어온 소음 만들기의 일환이었다.

하지만 그들이 의회 청문회에서 증언을 하는 동안 담배 회사들이 이미 오래전부터 니코틴의 중독성은 물론 담배에 발암 물질이 들어 있다(담배라는 식물에 들어 있는 발암 물질 외에도 기업들은 빠른 중독을 돕기 위해 발암 물질을 추가로 주입하고 있었다)는 사실을 알고 있었음을 밝히려는 사람들이 있었다. 담배 회사의 연구개발팀에서 일하던 화학자 제프리 와이갠드(Jeffrey Wigand), 담배 회사의 법적 문제를 도와주던 로펌 직원 메럴 윌리엄스(Merrell Williams Jr.) 같은 사람들이다. 이들은 회사에서 고액의 연봉을 받으며 일하다가 담배 회사들이 거짓말을 하고 있음을 보여주는 문서를 접하게 되었고 양심의 가책 탓에 이를 폭로하기로 결심했다. 담배 회사를 상대로 한 소송은 이전에도 많았지만 기업의 고의성을 입증하지 못해 번번이 패소했다. 하지만 와이갠드와 윌리엄스의 용기 있는 증언과 그들이 제시한 물증으로 무장한 46개 주의 법무장관들은 1996년에 대형 담배 회사들을 상대로 새로운 소송을 시작했고 결국 승리하게 된다.

개인적인 수준에서 흡연은 습관이다. 사람들은 자발적으로 혹은 또래의 압력 때문에 흡연을 시작한다. 어디까지나 개인적인 결정이기 때문에 원한다면 습관을 버리고 흡연을 중단할 수 있다는 게 담배 회사들의 주장이었다. 하지만 많은 사람들이 같은 습관을 갖기 시작하면 이는 사회적 관습으로 발전하고 이렇게 관습이 되면 여기에 다양한 이권이 개입하게 된다. 그 이권은 기업의 수익일 수도 있고 개인과 조직 그리고 국가의 정치적 이익일 수도 있다. 이 관습으로 이득을 보는 사람들이 많아지면 그들은 이를 철저하게 감싸고 보호하게 되고 이런 일을 하는 사람들이 양심의 가책을 느끼는 것을 최소화하는 시스템이 만들어진다. 하지만 이런 시스템은 양심을 달래주는 역할에 그치지 않고 나쁜 일을 적극적으로 옹호하는 논리를 만들어낸다. 가령 나치의 지배를 받던 독일인 중에는 히틀러의 독재를 마지못해 인정하고 따른 사람들도 있었지만 나치의 주장을 적극적으로 받아들이고 믿는 사람들도 많았다. 같은 언어를 사용하고 같은 마을에서 살던 사람들을 발가벗겨 가스실에 밀어 넣는 것은 단순히 개인적인 결정으로 가능한 일이 아니다. 사회적 합의와 공동체의 참여가 필수적이다. 고작 10여 년간 독일을 지배했음에도 나치는 독일을 비롯한 인류 사회에 오래도록 존재하던 차별과 배제의 습관을 활용했기 때문에 단기간에 독일 국민을 동원할 수 있었다.

이렇게 거대한 조직이나 사회에 스며든 습관은 문화라는 이름으로 자기복제를 한다. 내가 중국어를 배울 때 사용하던 교과서는 중국에서 제작한 것이었는데, 처음 만난 사람과 인사를 나눌 때 담배를 권하는 것을 자연스러운 대화로 가르쳤다. 논산 훈련소에서는 두세 시간의 훈련이나 작업을 마친 후에 흡연을 위한 휴식 시간을 제공한 것은 물론 훈련생에게 담배를 무료로 지급하기도 했다. 이렇게 우리를 둘러싼 환경이 흡연을 권한다면 담배를 끊는 것이 과연 '개인의 선택, 개인의 자유'라고 할 수 있을까?

이 책은 〈오터레터〉에서 소개한 글 중에 인류의 오래된 습관들을 이야기한 내용만을 골라 모은 것이다. 1부에서는 인류 사회에 만연한 차별과 배제 중 얼마나 많은 것들이 무지에서 비롯되는지를 이야기한다. 여성이 입는 바지에 왜 주머니가 없거나 남성복에 비해 형편없이 작은 주머니가 붙는지(그리고 사람들은 왜 그게 여성 소비자의 선택이라고 생각하는지)처럼 사소해 보이는 문제부터 특정 젠더나 인종의 권리를 인정하지 않으려는 치밀하고 지독한 공격까지 다양한 사례를 통해 차별과 배제가 얼마나 철저하고 자연스럽게 이뤄졌는지 살펴본다. 그리고 2부에서는 차별이 일상인 세상에 태어났지만 그런 관습에 순응하기를 거부한 사람들의 이야기를 다룬다. 그중에는 마틴 루서 킹이나 주디 휴먼처럼 사회의 인식과 제도를 바꾼 사람이 있는가 하면 자기에게 맡겨진 일을 수행하면서 정치적 압력을 견뎌낸 데이비드 케이 같은 사람도 있다. 인류의 오래된 습관을 깨고, 크고 작은 변화를 가져온 이들의 이야기를 통해 변화를 바라고 변화를 위해 노력하는 이들이 힘을 얻을 수 있다면 더 바랄 게 없겠다.

사족: 1970년대 중반에 담배를 끊으신 아버지는 40년이 지난 후에 폐암 조기진단을 받으셨다. 금연 후 20년이 지나면 발병 가능성이 없어지기 때문에 흡연 전력과는 무관하다고 했고 수술 후 완치 판정을 받으셨다.

1부

여자 옷과 주머니

얼마나 많은 차별이 무지에서 비롯되는가

세상의 모든 멜라니들

2005년에 같은 나라, 같은 도시, 같은 구에 위치한 두 고등학교가 교환학생 프로그램을 시작했다. 그런데 미처 생각하지 못한 문제가 발생했다.

미국 펜실베이니아주에서 대학원을 다니던 2000년대 초, 처음으로 차를 몰고 뉴욕시에 갔던 때를 기억한다. 그때 어딘가에 들르려다가 길을 잘못 들어서 맨해튼 북쪽을 지나게 되었고 갑자기 변한 풍경에 놀랐다. 백인들은 거의 찾아보기 힘들고 차들은 낡은 데다 무엇보다 특별히 하는 일 없이 길거리에 서 있는 사람들이 많은 걸 보고는 '무슨 일 있나?' 하는 생각을 했다. GPS가 없던 터라 지도책을 들고 위치를 확인하다가 비로소 할렘(Harlem)에 들어와 있음을 깨달았다. 뉴욕에 사는 친구들이 안전하지 않으니 가지 말라고 했던 바로 그곳이었다.

하지만 더 놀라웠던 건 남쪽을 향해 운전해 가다가 길 하나, 정확하게는 110번가를 건너자마자 갑자기 달라진 풍경이었다. 센트럴파크를 바라보는 고급 아파트들이 가득한 5번가에 들어선 직후에 마주친 풍경은 제복에 모자까지 쓴 흑인 운전기사가 대형 승용차의 뒷문을 열고 집에서 나오는 대여섯 살 정도 되어 보이는 백인 여자아이를 기다리는 모습이었다. 내가 놀란 이유는 영화에서나 보던 장면이 허구가 아니었다는 것보다 '험한 흑인 동네'라고들 하는 할렘이 이런 부자 동네와 길 하나를 사이에 두고

이 사진은 맨해튼 부모들이 운전기사들에게 아이들의 등하교를 맡기는 것이 유행이 되었다는 내용의 2007년 <뉴욕타임스> 기사에 등장했다. 내가 목격한 게 바로 이런 장면이었다.

있다는 사실이었다. 한국에도 부자 동네가 있고 가난한 동네가 있지만 미국에서는 그런 두 동네가 길 하나를 두고 마주 보고 있을 만큼 가까운 경우가 드물지 않다. 하지만 물리적 거리가 가깝다는 것이 두 집단이 서로에 대해 잘 알고 있음을 의미하지는 않는다.

빈부의 격차가 날로 심해지는 오늘날 비록 같은 도시에 사는 사람이라도 서로 완전히 다른 세상에 살고 있다는 사실을 모르는 사람은 없다. 다만 현대사회에 사는 사람들은 꽤 오랫동안 물질적 풍요에는 차이가 있을지 몰라도 기회만큼은 모두에게 동등하게 주어진다고 생각해왔다. 기회, 특히 교육의 기회를 아이들에게 동등하게 준다는 것 혹은 주어야 한다는 것은 20세기의 많은 나라에서 당연하게 생각했던 중요한 원칙 중 하나였다. 그런 원칙이 과연 완벽하게 지켜진 적이 있는지는 모르겠지만 적어도 많은 사람이 그렇게 믿고 있었다. 아이들에게 동등한 교육의 기회를 제공하면 가난한 집 아이들도 좋은 대학교에 갈 수 있고 사회에서 성공할 수 있을 거라고 믿었다. 지금은 그런 기대가 곳곳에서 무너지고 있다.

사람들이 기회균등을 더 이상 믿지 않게 된 것은 단순히 잘사는 집 아이들에게 기회가 더 많이 주어지고, 그래서 그들이 좋은 대학교에 진학할 확률이 높기 때문만이 아니다. 그게 문제라면 좋은 대학교가 형편이 어려운 집 아이들을 더 많이 선발하고 그들에게 장학금을 주면 된다. 그런데 그렇게 해보니 그게 전부가 아니었다. 가난한 동네에서 자란 아이들 앞에 놓인 장벽은 입학증과 장학금만으로 해결되는 문제가 아니었다. 이 문제를 심층 취재해서 미국에 경각심을 높인 기사가 2014년 〈뉴욕타임스〉에 등장했다. 그 기사로 촉발된 관심은 다른 언론사(NPR)의 후속 취재로 이어졌고 이들 보도보다 먼저 나온 관련 연구들도 주목을 받았다. 사람들의 관심을 끈 것은 단순한 통계가 아니었다. 기자들이 끈질기게 추적해서 만나 들어본 그 아이들의 목소리가 이 문제의 본질을 그 어떤 숫자보다 절실하고 설득력 있게 들려줬다. 그중 가장 유명한 사례가 바로 멜라니의 이야기다.

브롱크스의 두 학교

흔히 브롱크스(The Bronx)는 뉴욕의 다섯 개 구 중에서 가장 가난한 동네로 일컬어진다. 인종적으로도 흑인과 히스패닉, 특히 이민자들이 많을 뿐만 아니라 가장 땅값이 비싸고 발전한 맨해튼에 접해 있기 때문에 더욱 비교가 된다. 하지만 브롱크스라고 해서 다 같은 브롱크스는 아니다. 브롱크스 안에도 부촌이 존재한다. 바로 필드스톤(Fieldstone)이라는 곳이다.

미국의 행정구역은 한국과 다른 점이 많은데, 그중 하나가 특정 구역을 여러 사람들이 함께 소유하는 일종의 사유지 마을(privately owned neighborhood)이다. 필드스톤이 그런 곳으로 다른

필드스톤 고등학교 캠퍼스의 일부

브롱크스의 분위기와는 하늘과 땅 차이가 나는 부촌이다. 부자들의 거주지이지만 단순히 돈이 있다고 들어올 수 있는 동네는 아니다. 이곳에 한번 들어온 사람들은 여간해서는 동네를 떠나지 않기 때문이다. 맨해튼과 가까운 거리에 환상적인 환경을 가진 동네에서 떠나려는 사람들은 거의 없고 아주 드물게 매물이 나오면 〈월스트리트저널〉에서 기사화할 정도다. 그곳에 위치한 필드스톤 고등학교(공식 명칭은 Ethical Culture Fieldstone School) 역시 흔한 고등학교가 아니다. 필드스톤 자체가 돈만으로 들어올 수 있는 동네가 아니기에 그곳에 사는 학생들만 입학하는 사립학교인 셈이다. 대부분의 공립 고등학교는 교실이 있는 건물과 운동장, 체육관, 강당 정도로 구성되어 있다면 필드스톤 고등학교는 하나의 캠퍼스로 이루어져 있다. 잔디로 덮인 넓은 캠퍼스에 교실 건물과 운동장은 물론 독립된 도서관 건물과 수영장, 갤러리, 심지어 댄스 스튜디오까지 갖춘 작은 대학교 분위기의 전형적인 고급 사립학교다.

그에 비하면 유니버시티 하이츠(University Heights, 한때 이곳에 뉴욕 대학교가 있었기 때문에 이런 이름이 붙었다)는 브롱크스의 전형적인 동네다. 흑인과 히스패닉이 인구의 대다수를 차지하고 그중 상당수가 이민자들이다. 그런 동네에 있는 유니버시티 하이츠 고등학교 역시 전형적인 브롱크스의 공립학교다. 자동차 도로를 마주한 건물 하나에 운동장은 옆에 있는 다른 학교와 함께 사용하고, (〈뉴욕타임스〉의 기사가 나왔던 2014년 기준으로는) 도서관도 없는

유니버시티 하이츠 고등학교

가난한 학교다.

그런 유니버시티 하이츠 고등학교에는 필드스톤 고등학교에 없는 게 하나 있다. 바로 보육시설이다. 교사를 위해 지어졌다기보다는 학생용이다. 미국의 가난한 지역에서는 고등학생들이 임신하는 일이 흔하고 출산 이후에도 집에서 아이를 돌볼 사람이 없는 경우가 많다. 그래서 엄마가 된 학생들이 학업을 이어갈 수 있도록 학교에 보육시설을

갖춘 곳들이 많다. 즉 보육시설을 갖춘 학교는 그 동네가 어떤 동네인지를 잘 보여준다.

인종 구성도 크게 다르다. 사립인 필드스톤은 70퍼센트의 학생이 백인인 반면 유니버시티 하이츠의 학생들은 97퍼센트가 흑인, 아니면 히스패닉이다. 이 두 학교는 직선거리로 5킬로미터 정도밖에 떨어져 있지 않다.

울음을 터뜨린 여학생

2005년 이렇게 완전히 다른 환경을 가진 두 학교의 학생들이 서로를 알게 되는 일이 생겼다. 두 학교의 교사들이 이야기를 나누던 중 두 학교의 학생들이 교류를 통해 많은 것을 배울 수 있다고 생각하고는 펜팔 프로그램을 시작한 것이다. 같은 브롱크스에 살지만 환경이 판이하게 다른 아이들은 다른 쪽에 사는 아이들을 이해하기 시작했고 교사들은 펜팔이 성공적이었다고 판단한 듯하다. 왜냐하면 단순히 편지를 주고받는 펜팔에 그치지 않고 일종의 교환학생 프로그램을 발전시켰기 때문이다.

같은 나라, 같은 도시, 같은 구에 위치한 두 학교가 교환학생 프로그램을 만든다는 게 어처구니없게 느껴지겠지만 빈부의 격차가 경제적인 차이에서 그치지 않고 문화와 인종적 차이, 심지어 커리큘럼의 차이로까지 이어지는 미국에서는 충분히 일리 있는 아이디어였다. 방식은 두 학교에서 이 프로그램에 참여하는 학생들이 다른 학교를 방문해서 그 학교 학생들을 만나고 수업에도 정기적으로 함께 참여해서 대화를 하는, 그야말로 명실상부한 교환학생 프로그램이었다.

한국식으로 생각하면 "좋은 학교에 다니는 학생들이 왜 성적도 나쁘고 시설도 열악한 학교에 가서 수업을 듣겠느냐"라고 할 수도 있지만 사실 이 프로그램의 가장 큰 수혜자는 필드스톤 학생들이다. 문화적 다양성과 다문화적 이해와 경험이 아주 중요한 교육 목표인 미국에서는 부유한 동네에 사는 생각이 깬 부모들이 자녀들에게 이런 기회를 주기 위해 큰돈을 쓴다. 그러지 않으면 아이들은 세상에는 자기처럼 사는 사람들밖에 없다고 생각하거나 자신과 다른 사람 또는 문화에 대해 편견을 가질 확률이 높은데 이는 미국 사회에서 '리더의 자격'에 심각한 결격 사유가 된다. 미국의 사립학교 학생들은 남미의 가난한 나라를 방문해서 봉사활동을 하는 경우가 흔하다. 따라서 필드스톤 아이들은 유니버시티 하이츠를 방문해서 얻을 게 많았다.

문제는 유니버시티 하이츠 아이들이었다. 어려운 환경, 부족한 시설에서 공부하는 아이들이 천국 같은 필드스톤의 캠퍼스에서 얻을 게 뭐냐는 것. 그곳에서 계속 공부할 수 있는 것도 아니고 그저 가끔씩 방문해서 부러움과 자괴감 외에는 얻을 게 있을까? 교사들은 그렇게 생각하지 않았다.

이를 이해하기 위해서는 미국과 한국의 차이를 다시 한번 이

두 학교는 인종 구성도 크게 차이가 난다.

야기해야 한다. 한국은 교육열의 나라다. 아무리 가난해도 공부를 해야 대학에 갈 수 있고 대학에 가야 성공할 수 있다는 것을 하나의 국가 이념처럼 거의 모든 국민이 공유하는 나라다. 미국은 그렇지 않다. 워낙 다양한 인종과 문화가 섞여 있다 보니 그 안에는 교육의 가치를 모르거나 인정하지 않는 문화들도 존재한다. 실제로 가난한 가정의 학생들 중에는 부모에게서 "공부는 왜 하느냐", "너 같은 게 대학에 갈 수 있다고 생각하느냐. 웃기지 말고 빨리 일이나 해라" 같은 말을 듣고 자라는 아이들이 많다. 미국에서 가장 가난한 동네 중 하나인 유니버시티 하이츠의 아이들도 예외가 아니다. 교사들은 이런 아이들이 좋은 환경을 직접 보고 대학교에 가려고 노력하는 걸 모두가 당연하게 생각하는 필드스톤 고등학교 같은 곳을 경험하면 자극을 받고 '나도 열심히 공부해서 대학교에 가야지. 대학교에서 이런 캠퍼스 생활을 해야지'라는 생각을 하게 될 것으로 믿었다.

그런데 교환학생 프로그램이 시작된 첫날 작은 소동이 일어났다. 단체로 버스를 타고 필드스톤에 도착한 유니버시티 하이츠 학생 중 하나가 큰 소리로 "이건 불공평해! 나는 여기에 있기 싫어! 집에 갈래!"라며 울부짖은 것이다. 이 학생이 벌인 소동은 그 자리에 있던 모든 학생이 10년이 지난 후에도 똑똑히 기억하고 있을 만큼 충격적이었다. 교사와 아이들이 흥분한 아이를 진정시키기 위해 붙잡아야 했으니까.

더 충격적인 것은 멜라니라는 이름의 그 여학생이 유니버시티 하이츠에서 똑똑하기로 소문난 학생이었다는 사실이다. 그 가난한 학교에서도 교사들이 "너는 하버드에 지원해야 해"라고 할 만큼 공부를 잘하는 아이였다. 그런 아이가 무엇 때문에 소동을 벌였을까?

멜라니의 행방

2005년에 일어난 그 자그마한 사건은 그 자리에 있던 교사와 학생들 모두가 뚜렷하게 기억하고 있지만 멜라니가 왜 울부짖었는지, 그 아이는 지금 어디에서 뭘 하고 있는지는 아무도 알지 못했다. 미국 공영라디오 방송국(WBEZ)의 기자 카나 조피월트(Chana Joffe-Walt)는 그 일이 일어난 지 10년 후인 2015년에 당시를 기억하는 두 학교의 학생과 교사들을 인터뷰해서 그 사건을 재구성하고 멜라니를 추적했다.[1]

이유를 알아내는 가장 좋은 방법은 멜라니를 찾아 필드스톤 고등학교 캠퍼스에서 왜 그렇게 울고 소리를 질렀는지 물어보는 것이다. 하지만 아무도 멜라니의 행방을 알지 못했다. 사람들의 말에 약간의 차이는 있었지만 대부분 그날 이후 멜라니가 학교에서 떠났다고 기억했다. 조피월트 기자가 취재한 결과를 종합해보면 멜라니는 필드스톤을 방문했던 2005년 말에 학교를 정식으로 졸업하지 않고 사라졌다. 펜팔 프로그램에 자발적으로 참여했던 멜라니였지만 정작 자신과 편지를 나누던 아이들이 다니던 사립학교를 방문한 것이 학교를 자퇴하는 계기가 된 셈이다. 하지만 그날 필드스톤 고등학교를 방문했던 모든 유니버시티 하이츠의 학생들이 멜라니처럼 반응한 것은 아니었다. 다들 별일 없이 방문 수업을 마쳤다. 게다가 그 프로그램이 꽤 오래 지속된 것으로 보아 대체로 긍정적인 반응이었던 것으로 보인다. 따라서 유니버시티 하이츠 고등학교에서 멜라니처럼 똑똑한 학생이 학업을 그만둔 것은 교사와 친구들 모두에게 충격적인 일이었다.

당시 필드스톤의 학생이었던 말레나 에델스톤은 멜라니가 자기가 듣는 수업에 참여했던 날을 이렇게 기억한다. "그날 우리는 계몽주의에 대해 배우면서 당시의 미술작품들을 보고 있었어요. 그런데 멜라니는 그림과 계몽주의 시대 철학자를 연결하면서 존 로크(John Locke)의 말을 인용하더라고요. 우리(필드스톤 학생들)는 전혀 생각하지 못했던 거였죠. 그날 그 교실에서 멜라니가 가장 똑똑한 학생이었어요." 멜라니는 그 수업에서 필드스톤 학생들을 놀라게 하고는 캠퍼스를 나갔다. 하지만 멜라니의 심정을 아무도 이해하지 못하는 것은 아니다. 멜라니의 (유니버시티 하이츠) 학교 친구 하나도 멜라니처럼 화가 났었다고 한다. 공간 부족으로 교내 식당도 없는 "거지 같은(shitty)" 도심 학교에 다니다가 천국처럼 보이는 사립학교의 교정을 보고 '아, 이 아이들은 우리와 다르구나'라는 좌절감을 느낀 것이다. 한 학생은 필드스톤 아이들이 맥북이 든 가방을 교내에 아무렇게나 팽개치고 돌아다니는

필드스톤 고등학교 캠퍼스

모습에 충격을 받았다고 했다.

'멜라니가 사라졌다'는 사람들의 말은 사실이었다. 전화번호도 주소도 남아 있지 않았고 가까웠던 친구와 선생님들도 멜라니의 행방을 전혀 알지 못했으니까. 조피월트 기자는 멜라니와 같은 이름을 가진 또래들의 전화번호를 전국적으로 찾아서 수소문했지만 전화번호부에 올라온 이름으로는 멜라니를 찾을 수가 없었다. 혹시 세상을 떠난 건 아닐까 하는 생각에 뉴욕시의 사망기록까지 뒤졌지만 그 이름은 없었다.

조피월트 기자는 그렇게 멜라니를 찾다가 멜라니를 직접 가르친 유니버시티 하이츠 고등학교의 역사 선생님에게서 흥미로운 얘기를 듣게 된다. 파블로 뮤리엘 선생님은 멜라니와 마찬가지로 푸에르토리코계였고, 멜라니를 비롯한 많은 학생들이 따르던 교사였다. 뮤리엘 선생님은 기자에게 멜라니에 대해 이야기하면서 "아주, 아주, 아주(very, very, very라고 세 번 반복해서 말했다)" 똑똑한 학생이었다고 강조했다. 그런데 기자가 찾아간 때로부터 4년 전, 그러니까 멜라니가 학교를 떠난 지 약 6년 만에 불쑥 찾아온 적이 있었다는 것이다.

그날 뮤리엘 선생님이 수업을 마치고 다른 교사와 이야기를 나누고 있는데 멜라니가 나타났다고 한다. 참고로 미국에서는 고등학교를 졸업한 학생들, 특히 대학에 재학 중인 학생들이 옛 고등학교를 찾아가는 일이 꽤 흔하다. 멀리 떨어진 대학교에 다니다가 명절이나 방학 때 집에 오면 다니던 고등학교를 찾아가서 정든 선생님과 후배들에게 안부를 전한다. 각종 특별활동으로 학년 간의 교류가 많고 교사와 학생들이 친구처럼 지내는 분위기라 그렇다. 하지만 미리 연락을 해두지 않았다면 상대방이 갑자기 시간을 내기에 난처할 수도 있다. 갑자기 사라졌던 멜라니가 모교를 찾아간 이유는 모르겠지만 아마 다른 용무로 몰래 들렀다가 좋아하던 선생님을 보고 반가운 마음에 다가갔던 것으로 보인다.

멜라니를 본 뮤리엘 선생님은 다른 교사와 하던 이야기를 먼저 끝내려고 "어, 멜라니! 반갑네! 잠깐만 기다려"라고 했단다. 그런데 멜라니는 "뭐, 그러시든가요(Okay, whatever)"라는 말을 툭 던지고 자리를 떴다고 한다. 뮤리엘 선생님은 반가운 마음에 잠깐만 기다리라고 한 건데 멜라니가 그걸 자신이 멜라니를 무시하거나 귀찮아한다는 뜻으로 해석한 것은 아닌가 싶다고 한다(나중에 알게 되겠지만 이 일은 멜라니의 성격을 보여주는 하나의 단서가 된다). 하지만 선생님의 말이 맞다면 멜라니가 사라진 것이 그가 죽었기 때문도, 다른 나라로 이민을 떠났기 때문도 아님은 분명했다.

멜라니를 기억하는 또 다른 선생님의 말도 하나의 단서를 제공했다. 이 선생님은 멜라니가 다니던 고등학교가 아닌 필드스톤의 교사 앤젤라 바소스. 바로 교환학생 프로그램을 추진했던 교사 중 하나다. 조피월트 기자에 따르면 바소스 선생님은 멜라니의 이야기를 시작하자마자 눈물을 흘리기 시작했다. "그 아이만 생각하면 가슴이 아프다"면서 "아주, 아주 똑똑한 아이였는데" 자신이 그걸 알고 있었는지 모르겠다는 것이다. 그는 멜라니가 필드스톤을 방문한 첫날 소동을 벌인 이후 멜라니를 주목하고 살폈다고 한다. 자신이 필드스톤 아이들을 데리고 멜라니의 학교를 방문하게 되면 꼭 멜라니를 찾아서 만났다고도 했다.

바소스 교사가 멜라니의 학교에 찾아가서 마지막으로 그 아이를 만났던 날, 멜라니에게 아주 좋은 일이 있었다. 그날 멜라니는 50명 정도가 모여 있는 방에서 "백인 계집애들(white bitches)이 도대체 아는 게 뭐가 있냐"라며 분위기를 휘어잡고 있었는데 갑자기 진학상담 교사가 멜라니를 불러냈다고 한다. 그리고 깜짝 발표를 했다. "멜라니, 너 전액 장학금으로 미들베리 칼리지(Middlebury College, 미국 동부 버몬트주에 있는 사립 리버럴 아츠 칼리지, 즉 문리과대학)에 가게 되었다." 브롱크스의 가난한 동네에서 좋은 대학에, 그것도 전액 장학금을 받으며 진학하게 되었다는 것은 엄청난 소식이었다. 멜라니와 선생님들은 함께 기쁨의 눈물을 흘렸다. 그런데 이런 좋은 소식을 들은 후에 멜라니가 학교에서 사라진 것이다. 미들베리 칼리지에 진학하기는커녕, 남은 고등학교 학기도 채우지 않고 학교를 떠났다.

기자 앞에 나타난 멜라니

하지만 팩트 체크를 하던 조피월트 기자는 그 이야기가 정확하지 않음을 발견했다. 미들베리 칼리지에 전화해서 확인한 결과 멜라니는 그 대학교에 입학하지 않은 것은 물론이고 합격했다는 기록도 없다는 답이 돌아왔다. 물론 10년 전의 기억이니 정확하지 않을 수도 있지만 바소스 선생님이 바로 그 미들베리 칼리지를 졸업했기 때문에 대학교를 잘못 기억했을 가능성은 없다. 멜라니의 옛 친구들은 멜라니가 대학교에 합격했다면 가지 않았을 가능성은 없다고 잘라 말했다. 같은 고등학교에 다니던 다른 아이들은 대학교 진학에 관심이 없었지만 멜라니는 처음부터 오로지 대학 진학이 목표였기 때문이다. 그렇다면 멜라니는 대학교에 입학하지 않은 것이다. 기자는 점점 진실에 가까워지고 있었다.

그렇게 멜라니의 주변을 샅샅이 뒤지던 조피월트 기자는 기적에 가까운 만남을 하게 된다. 멜라니가 과거에 살았던 것으로 추정되는 아파트 건물을 하나씩 찾다가 우연히 멜라니의 현재 남자 친구를 만난 것이다. 멜라니의 옛 주소인데 초인종에 아무런 이름이 없어서 (뉴욕의 아파트 건물에는 입구에 각 호수별로 초인종이 있고 거주자 이름이 적힌 경우가 많다. 물론 원하지 않으면 이름을 숨기기도 한다) 망설이고 있던 차에 입주자 하나가 건물 안으로 들어가려고 하기에 "혹시 이 건물에 사는 멜라니라는 사람을 아느냐"라고 물었다. 그러자 "내 여자 친구인데 지금 일하러 갔다"라는 대답이 돌아왔다. 드디어 기자는 아무도 행방을 모르던 멜라니를 만나게 된 것이다. 멜라니의 남자 친구에 따르면 멜라니는 기자가 보낸 편지를 받았고 왜 취재하려는지를 알고 있었지만 답을 미루고 있었다. 하지만 이렇게 집까지 찾아온 이상 멜라니는 드디어 입을 열기로 결심했다.

기자와 만난 멜라니는 생각했던 것과는 조금 다른 모습이었다. 기자는 파란색과 녹색으로 머리를 물들이고 분홍색 트레이닝 바지에 후드티를 입고 모자를 눌러쓴 멜라니의 모습을 라디오 방송 프로그램에서 묘사했다. 기자는 흥미로운 걸 발견했다. 멜라니가 대화 중에 '그들(they)'이라는 말을 자주 쓴다는 것이었다. 그건 기자가 녹음하고 있는 이 대화를 듣게 될 청취자를 의식하고 하는 말이었다. 자기와 대화하는 상대에 대해 눈에 띄게 의식하는 성격이라는 기자의 말은 설득력이 있다. 녹음에 등장하는 멜라니의 목소리는 언뜻 들으면 편안하게 대화하는 것 같지만 긴장한 느낌을 지우기 힘들다. 게다가 멜라니는 자신이 고등학교 때의 모범생을 떠올릴 수 없는, 완전히 다른 모습을 하고 있다는 사실을 잘 알고 있었고 그걸 극도로 의식하고 있었다. 어쩌면 이게 멜라니가 학교의 선생님이나 친구들과 완전히 연락을 끊고 10년 넘게 잠적한 이유였을지 모른다. 멜라니가 기자에게 필드스톤 고등학교를 방문했던 날 벌였던 소동을 이야기하면서 제일 먼저 이야기한 것도 그날 자신이 입고 있었던 옷이었다.

그날 필드스톤에서

필드스톤의 아름다운 캠퍼스에 도착한 순간 멜라니가 제일 먼저

의식한 건 자신이 입고 있던 옷이었다. 자기는 당시 인기 있던 여성 래퍼인 찰리 볼티모어(Charli Baltimore)처럼 빨간색으로 물들인 머리에, 긴 손톱에는 20개가 넘는 색을 칠하고 있었다고 한다. 자신을 포함한 유니버시티 하이츠 친구들은 역시 당시에 유행하던 나이키 조던 운동화에 후드티를 입고 있었는데, 필드스톤 아이들은 완전히 다른 차림이었다.

그 차이가 단순히 서로 다른 문화로만 느껴졌을 리는 없다. 두 학교 아이들 모두 누가 돈이 있고 누가 돈이 없는지 잘 알고 있었으니까. 멜라니는 자신이 "가난한 동네에서 온, 없어 보이는 여자애"처럼 느껴졌다고 한다. 그리고 히스패닉과 흑인이 대부분인 자신들과 달리 필드스톤은 백인 아이들이 가득했다.

유니버시티 하이츠에서 온 아이들이 모두 비슷한 문화충격을 느꼈겠지만 멜라니가 느낀 감정은 조금 달랐다. 아니, 어쩌면 근본적인 차이가 있었다. 대부분의 유니버시티 하이츠 고등학교 아이들은 그저 놀라움을 느꼈다. 그런 곳을 상상도 해보지 않았기 때문이다. 하지만 조피월트 기자는 멜라니에게 그곳은 자신이 꿈꾸던 학교, 아니 당연히 가게 될 거라고 생각했던 그런 학교였을 거라고 설명한다. 멜라니는 자라면서 모든 고등학교가 그런 줄 알았다. TV에서 보던 고등학교는 도서관이 있고 댄스 스튜디오가 있고 풋볼 경기가 열리고 마음껏 공부를 할 수 있는 그런 곳이었다. 그러나 자신이 가게 된 유니버시티 하이츠 고등학교는 가난하고 형편없는 학교였다. 교내에 구내식당도 없는 학교였을 뿐 아니라 제공하는 과목도 수준이 낮았다.

이 부분은 한국과 많이 달라서 설명이 필요하다. 미국에서는 고등학교가 수준에 따라, 지역에 따라 커리큘럼이 다를 수 있다. 똑똑한 아이들이 많고 대학에 가려는 아이들이 많은 고등학교에서는 어려운 과목을 개설하지만 그렇지 않은 학교에서는 아예 어려운 수준을 가르치지 않는다. 대표적인 과목이 수학이다. 어차피 대부분의 아이들이 대학을 포기한 학교에서는 어려운 수준의 수학을 개설해봤자 들을 아이들이 없기 때문에 기초 수준의 수학만 가르친다. 물론 낮은 수준의 수학을 공부하고 좋은 대학교에 진학하는 것은 (불가능하지는 않아도) 아주 어렵다. 또 웬만한 수준의 고등학교들에서는 대개 AP(Advanced Placement) 수업이 많이 개설된다. 진도가 빠른 아이들은 고등학교 수준의 과목을 1, 2년 먼저 이수하는 일이 흔하기 때문에 이들을 대상으로 대학교 수준의 과목을 미리 가르치는 것이다. 이런 일이 흔하다 보니 좋은 대학교에서는 AP 수업을 듣고 시험을 통과한 아이들이 지원하는 것을 당연하게 생각한다. 어릴 때부터 대학교 진학을 목표로 공부해온 멜라니가 자신이 입학한 유니버시티 하이츠 고등학교에 AP 수업이 하나도 없다는 사실을 알았을 때 얼마나 절망했을지 충분히 짐작할 수 있다. 수학이 특히 심했다. 멜라니가 고등학교에 입학한 후 성적에 따라 배정된 수학 수업에는 졸업반 학생들이 있었다(이는 멜라니의 실력이 우수했음을 보여주는 동시에 그 학교의 수준을 보여준다). 그런데 학교에는 그다음 단계인 수학 B(Math B,

멜라니의 설명에 따르면 통계나 삼각함수를 배우기 전 단계에 배우는 수업) 도 개설되지 않았다. 멜라니는 '지금 농담하자는 건가' 하는 생각밖에 들지 않았다고 한다.

멜라니는 필드스톤에서 완전히 다른 세상, 자신이 가고 싶었던, 그리고 당연히 갈 수 있으리라 생각했던 세상이 현실에 존재하는 것을, 그리고 부잣집 아이들이 그곳을 거니는 장면을 본 것이다. 그 순간 멜라니는 유니버시티 하이츠 고등학교 아이들은 자라서 버거킹과 맥도널드에서 햄버거를 만들고, 필드스톤 아이들이 자라서 살게 될 고급 아파트에서 경비원으로 일하며 주민들이 들어올 때마다 문을 열고 그들이 지나갈 때까지 문을 잡고 있을 운명임을 알았다. 이게 '자연계의 질서'이고 엄연한 현실이며 자신의 미래임을 깨달은 것이다. 멜라니가 필드스톤에 들어가자마자 크게 울음을 터뜨리고 "이건 불공평해! 나는 여기 있기 싫어! 집에 갈래!"라고 소리를 지른 것은 바로 이 때문이다.

장학금이라는 희망 고문

하지만 그런 충격으로 멜라니가 자신이 다니던 학교를 떠난 것은 아니었다. 여기에는 다른 사연이 있었다. 앞에서 이야기한 것처럼 한 선생님은 멜라니가 미들베리 칼리지에 전액 장학금을 받고 진학하게 되어 있었던 것으로 기억하고 있었다. 결론부터 말

멜라니는
유니버시티 하이츠
아이들은 자라서
필드스톤 아이들이
살게 될 고급 아파트
경비원으로 일할
운명임을 알았다.

하자면 그 선생님의 기억은 완벽하지 않았다. 멜라니는 그 대학에서 장학금은커녕 입학 허가도 받지 못했다(미국에는 외부의 기관이 주는 장학금을 받는 것과 지원하는 대학교 입학이 연계되어 있는 경우가 있다). 그 선생님이 왜 잘못 기억하고 있었을까? 여기에 대해 조피 월트 기자는 흥미로운 설명을 한다. 하지만 그건 나중에 이야기하기로 하고 우선 멜라니의 이야기를 들어보자.

미국의 수많은 장학재단 중에 포시재단(Posse Foundation)이라는 곳이 있다. 가난한 지역에 있는 고등학교에서 열심히 노력하는 학생들에게 좋은 대학교에 들어갈 수 있는 기회를 주는 장학금을 운영하는 단체다. 그 재단의 웹사이트를 검색해보면 금방 눈치챌 수 있지만 가난한 동네에 사는 아이들은 대개 흑인과 히스패닉계다. 경제적으로 어려운 아이들 중에는 멜라니처럼 대학 진학을 원하지만 단지 고등학교가 좋지 않아서 좋은 대학들이 요구하는 수업을 들을 수 없는 경우가 많은데, 포시에서는 특정 대학들과 연계해서 이런 아이들에게 전액으로 공부할 수 있는 기회를 제공하는 것이다(재단 웹사이트에 따르면 "뛰어난 리더십의 자질을 가진 아이들을 선발해서 훈련시킨다"라고 설명한다). 포시재단이 선발한 아이들은 그렇게 장학금을 받아 코넬, 다트머스, 미들베리 같은 좋은 사립 대학교에 진학한다.

그런데 포시라는 이름이 중요하다. 흔히 '패거리'로 번역되는 이 단어는 치안이 빈약하던 서부 개척시대에 범인을 추적하러 떠나는 보안관을 돕기 위해 주민들이 구성한 일종의 자경단(自警團)

을 의미한다. 이 장학재단은 특정 대학교에 이런 장학생 여러 명을 한 번에 '패거리'로 보낸다. 유복한 아이들로 가득한 사립 대학교의 낯선 캠퍼스 환경에 홀로 떨어져 고군분투하다가 학업을 그만두는 아이들이 많다는 사실에 착안한 것이다. 여러 명을 함께 보내면 서로 도우며 공부할 수 있고, 필요할 경우 재단의 지원도 용이하기 때문이다. 멜라니는 고등학교에 다니면서 바로 이 장학금에 지원했다.

당연한 얘기지만 경쟁률은 엄청났고 여러 차례의 면접이 치러지는 치열한 과정을 통과해야 했다. 첫 면접에서 절반이 탈락하고 두 번째 면접에서 다시 절반이 탈락하는, 마치 오디션 프로그램과 같은 절차다. 멜라니는 이런 면접을 거치고 최종 면접까지 가는 동안 미들베리 칼리지를 목표로 하고 있었다. 마지막 인터뷰는 바로 그 미들베리 칼리지에서 온 입학사정관들이 진행했다. 25명의 아이들이 최종 면접에 참여했고 그중 10명만이 선택될 것이었다. 멜라니는 그 10명 안에 들지 못했다.

멜라니는 지금도 그때 받은 불합격 통지서를 보관하고 있다고 했다. 멜라니는 조피웰트 기자에게 자신이 차라리 장학금에 지원하지 않았더라면 좋았을 거라고 한다. 그런데 당시의 일을 설명하는 멜라니의 목소리는 울음에 섞여 떨린다(나는 이 글을 쓰기 위해 여러 차례 들었지만 매번 이 대목에서 목이 메고 눈물이 흐른다). "받으면 너무나 좋은 기회인 건 맞아요. 적어도 그렇게 보였어요. 하지만 그걸 얻기 위해 아이들은 정말 힘든 과정을 거쳐야 하죠. 그걸

다 겪은 후에 탈락하면 이렇게 생각하게 됩니다. 내가 왜 못 받았지? 나한테 무슨 문제가 있는 걸까?"

그런 절망을 겪은 멜라니는 자신을 의심하게 되었다. '똑똑하다는 게 도대체 뭐지? 다들 내가 똑똑하다고 하는데, 그게 결국 내 환경이 이렇기 때문에 (상대적으로) 똑똑하게 보이는 거 아닌가? 주위에서는 다들 내가 좋은 대학에 갈 거고 큰일을 할 거라고 하지만 이 고등학교에서는 통계도 가르치지 않고 AP 수업도 없는데, 도대체 내가 좋은 학교에 간다는 게 현실적인 얘기야?' 생각이 여기에 미치자 멜라니는 더 이상 학교에 남아 있을 필요를 느끼지 못하고 사라지기로 한 것이다. 자신에게 쓸데없는 기대를 하는 모든 사람들로부터.

그렇게 학교를 나온 멜라니는 슈퍼마켓 계산대에서 일하면서 뉴욕시에 있는 지역의 작은 칼리지에서 파트타임으로 수업을 듣다가 돈이 떨어지거나 너무 피곤하면 몇 학기를 쉬는 생활을 이어가고 있다고 한다. 그는 자신의 삶이 어디서부터 잘못되었는지 종종 생각한다. 포시 장학금과 미들베리 칼리지 입학에 실패한 후 다른 사립 대학교에 전혀 지원하지 않은 것을 한탄하기도 했지만 이제는 그 모든 상황을 담담하게 받아들이고 있다. 그래도 자신이 고등학교를 뛰쳐나오지 않았으면 가령 뉴욕시립대에서 무료로 수업을 들을 기회를 얻을 수 있지 않았을까 하는 생각을 완전히 떨쳐내기는 힘든 듯했다.

그런데 만약 멜라니가 그렇게 모든 기회를 포기하지 않았다면 무슨 일이 일어났을까? 아니, 멜라니가 포시 장학금을 받고 좋은 대학교에 진학할 수 있었다면 무슨 일이 일어났을까? 이미 일어난 일에 이런 가정은 별 의미가 없지만 포시 장학금을 받는 아이들이 멜라니와 비슷한 처지에 있던 아이들이기 때문에 비슷한 사례를 찾아볼 수 있다. 조피월트 기자는 조너선 곤잘레스(Jonathan Gonzales)라는 학생을 찾아냈다. 멜라니가 학교를 떠난 이듬해 멜라니가 그렇게도 원하던 포시 장학금을 받은 남학생이다. 멜라니와 같은 동네에서 자랐고 멜라니처럼 필드스톤 고등학교와의 교환학생 프로그램에 참여했다는 것도 똑같은데, 단지 장학금을 받고 대학에 입학했다는 사실만 멜라니와 다르다. 그렇다면 조너선은 멜라니가 꿈꾸던 대학 생활을 할 수 있었을까?

라켈과 조너선

조너선의 대학 생활을 이야기하기 전에 먼저 조너선이 어떤 학생이었는지를 설명할 필요가 있다. 조피월트 기자를 만난 조너선은 "저는 대학교에 진학하려는 의지가 없었어요"라고 말했다. 그렇게 똑똑하고 대학 진학을 간절히 원하던 멜라니는 실패한 장학금을 받은 학생의 말치고는 너무나 어이가 없지만 조너선의 사연도 간단하지는 않다.

조너선은 브롱크스의 가난한 동네에서 자란 전형적인 학생이었다. 그가 생각하는 미래는 주말 아침에도 일하러 가는 청소부였다. 바닥을 닦고, 천장에 달린 팬의 먼지를 제거하고, 접시를 닦고, 아무 일이나 닥치는 대로 하는 삶은 조너선 주변에 너무 많았다. 한국에도 이런 일을 하는 사람들은 얼마든지 있다. 하지만 동아시아의 문화에서 부모는 자신이 막노동을 해도 자식만은 대학에 보낸다는 내러티브가 일반적이다. 미국은 그렇지 않은 경우가 많다. 가난한 집의 부모들, 특히 친척 중에 대학교에 진학한 사람이 아무도 없는 집의 부모들이 대학에 진학하려는 아이들에게 "너 같은 애가 무슨 대학이냐? 고등학교 졸업하면 취직해서 돈이나 벌어야지"라고 말하는 일이 많다고 한다.

조너선의 어머니가 그런 사람이었다. 조너선은 신생아 때 친부모가 양육을 포기하면서 위탁가정(foster care, 이렇게 아이들을 길러주는 위탁 서비스를 할 경우 정부의 보조금을 지원받기 때문에 이를 생계 유지에 사용하는 일이 흔하다)에 입양되었다. 어린 조너선을 키우던 위탁모는, 조너선을 정식으로 입양해 양어머니가 되었지만, 그리고 조너선은 어머니가 자기를 사랑한다고 말했지만, 조너선에게 잔인한 말을 하는 사람이었다. 무엇보다 조너선이 학업을 계속하는 것에 찬성하지 않았다.

그런 환경에서 자란 조너선은 청소년기의 분노를 이기지 못해 학교에서 문제를 일으키고 곧잘 싸움에 휘말렸다. 이런 조너선을 바꿔놓은 것은 여자 친구 라켈 하디(Raquel Hardy)였다. 둘은 열두 살 때부터 친한 친구였고 고등학교에 올라가서는 이성 친구로 발전했다. 라켈 역시 불행한 가정에서 자랐지만 조너선과 달리 공부에서 탈출구를 발견했다. 라켈은 똑똑한 아이였고 대학 진학에 강한 의지를 갖고 있었다. 그런 라켈은 남자 친구인 조너선에게 대학 진학의 의지를 불어넣었다.

1년 선배인 멜라니가 그랬던 것처럼 라켈과 조너선도 필드스톤 사립 고등학교와의 교환학생 프로그램에 참여했다. 라켈에게 필드스톤 방문은 눈이 열리는 놀라운 경험이었다. 맥북이 든 가방을 바닥에 팽개쳐두고 다니는 모습에서 '아, 이 아이들은 자유롭구나'라고 생각했고 이는 자신들이 얼마나 자유롭지 못한지를 깨닫게 해줬다. 라켈은 멜라니와 같은 캠퍼스를 봤지만 멜라니와 달리 그걸 보게 된 것을 행운이라 생각했다. 자라면서 자신과 다른 삶을 사는 사람을 본 적이 없었는데 이런 장면을 보니 큰 동기부여가 되었다고 한다. 말하자면 두 학교 간의 교환학생 프로그램을 계획한 교사들이 기대했던 가장 이상적인 케이스가 라켈이었던 것이다.

조너선은 그렇지 않았다. 자신을 별 볼일 없는 존재라고 생각하며 자랐고, 앞으로도 평생 그럴 것이었기 때문에 그냥 '부자들은 이렇게 사는구나'라고 생각하고 말았다고 한다. 라켈은 조너선의 그런 태도가 그의 양어머니에게서 물려받은 거라 생각하고는 이를 바꾸기 위해 애썼다. 라켈은 조너선이 훌륭한 아이고 훌륭하게 될 사람이라 굳게 믿었다. 조피월트 기자는 커서 청소부가 될 거라고 생각하던 조너선이 대학에 들어갈 생각을 한 것은 라켈의 덕이라고 설명한다. 조너선이 필드스톤에서 영감을 얻은 것이 아니라 여자 친구가 영감을 얻어 그에게 전해줬기 때문이라고 말이다. 둘은 함께 포시 장학금에 도전했다. 결과적으로 조너선이 포시 장학금을 따냈고 휘튼 칼리지(Wheaton College)에 입학했다. 라켈은 멜라니처럼 장학금을 받지 못했다(애초에 학업에 큰 의욕이 없었던 조너선은 포시 장학금을 받았는데, 그에게 용기를 불어넣으면서 함께 공부한 라켈은 받지 못했다는 것을 보면 멜라니가 떨어진 것이 반드시 실력 부족 때문이 아님을 짐작할 수 있다). 하지만 라켈은 굴하지 않고 많은 대학교에 지원했고 바드 칼리지(Bard College)에 합격했다.

조너선의 악몽

대학 진학을 간절하게 바라던 멜라니와 라켈이 실패한 장학금(과 대학 합격증)을 받은 조너선은 어떤 기분이었을까? 조너선은 그때 처음 든 생각이 '나 같은 애가 어떻게 이걸 받았지?'였다고 솔직하게 말했다. 합격 통지서를 받은 후부터 대학교 캠퍼스에 도착할 때까지 자신이 대학에 다닐 자격이 있다고 느끼지 못했다고 한다. 그리고 대학에서 첫 학기가 시작되자 그의 우려는 현실이 되었다.

강의실에 들어가서 강의계획서를 받아든 순간 조너선은 패닉에 빠졌다. 게다가 책을 살 돈도 없었다. 장학금에 따라서는 책값과 생활비의 일부도 지원하는 경우가 있지만 포시 장학금은 그렇지 않았던 것 같다. 미국의 많은 제도와 기관은 '우는 아이에게 떡 하나 더 주는' 경우가 많다. 요구하지 않으면 필요하지 않은 거라고 생각하거나 굳이 제공할 필요를 느끼지 못하는 것이다. 이런 경우 필요한 사람이 요청하고 요구하면 제공될 가능성이 높다. 돈이 없는 것보다 더 큰 문제는 조너선의 대응이었다. 그는 이런 고민을 아무에게도 말하지 않았다.

수업에 대한 공포는 더 심각했다. 조너선의 표현을 빌리자면 "필드스톤 고등학교에 들어간 것 같은" 상황이었다. 조너선이 입학한 것 같은 리버럴 아츠 칼리지(liberal arts college)들은 대개 학생 대 교수의 비율이 낮다. 교수 한 명이 12명의 학생과 진행하는 수업에서 발표를 하지 않고 숨을 방법은 없다. 게다가 많은 경우 조너선은 교실에서 유일한 흑인 학생이었다. 자신의 능력으로 감당하지 못하는 수업을 들으면서 '숙제도 해오지 못하는 유일한 학생은 흑인 학생'이라는 스테레오타입이 되기 싫었고, 그래서 수업에 들어가지 않았다. 조너선은 그 결과 자신이 '수업에 불참하는 흑인 학생'이라는 또 다른 흑인 스테레오타입이 되었다고 자조한다.

그럼 조너선처럼 좋은 리버럴 아츠 칼리지에 진학한 조너선의 여자 친구 라켈은 어땠을까? 라켈도 비슷한 상황에 맞닥뜨리게 되었지만 다르게 대응했다. 그에게도 수업은 벅찼다. 고등학교

조너선이 다녔던 휘튼 칼리지의 수업 모습

때 A+를 받던 학생에게 B-, C+의 학점을 받게 된 상황은 충격이었다. 게다가 라켈처럼 집안에서 처음으로 대학에 들어간 아이들은 이런 고민을 함께 나누고 조언을 들을 가족도 없다. 하지만 라켈은 책을 살 수 없으면 도서관에서 빌려 읽었다. 학교 도서관에도 없으면 도서관 네트워크를 통해 다른 도서관에서 책을 주문해 읽는 방법도 찾아냈다. 이런 문제가 생길 때마다 라켈은 교내 학생센터를 찾아가 도움을 요청했고 방법을 알아냈다. 그리고 그렇게 알게 된 방법을 멀리 떨어져 있는 남자 친구(라켈의 학교는 뉴욕주, 조너선의 학교는 중서부 일리노이에 있었다)에게 설명해줬다.

하지만 조너선은 몇 달이 지나도록 수업에 들어가지 않고 기숙사에만 머물렀다. 수업에 가서 창피해지는 상황을 견디지 못했던 것이다. 여자 친구에게는 수업에 참여하는 것처럼 거짓말을 했다. 그리고 결국 조너선은 여러 차례의 학사 경고를 받고 퇴학당한다. 라켈과도 헤어졌다. 그는 "네까짓 게 뭐라고 대학에 가려느냐"라고 했던 자신의 양어머니의 말이 맞았다는 생각이 들었다.

세 명의 졸업생

조너선은 자신이 자란 브롱크스로 돌아와서 다시 양어머니와 함께 살고 있다. 어느 체육관에서 프런트 데스크 일을 하며 돈을 번다. 하지만 조너선 같은 아이들은 흔하다. 브롱크스의 공립 고등학교를 졸업하고 어렵게 좋은 대학교에 들어간 아이들이 줄줄이 학업을 중단하고 나온다. 여기에 멜라니처럼 애초에 진학을 포기한 아이들까지 포함하면 브롱크스의 공립 고등학교를 졸업한 아이들이 대학을 온전히 마치고 졸업하는 경우는 드물다.

유니버시티 하이츠 고등학교의 교사인 파블로 뮤리엘(멜라니가 찾아갔던 선생님)은 자기네 학교 졸업생들에게 이런 좋은 대학교들은 모두 필드스톤 같은 이질적인 환경이라고 설명한다. 필드스톤을 졸업한 학생들은 이런 대학교에 가도 자신에게 익숙한 환경과 익숙한 커리큘럼에서 마음껏 공부를 하게 되지만 유니버시티 하이츠 졸업생들에게는 완전히 낯선 세계다. 그런 의미에서 라켈은 아주 특별한 경우다. 대학교를 졸업하고 학교 교사로 일하고 있다. 브롱크스 아이들의 꿈인 중산층 진입에 가장 유리한 고지에 들어간 것이다. 라켈에게도 대학교 졸업은 쉬운 일이 아니었다. 페이스북을 통해 고등학교 동창들이 줄줄이 대학을 중퇴하는 것을 보면서 그 역시 대학을 졸업하기에는 역부족이라는 생각을 했다. 하지만 그때마다 자신에게 "너는 자격이 있어, 너는 자격이 있어"를 되뇌었다고 한다.

조피월트 기자는 라켈이 아주 특별한 경우라고 지적한다. 유복한 필드스톤의 아이들은 특별한 이유가 없으면 중상류층의 위치에서 밀려나지 않지만 유니버시티 하이츠의 졸업생들은 특별한 이유가 없으면 중산층 진입에 실패하는 것이다.

조피월트 기자는 보도를 마무리하면서 처음 소개했던 멜라니의 이야기로 돌아간다. 필드스톤 고등학교에 교환학생으로 방문했다가 울부짖는 소동을 벌인, 간절하게 원했던 장학금을 못 받게 되자 학업을 포기하고 사라져버린 그 학생은 조너선처럼 이런저런 시급을 받는 일을 하며 살고 있다. 멜라니가 일하는 슈퍼마켓 위에는 럭셔리 아파트가 들어선다고 한다. 멜라니는 그 아파트 입주자들에게 서비스를 제공하는 시급 노동자인 것이다. 자신이 필드스톤의 부유한 아이들을 보면서 '나는 나중에 저 아이들에게 문을 열어주는 일을 하며 살 것'이라고 생각했던 것과 다르지 않은 모습이다.

기자는 앤젤라 바소스 선생님이 '멜라니는 장학금과 입학 허가를 받았다'라고 굳게 믿고 있었던 이유를 설명하며 기사를 마친다.

"앤젤라 선생님이 그렇게 잘못된 기억을 갖게 된 것은 '설마 멜라니처럼 뛰어난 애가 그 장학금을 못 받았을 리 없다'는 생각 때문이다. 나는 멜라니와 처음 만나 인터뷰를 한 이후 종종 전화를 해서 별일 없는지 묻는다. 치과에 간 일, 동네 대학(일종의 지역 전문대학에 해당)에서 수업 듣는 얘기 등을 하면서 멜라니에게 다시 큰 기회가 오기를 기대한다. 그런데 생각해보라. 멜라니에게는 10년 동안 아무런 일이 일어나지 않았다. 미국인들은 특유의 병적인 낙관주의로 멜라니의 이야기가 행복하게

끝날 거라 생각한다. 그래서 멜라니에게 다시 좋은 일이 일어나지 않으면 특별한 사정이 생겼을 거라 생각한다. 하지만 멜라니의 상황, 아무런 좋은 일이 일어나지 않는 상황은 흔한 일이다. (멜라니가 일하는) 슈퍼마켓은 멜라니와 같은 사람들로 가득하다."

서머멜트 현상

앞의 이야기를 〈오터레터〉에 소개한 후 구독자와 지인들이 관련 기사들을 소개하는 메시지를 보내왔다. 그중 하나는 '서머멜트(summer melt)'라는 특이한 현상에 관한 것이었다.[2] 여름이 지나면 학생들이 사라진다고 해서 서머멜트라고 이름 붙은 이 현상은 미국에서 대학에 합격하고 진학이 결정된 고등학교 졸업생들이 대학교 첫 학기가 되기 전에 진학을 포기하는 것을 의미한다(미국에서는 보통 5월에 졸업식이 열리고 가을에 첫 학기가 시작되기 때문에 '서머멜트'는 그사이 기간인 여름에 일어난다). 이를 설명한 하버드 대학교의 데이터 프로젝트에 따르면 특히 경제적으로 어려운 환경에 있는 아이들 사이에서 흔한 현상이다. 이들은 무슨 이유 때문에 어렵게 들어간 대학교에 가지 않는 걸까?

흔하게 지적되는 이유들은 첫째, 등록금을 비롯한 재정적 지원을 마련하지 못해서, 둘째, 입학 때까지 서명하고 제출해야 하는 각종 서류의 데드라인을 맞추지 못해서, 셋째, 가족과 친구들 사이의 지원·지지가 부족해서다. 첫 번째 이유는 쉽게 생각할 수 있는 장벽이다. 한국보다 훨씬 비싼 미국의 대학교 등록금과 책값 그리고 생활비를 생각하면 경제적으로 가난한 학생들이 재원을 마련하지 못해 대학 진학을 포기하는 상황이 쉽게 이해되는 것이다. 앞에서 이야기한 조너선이 전액 장학금을 지원받고 입학까지 했지만 책을 사지 못해 수업에 들어가는 것을 포기한 것이 여기에 해당한다.

하지만 두 번째, 세 번째 이유는 조금 낯설게 느껴질 수 있다. 서류 제출이 뭐 그리 복잡하다고, 그리고 돈 문제가 해결되었다면 가족과 친구들의 지지가 뭐 그리 중요하다고 대학을 포기할까? 사실 이 역시 조너선의 사연을 떠올려보면 이해가 어렵지 않다. 브롱크스를 비롯한 많은 가난한 지역의 아이들이 아무도 대학교에 다니지 않은 가정에서 자란다. 이런 환경에서는 "너는 대학교에 꼭 진학해야 한다"는 응원을 받지 못하는 일이 흔할 뿐 아니라 조너선의 양어머니처럼 적극적으로 의지를 꺾는 어른이 존재하는 경우도 드물지 않다. 그들이 단순히 나쁜 부모나 가족이어서가 아니다. 고등학교만 졸업하고 바로 일을 시작해서 가정경제를 돕거나 책임지지 않으면 안 되기 때문이다. 바로 일을 시작하면 다만 얼마라도 집안에 도움이 되는 반면 대학교에 진학하면 오히려 돈이 들어간다. '빚을 내서라도 대학교를 나와야 한다'는 것은 유교문화권이 가진 특징이지, 세계적으로 보편적인 사고

방식이 아니다.

게다가 부모가 자녀의 대학 진학을 바라는 경우에도 서류 제출을 제때 하지 못해 대학교 진학을 포기하는 경우도 제법 많다고 한다. 앞에서 언급한 기사에 바로 그런 사례가 등장한다. 오스틴 버첼이라는 학생은 부모 중에 아무도 대학을 나온 사람이 없지만 어린 시절부터 대학 진학을 목표로 공부했고 좋은 내신 성적을 유지했다. 하지만 그런 그에게 가정은 도움을 주는 곳이 아니라 그의 도움이 필요한 곳이었다. 어머니는 루게릭병을 앓는 아버지를 집에서 돌봐야 했고 오스틴은 방과 후에 집에 돌아와 저녁부터 밤까지 아버지를 보살폈다. 결국 아버지는 오스틴이 고등학교 2학년 때 돌아가셨고 어머니는 다시 일을 시작했다. 대학교 학위 없이 일자리를 구하는 게 얼마나 힘든지 잘 알던 어머니는 오스틴에게 반드시 대학교에 진학해야 한다고 강조했다.

노력의 결과 오스틴은 조지아 주립대에 합격했을 뿐 아니라 이런저런 장학금을 받게 되어 학비까지 해결되는 것처럼 보였다. 그런데 문제가 생겼다. 받을 수 있다던 장학금에 문제가 생긴 것이다. 미국에서는 이런 지원을 받을 때 읽고 서명하고 제출해야 하는 서류가 엄청나게 많은데 부모의 도움 없이 학생 혼자 해결하기에는 벅차다. 중산층 가정의 경우 대학교를 나온 부모가 아이를 도와 꼼꼼하게 서류를 챙기고 만에 하나 실수를 하더라도 학교 측에 연락해 해결 방법을 찾아내지만 이런 환경을 갖지 못한 아이들에게는 단순한 서류 하나, 실수 하나가 모두 대학으로

그렇게 역경을 이겨내고 대학에 합격한 아이들이 왜 단순한 서류 작성에서 좌절할까?

부모가 대학 지원 절차를 거쳐본 적이 없는 저소득층 학생의 경우 '서머멜트' 비율이 가장 높다.

가는 길을 막는 장벽이 되는 것이다.

오스틴이 진학한 조지아 주립대의 경우 오스틴처럼 집안에서 처음으로 대학교에 진학하는 '1세대 대학생(first-generation college student)'이 무려 35퍼센트에 달한다고 한다. 따라서 이런 대학교는 아이들이 빈곤을 탈피해 중산층으로 진입하는 중요한 사다리 역할을 하게 된다. 문제는 이런 학교일수록 '서머멜트' 현상이 심각하다는 사실이다. 보스턴 지역에서는 20퍼센트, 지역에 따라서는 40퍼센트나 되는 아이들이 입학 허가를 받아놓고도 서류 문제로 진학을 포기한다.

오스틴 사례가 실린 기사는 조지아 주립대가 이 문제를 일부나마 해결하는 모습을 소개한다. 입학생들을 일일이 챙기기에는 인력이 부족하기 때문에 아이들이 각종 서류의 제출 기한을 넘기지 않도록 AI를 활용해 챙기고 궁금증을 해결해주는 시스템을 만들어 1년 만에 서머멜트율을 18퍼센트에서 14퍼센트로 낮추었다고 한다. 오스틴의 경우 사회보장번호(SSN, 우리나라의 주민등록번호와 비슷한 역할을 한다)의 숫자 하나를 잘못 기입한 탓에 장학금을 받지 못하게 되었지만 결국 오류를 찾아내 수정했고 문제없이 장학금을 받아 진학했다.

"우리 애들이 좀 부족해"

여기까지 읽으면 이런 의문이 떠오를 수 있다. '그렇게 역경을 이겨내고 대학에 합격한 아이들인데 단순한 서류 작성에서 좌절한다고?' 이를 설명하는 유명한 개념이 바로 '결핍의 덫(scarcity trap)'이다. 사람들은 돈이나 시간 등의 자원이 부족할 경우 장기적인 계획을 세우지 못한다는 게 결핍의 덫 이론으로서 여러 실험을 통해 증명되기도 했다. 이 개념을 소개한 기사에는 작은 실수로 어처구니없이 해고당한 여성이 당장 생필품이 부족해지자 신용카드로 물건을 급하게 대량 구입하고는 연체료를 납부하지 못하는 사연이 등장했다.[3] 조금만 더 생각하면 저지르지 않을 실수였지만 궁핍 상태에 처한 뇌는 그렇게 '조금만 더' 생각하는 일을 허용하지 않는다. 지능의 문제도 게으름의 문제도 아닌 그 사람이 처한 상황이 만들어내는 덫이다. 이 덫에 걸린 사람은 장기적인 계획을 세우는 것이 불가능해서 현재 상황을 빠져나오지 못하게 된다.

현대 사회, 특히 성공을 개인 노력의 결과로 생각하는 자본주의 사회에서 가난을 벗어나지 못하는 사람들을 게으르다고 비난하거나 성공한 사람들은 그렇지 않은 사람보다 더 많이 노력한다고 추앙하는 태도가 놓치는 것이 바로 이런 문제다. 한국에서 제작된 "특성화고, 일반고, 과학고를 다 거친 선생님이 말하는 경쟁의 실체"라는 제목의 영상을 보면 교사가 일반고 학생들의 생기부(학교생활기록부)가 짧은 이유를 설득력 있게 설명한다. 넉넉한 집안의 아이들은 대단하지 않은 실력으로도 연주회나 발표를 할 수 있는 기회가 주어지고, 그럴 때마다 잘한다는 격려를 받으며, 칭찬 또는 인정에 익숙해지는 반면, 그럴 기회 없이 자라는 아이들은 그런 자신감 없이 오로지 '실수하면 안 된다'에만 집중하게 된다는 것이다.

'결핍의 덫'을 다룬 기사에도 비슷한 이야기가 나온다. 외로운 사람들도 일종의 궁핍을 겪는다. 이들이 겪는 궁핍은 인간관계의 부족, 즉 친구가 없는 것이다. 이런 사람들의 특징은 다른 사람들과 대화할 때 자신이 상대방의 눈에 어떻게 보이는지에 지나치게 신경을 쓴다는 것. 그렇다 보니 대화에 집중하지 못하고 말과 행동이 어색해지는데, 사람들은 이런 것을 좋아하지 않는다. 즉 대인관계에서 실수를 하면 안 된다는 집착이 친구를 사귀고 인간관계를 확장하는 것을 막는다. 이는 그 개인이 타고난 성격이 아니라 궁핍한 환경이 만들어낸 결과이며 아이들에게 부족한 것은 타고난 능력이 아니라 능력을 발휘하지 못하게 그들을 붙잡고 있는 환경이다.

학교가 할 수 있는 작은 노력

2022년 미국에서는 저명한 교수가 대학에서 해고된 일이 화제

지역, 부모님, 경제력, 학력, 장애, 성별 등 여러 가지 배경 조건들이 결과를 결정하는 요인이 되면 억울함을 느낄 수밖에 없다. 일반고 학생들의 생기부가 짧은 이유를 설명한 영상을 위 QR에서 볼 수 있다.

가 되었다. 뉴욕 대학교(NYU)에서 유기화학을 가르쳤던 메이틀랜드 존즈 주니어(Maitland Jones Jr.)는 권위를 인정받는 유기화학 교과서를 쓴, 학계에서 유명한 교수다. 그런데 그가 시험 문제를 지나치게 어렵게 낸다는 이유로 학생들의 항의를 받았고 학생들의 집단 청원을 받은 학교가 문제 해결에 나섰다. 결국 교수의 해고로 일이 마무리되면서 미국 대학교의 현주소를 보여주는 사건이라는 비판 여론이 일었다. 학교가 학생들을 고객으로 취급하기 때문에 그들의 요구에 굴복했다는 것이다. 교수를 옹호하는 사람들은 그의 수업이 전형적인 위드아웃(weed-out, 성적이 좋지 않은 학생들을 걸러내는) 강의였음을 강조한다. 유기화학은 의과대학원에 지원하려면 반드시 들어야 하는 수업인데, 존즈 교수의 강의는 의사의 꿈을 가진 학생들 중에서 정말로 노력하는 똑똑한 학생들만을 걸러내는 역할을 한다는 것이다. 이런 시스템은 어제오늘 생긴 것이 아니라 수십 년 동안 잘 작동해오던 것인데 요즘 학생들은 과거와 달리 자신이 성적을 낮게 받으면 스스로를 탓하지 않고 시험 탓, 교수 탓을 한다는 게 이들의 주장이다.

하지만 이런 주장에 반론을 제기하는 글이 〈뉴욕타임스〉에 실렸다.[4] 이 글을 쓴 제시카 칼라르코 인디애나 대학교 사회학과 교수는 학생과 학교·교수 사이의 역학관계가 변한 것은 사실이지만 그게 전부가 아니라고 주장한다. 학교에 다양한 계층과 인종의 학생들이 들어오면서 전통적인 위드아웃 수업이 학업에 진지한 학생과 그렇지 않은 학생을 구분하는 게 아니라 학업을 위한 자원이 풍부한 학생과 그렇지 않은 학생을 구분하고 있다는 것이다. 특히 STEM(과학, 수학, 공학, 기술) 분야의 위드아웃 수업들이 이런 불평등을 심화하고 있다는 것이다. 이런 주장에 대해 "그래도 어쨌든 공부 못하는 학생이 낮은 성적을 받는 건 당연한 거 아니냐"는 반론이 나오겠지만 칼라르코 교수는 문제가 되었던 유기화학 수업의 경우 뉴욕 대학교를 비롯한 많은 의대들에서 필수과목으로 지정하지도 않음을 지적한다. 현실적으로 도움이 되지 않는데도 가난한 아이들만 솎아내는 것이다.

그는 가족 중에 아무도 대학에 가지 않은 집안 출신의 아이가 수준 높은 화학을 아예 가르치지 않는 학교를 졸업하고 대학에 들어와서 공부 외에도 생활비를 벌기 위해 일주일에 20시간을 일하는 것을 상상해보라고 한다. 게다가 그 아이가 가진 노트북 컴퓨터는 성능이 떨어져서 버벅거리고 그 아이가 사는 아파트에는 와이파이가 변변치 않아서 학교 컴퓨터실이나 자신의 스마트폰으로 숙제를 해야 한다. 그런 아이가 단지 같은 대학교에 왔다고 해서 넉넉한 집안의 아이들과 동등한 경쟁을 할 수 있을까? 이게 칼라르코 교수의 반문이다. 그가 지적하는 문제는 대학교가 이런 아이들을 위한 대책은 마련하지 않으면서 위드아웃 수업을 운영하는 상황이다. 아니, 대학교는 잘사는 집 아이들을 위한 각종 혜택을 오히려 늘리고 있다는 것이다. 뉴욕 대학교에서 일어난 일은 바로 이런 맥락을 통해 바라볼 필요가 있다.

얼마 전 서울에 있는 유명한 의대의 교수인 친구에게서 이런 이야기를 들었다. 그에 따르면 요즘 의대 진학생들 중에는 좋은 환경에서 자란 아이들이 많기는 해도 약 20퍼센트 정도는 어려운 환경에서 자란 것으로 안다고 했다. 그리고 그런 학생들은 학업을 하면서도 아르바이트로 생활비를 벌고 있다고 했다. 물론 이들을 위한 장학금은 있지만 기부자들이 '이 장학금은 반드시 수업료에만 사용해야 한다'는 조건을 거는 일이 흔하다고 한다. 언뜻 들으면 소중한 장학금을 공부가 아닌 곳에 쓰면 안 된다는, 정당한 조건 같지만 사실은 그렇지 않다. 생활비는 '낭비'라고 생각해서 지원할 생각이 없다면 어려운 환경의 아이들은 장학금으로 수업료를 모두 면제받아도 동등한 경쟁을 할 수 없기 때문이다. 이런 기부자들을 만나면 "아이들에게 생활비를 지원해야 공부에 전념할 수 있다"라고 설득하는 것이 자신의 임무라는 게 그 친구의 말이었다.

센트럴파크의 탐조인

크리스천 쿠퍼는 다행히 누명을 피했다. 하지만 그가 무사할 수 있었던 데는 몇 가지 이유가 있다. 2020년 5월, 조지 플로이드가 경찰에게 살해되던 날, 뉴욕의 센트럴파크에서 일어난 일.

미국 흑인들이 사용하는 오래된 자조적 표현이 있다. 'DWB(driving while black, 흑인인 채로 운전)'라는 표현이다. 문법에 맞게 쓰자면 driving while being black이지만, 이 표현은 음주운전을 뜻하는 'DWI(driving while intoxicated)'라는 표현에서 intoxicated(취한 상태)를 black(흑인)으로 바꾼 것이다. 이건 흑인이 운전을 하면 경찰이 온갖 이유를 만들어 일단 길에 세우고 조사를 하는 것을 빗댄 표현이다.

'흑인들이 운전을 똑바로 하면 되지 않느냐'라고 생각할 수도 있지만 운전 중에 차선을 조금 밟았거나 멈춤 표지판 앞에서 완전히 정차를 하지 않았거나 하는 작은 위반, 혹은 자동차의 방향 지시등이 깨졌다거나 하는 사소한 문제로 트집을 잡으면 얼마든지 합법적으로 흑인 운전자를 세울 수 있다. 그렇게 일단 세운 후에 샅샅이 조사해서 마리화나 소지 등의 범법행위를 찾아내면 체포가 가능하다. 마리화나는 인종을 불문하고 사용하지만 유독 흑인들이 많이 단속에 걸려 체포되는 이유가 여기에 있다. 백인과 흑인의 각각 1퍼센트가 마리화나를 소지했다고 해도 흑인만을 집중적으로 수색하면 '흑인이 마약을 더 많이 갖고 있다'라는 통계를 만들어낼 수가 있는 것이다.

이런 종류의 통계는 아무리 문제가 많아도 일단 발표되면 대중의 편견을 강화하게 된다. 그리고 그렇게 사회적 편견이 생기면 경찰관은 더욱 열심히 흑인들을 붙잡아 수색하게 되고 특별한 혐의가 없어도 무조건 길에 세워놓고 몸수색(stop and frisk)을 하게 된다. 그게 전부가 아니다. 경찰이 수색 대상이 되는 사람의 옷이나 차에 '증거물'을 몰래 넣어서 혐의를 만들어내는 일도 종종 벌어지기 때문에 흑인들은 경찰을 불신하고 이런 수색에 강하게 항의한다. 뉴스나 소셜미디어에 등장하는 영상에서 흑인들이 경찰의 요구에 과도하게 반응하거나 불응하는 것처럼 보이는 이유가 여기에 있다. 사람들은 흑인은 왜 경찰의 지시를 순순히 따르지 않느냐고 하지만 그들이 겪어온 역사와 개인적 경험을 보면 그럴 만하다.

이런 과정을 거쳐 '흑인은 잠재적 범죄자'라는 사회적 편견이 생기고, 이런 편견이 퍼진 사회에서 누군가가 흑인을 신고하면 사람들은 일단 "흑인이 잘못했겠지"라고 추정하게 된다. 이 상황이 수십 년, 아니 100년 넘게 지속되었다고 생각해보면 미국 내 흑인들의 처지를 이해할 수 있다. 특별한 문제가 없어 보이는 통계에 기반한, 보이지 않는 차별로 취업이 힘들어지고 그 결과 경제적인 기회를 놓치게 되면서 점점 더 소외를 당하게 된다. 경제적으로 낙후된 지역에 모여 살게 되니 마약과 범죄에 쉽게 노출되고 이는 다시 흑인에 대한 사회적 편견을 강화하는 악순환의 고리가 완성된다.

센트럴파크에서 일어난 일

2020년 5월 25일 미네소타주에서 "숨을 쉴 수 없어요(I can't breathe)"라는 말을 반복하다가 숨진 조지 플로이드(George Floyd)가 BLM(Black Lives Matter, 흑인의 목숨도 중요하다) 운동을 촉발했지만 같은 날 뉴욕시 센트럴파크에서도 또 한 명의 흑인이 인종차별을 겪는 사건이 있었다. 다행히 뉴욕에서 일어난 사건과 관련해서는 아무도 죽거나 다치지 않았고 누명을 뒤집어쓸 뻔했던 흑인 남성은 안전하게 귀가할 수 있었다. 하지만 두 사건은 중요한 공통점을 갖고 있다. 센트럴파크에서 일어난 사건도 조지 플로이드의 죽음과 마찬가지로 스마트폰으로 상황이 녹화되지 않았다면 진실은 밝혀지지 않았을 거라는 사실이다.

사건의 발단은 이렇다. 크리스천 쿠퍼(Christian Cooper)라는 이름의 흑인 중년 남성은 센트럴파크에서도 유독 수풀이 많이 우거진 램블(The Ramble)이라는 지점에서 새를 구경하고 있었다. 미국인 중에는 탐조(birdwatching, birding)를 취미로 가진 사람들이 많다. 쿠퍼의 경우 열 살 때부터 새를 보는 것을 좋아했고, 뉴욕시에서 살게 된 후로는 탐조하기에 좋은 센트럴파크를 자주 찾아 취미 활동을 해왔다고 한다. 뉴욕의 탐조인들 사이에서는 잘 알려진 인물로 1980년대에는 하버드 대학교에서 조류 클럽의 회장을 지냈고 오두본 소사이어티(Audubon Society, 미국 최대의 조류학 단체) 뉴욕지부 이사이기도 하다.

쿠퍼는 그날도 나무가 우거진 이곳에서 새를 구경하고 있었는데 한 백인 여성이 개를 데리고 다가왔다고 한다. 센트럴파크에는 개를 데리고 오는 것이 허용되어 있지만 공원이라 아이들도 많고 무엇보다 야생동물들이 있는 곳이기 때문에 공원의 특정 구역에서는 개에게 반드시 목줄을 해야 한다는 규칙이 있다. 그런데 에이미 쿠퍼(Amy Cooper, 우연히 같은 성을 갖고 있지만 서로 무관하다)라는 이름의 이 여성은 자신의 개에게 목줄을 매지 않고 크리스천 쿠퍼가 새를 보고 있던 램블로 걸어들어 왔다.

달려오는 개를 본 크리스천은 에이미에게 이곳에서 개가 돌아다니면 새들이 겁을 먹으니 공원의 규정대로 목줄을 하라고 얘기했다. 그런데 에이미가 이를 거부하면서 문제가 발생했다. 크리스천이 개 간식을 주며 개를 부르자 에이미가 "내 개를 만지지 말라!"고 소리를 질렀다. 흑인 남성인 크리스천은 주위에 아무런 목격자가 없는 것을 알고는 이 상황을 기록으로 남기기 위해 자신의 휴대전화를 들어 촬영을 시작했다.

크리스천이 촬영한 것은 증거를 남기지 않으면 백인의 증언과 흑인의 증언이 일치하지 않을 때 미국 사회에서는 백인의 말을 믿을 가능성이 높기 때문이다. 하지만 에이미는 그것을 위협으로

백인의 증언과 흑인의 증언이

일치하지 않을 때

미국 사회에서는

백인의 말을 믿을 가능성이 높다.

크리스천은 에이미에게 개가 돌아다니면 새들이 겁을 먹으니 공원의 규정대로 개 줄을 묶어달라고 얘기했는데 에이미가 이를 거부하면서 문제가 생기기 시작했다고 한다. 당시 크리스천이 직접 촬영한 영상을 QR에서 볼 수 있다.

취급하기로 작정한 것처럼 그에게 다가와서 촬영을 중지하라고 했다. 크리스천은 혹시라도 신체 접촉이 일어나면 오해를 살까 봐 "내게 다가오지 말라"고 분명하게 말하지만 에이미는 "경찰에 전화해서 흑인 남자가 내 목숨을 위협한다고 말하겠다"고 거꾸로 위협하고는 크리스천이 촬영을 계속하자 경찰에 전화해서 "흑인 남성이 센트럴파크 램블에서 내 목숨을 위협하고 있다"라는 허위 신고를 한다.

과거에 벌어진 일들

크리스천은 아주 현명하게 상황에 대처했다. 언성을 높이지 않고 신체적 접촉을 일절 피하면서 모든 것을 기록으로 남겼다. 그 결과 이 상황에서 체포되지도 누명을 쓰지도 않을 수 있었다. 그가 무사할 수 있었던 데에는 그 외에 몇 가지 이유가 더 있다. 우선 센트럴파크는 유명한 인종차별 사건의 현장이다. 1989년 백인 여성이 조깅을 하다가 성폭행을 당한 사건이 있었는데 뉴욕 경찰은 분명한 증거도 없이 사건 당시 공원 다른 곳에 있었던 흑인과 히스패닉 소년(14~16세였다) 다섯 명을 범인으로 몰아 8~12년형을 선고했던 것이다. 무려 13년이 지난 후에 진범이 자백할 때까지 '센트럴파크 파이브(Central Park Five)'라고 불린 이들은 단지 피부색이 짙다는 이유만으로 백인을 공격한 성폭력범 취급을 받으며 기나긴 옥살이를 했다. 이 사건은 훗날 다큐멘터리로도 제작되어 미국 사회의 인종차별이 편견의 형태로 얼마나 깊숙하게 스며들어 있는지 보여주었다.

당시 부동산 개발업자였던 도널드 트럼프는 이 사건을 두고 "(뉴욕주에) 사형제도를 재도입해야 한다"며 이들을 사형하자는 전면광고를 신문에 게재했다. 트럼프는 이미 그때부터 백인들의 인종차별적 사고에 기반한 분노를 이용해서 자신의 정치적 인기를 쌓아온 것이지, 어느 날 갑자기 인종주의자들의 표를 끌어오기 위해 돌아선 것이 아니다. 트럼프는 나중에 이들의 누명이 벗겨진 후에도 당시 게재한 광고에 대한 사과를 거부했다.

센트럴파크 파이브나 크리스천 쿠퍼가 겪은 일은 뉴욕, 아니 미국 전역에서 끊임없이 일어나는 크고 작은 비슷한 일들의 일부일 뿐이다. 오죽했으면 뉴욕 주의회는 2018년에 인종, 젠더, 종교적으로 소수자로 분류되는 집단에 속한 사람들이 범죄를 저질렀다고 경찰에 허위 신고하는 경우, 그리고 그 의도가 이들에 대한 차별적 인식에서 비롯되었음이 밝혀질 경우 신고 행위 자체를 증오범죄(hate crime)로 취급하는 법안을 상정했겠는가. 다만 이 법안이 발효된 때가 2020년 6월이었기 때문에 에이미 쿠퍼는 이를 피해갈 수 있었다.

이런 역사 때문에 에이미 쿠퍼의 신고를 받고 출동한 경찰 역시 크리스천 쿠퍼를 함부로 의심하지 않았을 것이고, 또 그런 역사를 잘 알고 있는 쿠퍼는 '분노한 흑인 남성(angry black man)'이라

좌 센트럴파크 파이브
우 유색 인종 10대 다섯 명을 사형에 처하라고 요구한 트럼프의 전면 광고

BRING BACK THE DEATH PENALTY.

BRING BACK OUR POLICE!

What has happened to our City over the past ten years? What has happened to law and order, to the neighborhood cop we all trusted to safeguard our homes and families, the cop who had the power under the law to help us in times of danger, keep us safe from those who would prey on innocent lives to fulfill some distorted inner need. What has happened to the respect for authority, the fear of retribution by the courts, society and the police for those who break the law, who wantonly trespass on the right of others? What has happened is the complete breakdown of life as we knew it.

Many New York families — White, Black, Hispanic and Asian — have had to give up the pleasure of a leisurely stroll in the Park at dusk, the Saturday visit to the playground with their families, the bike ride at dawn, or just sitting on their stoops — given them up as hostages to a world ruled by the law of the streets, as roving bands of wild criminals roam our neighborhoods, dispensing their own vicious brand of twisted hatred on whomever they encounter. At what point did we cross the line from the fine and noble pursuit of genuine civil liberties to the reckless and dangerously permissive atmosphere which allows criminals of every age to beat and rape a helpless woman and then laugh at her family's anguish? And why do they laugh? They laugh because they know that soon, very soon, they will be returned to the streets to rape and maim and kill once again — and yet face no great personal risk to themselves.

Mayor Koch has stated that hate and rancor should be removed from our hearts. I do not think so. I want to hate these muggers and murderers. They should be forced to suffer and, when they kill, they should be executed for their crimes. They must serve as examples so that others will think long and hard before committing a crime or an act of violence. Yes, Mayor Koch, I want to hate these murderers and I always will. I am not looking to psychoanalyze or understand them, I am looking to punish them. If the punishment is strong, the attacks on innocent people will stop. I recently watched a newscast trying to explain the "anger in these young men". I no longer want to understand their anger. I want them to understand our anger. I want them to be afraid.

How can our great society tolerate the continued brutalization of its citizens by crazed misfits? Criminals must be told that their CIVIL LIBERTIES END WHEN AN ATTACK ON OUR SAFETY BEGINS!

When I was young, I sat in a diner with my father and witnessed two young bullies cursing and threatening a very frightened waitress. Two cops rushed in, lifted up the thugs and threw them out the door, warning them never to cause trouble again. I miss the feeling of security New York's finest once gave to the citizens of this City.

Let our politicians give back our police department's power to keep us safe. Unshackle them from the constant chant of "police brutality" which every petty criminal hurls immediately at an officer who has just risked his or her life to save another's. We must cease our continuous pandering to the criminal population of this City. Give New York back to the citizens who have earned the right to be New Yorkers. Send a message loud and clear to those who would murder our citizens and terrorize New York—
BRING BACK THE DEATH PENALTY
AND BRING BACK OUR POLICE!

Donald J. Trump

이들은 단지 피부색이 짙다는 이유로
백인을 공격한 성폭력범 취급을 받았고
길고 긴 옥살이를 했다.

는 미국 백인 사회의 스테레오타입을 피하기 위해 아무리 억울해도 끝까지 언성을 높이지 않고 침착함을 지켰다. 하지만 이 모든 역사보다 더 결정적인 역할을 한 것은 스마트폰이라는 현대 문명의 이기다. 앞의 모든 것을 지켰다 해도 크리스천이 촬영한 영상이 없었으면 어땠을까? 에이미는 출동한 경찰에게 전화로 했던 것과 똑같은 거짓말을 했을 것이고, 이 사건이 법정에 갔다면 크리스천 쿠퍼는 백인이 다수를 차지하는 배심원들의 결정을 기다려야 했을지 모른다. 조지 플로이드 살해 사건의 경우 많은 사람들이 플로이드가 죽어가는 모습을 지켜봤지만 그들의 손에 스마트폰이 없었다면 목격자들의 증언은 의심받았을 가능성이 높다.

스마트폰의 발전이 크리스천 쿠퍼가 누명을 쓰지 않게 해주었다면 그 뒤에 일어난 일은 소셜미디어가 해낸 일이다. 집으로 돌아온 크리스천의 이야기를 들은 가족 중 한 명이 그가 찍은 동영상을 트위터에 올렸고 크리스천은 자신의 페이스북 페이지에 공개했다. 이 영상들은 바이럴이 되어 수천만 번의 조회가 일어났고 이런 일이 있을 때 항상 그런 것처럼 온라인에서는 사진 속 백인 여성인 에이미 쿠퍼의 정체를 파헤치기 시작했다. 에이미의 정체는 금방 드러났고 직장까지 공개되면서 이번에는 회사에도 압력이 가해지기 시작했다. 에이미는 유명 투자금융회사에서 보험 투자 총책임자로 일하고 있었는데, 회사는 이 사건이 일어난 바로 다음 날인 26일에 그를 해고했다.

이제 이런 초고속 결정은 미국에서 보편화되었다. 소셜미디어의 확산으로 기업의 이미지가 심각하게 훼손되는 데는 하루도 걸리지 않기 때문에 기업들은 임직원이 사회적으로 물의를 일으킬 경우 법정에서 재판을 받고 유죄가 결정되기 전이라도 신속하게 해고하는 관행이 생겼다. 해당 인물이 법을 어겼는지는 법원이 판단할 문제이지만 고용 관계는 개인과 회사 사이의 계약이기 때문에 기업의 임직원 행동수칙(code of conduct)을 어긴 것으로 판단되면 법원의 결정과 무관하게 해고할 수 있다. 그렇다고 그런 기업들이 사회정의를 실현하는 주체가 되려는 것은 아니다. 단지 여론이 지속적으로 악화될 경우 회사의 이미지가 나빠지기 때문에 그때까지 판결을 기다리지 않겠다는 것뿐이다.

평범하지 않은 탐조인

하지만 어떤 기업들은 단순한 방어를 넘어 적극적으로 사회정의를 실현하는 쪽을 선택하기도 한다. 동영상 덕분에 누명을 벗을 수 있었던 크리스천 쿠퍼에게 일어난 일이 그렇다. 세계적으로 유명한 교양 다큐멘터리 채널인 내셔널지오그래픽은 크리스천 쿠퍼를 새로 시작하는 프로그램인 〈평범하지 않은 탐조인(Extraordinary Birder)〉의 진행자로 선정했다고 발표했다. 그의 탐조 경력과 탐조계에서 차지하고 있는 위치—게다가 인물과 목소리까지 좋다—를 생각하면 전혀 이의를 제기할 수 없는 결정이지만, 그가 2년 전에 겪은 일을 통해 얻은 유명세를 내셔널지오그래픽이 홍보에 이용한다고 해도 틀린 말은 아니다. 하지만 미국인들의 반응은 좋은 것 같다. 그에 대한 대중적 이미지가 좋다는 것과 미국이 원래 철저한 자본주의 사회라는 것을 고려하면 전혀 이상할 게 없는 결과다.

물론 내셔널지오그래픽이 BLM 운동의 흐름을 타서 흑인에게 특별한 기회를 준다고 불평할 사람들은 분명히 존재한다. 미국의 유명 사립 대학교들이 다양한 인종과 집단에게 기회를 주기 위해 적극적 우대 조치(affirmative action)를 유지하는 것을 두고도 공격이 끊이지 않는다. 하지만 2023년에 크리스천 쿠퍼가 자신의 이야기를 담은 회고록을 발표하면서 그가 사회적 분위기에 편승해서 특별대우를 받는다는 불만을 잠재웠다. "탐조를 통해 더 나은 삶을 살기: 자연계에서 살아가는 한 흑인 남성의 기록(Better Living Through Birding: Notes From A Black Man In The Natural World)"이라는 제목의 이 책에서 에이미 쿠퍼의 허위 신고 사건은 작은 부분만을 차지한다. 그가 살아온 이야기가 훨씬 놀랍고 흥미롭기 때문이다.

크리스천 쿠퍼는 책을 발간한 후에 했던 인터뷰에서 굳이 탐조를 주제로 한 책을 낸 것은 흑인 탐조인으로서의 경험 때문이라고 말했다. 미국에서 탐조는 거의 전적으로 백인들의 취미로 받아들여지기 때문이다. 그에 따르면 여기에는 몇 가지 이유가 있다. 우선 이 취미 활동에 필수적인 망원경이 고가의 장비이기 때문에 경제적 여유가 없는 사람들에게는 진입 장벽이 된다. 그런데 미국 사회의 흑인들은 경제적으로 어려운 이들이 많다. 경제적인 곤경을 겪고 있고 다음 끼니를 걱정해야 하는 상황에서, 다음 달 월세를 낼 수 있을지 모르는 상황에서, 일자리 하나로 부족해 두 가지 직업을 가져야 하는 상황에서 탐조처럼 한가로운 취미를 위해 시간을 내기는 쉽지 않다. 당장 먹고사는 문제가 없다고 해도 어린 자녀를 도시에서 멀리 떨어진 곳으로 여름 캠프를 보내 탐조 취미를 갖게 하는 것은 또 다른 얘기다. 아무래도 경제적으로 여유가 있는 사람들은 백인이다 보니 자연스럽게 '탐조=백인들의 취미 활동'처럼 여겨지게 되었다는 것이다.

그런 미국 사회에서 자란 쿠퍼가 탐조를 취미로 갖게 된 것도 특이한 일이지만 (그가 탐조에 사용하는 망원경은 선물로 받았거나 중고로 구매한 것들이다) 사실 그에게는 그 외에도 특별한 부분이 많다. 그는 게이다. 1963년생인 쿠퍼는 미국에서 성소수자들에 대한 혐오가 극에 달하던 시절에 자신의 정체성을 숨기고 성장했다. 특히 성소수자에 대한 편견이 강한 흑인 커뮤니티에서는 커밍아웃이 훨씬 더 어려웠기 때문에 그는 다른 아이들과 어울리기보다 새와 만화책

크리스천 쿠퍼의 책

을 친구 삼았다고 한다. 그가 자란 뉴욕의 롱아일랜드는 전통적인 가치관을 갖고 사는 블루칼라 계층의 거주지다. 지금처럼 커밍아웃한 유명인도 없던 때이고 악명 높은 스톤월 폭동(Stonewall Riot, 1969년 뉴욕 경찰이 동성애자들이 모이던 스톤월 술집을 습격하면서 촉발된 대규모 시위)이 일어난 지도 얼마 되지 않은 때였기 때문에 그는 자신의 성정체성을 철저하게 비밀로 하고 살았다.

쿠퍼가 우상처럼 생각한 것은 〈스타트렉(Star Trek)〉에 등장하는 캐릭터 스팍(Spock)이었다.

"스팍은 지적이고 아주 똑똑하죠. 반은 벌컨(Vulcan, 극 중 외계인 종족)이고 반은 인간이라서 인간이 가진 단점을 갖고 있었지만, 벌컨은 완벽하게 이성적인 존재라서 자신의 감정을 완벽하게 숨기고 드러내지 않습니다. 세상에서 제가 반드시 해야 하는 게 하나 있었다면 그건 저의 감정을 숨기는 일이었어요. 만약 제가 느끼는 감정을 다른 사람들이 알게 된다면 사람들은 제가 어떤 사람인지, 제가 몰래 좋아하는 사람이 누구인지, 혹은 제가 게이임을 알게 될 테니까요. 그래서 감정 통제를 철저하게 해야만 했습니다. 그게 당시 제가 저의 성정체성을 다루는 방법이었어요. 밖에서 보면 사교적이고 친절한 성격으로 보였겠지만 제 마음속에서 저는 산 채로 묻히는 기분이었습니다. 하지만 그 양면을 조심스럽게 통제하고

TV 드라마 <스타트렉>에 등장하는 스팍

있었습니다."

미국 흑인들 중에는 성소수자들이 겪는 현실이 흑인으로서 겪는 현실보다 덜 힘들다고 말하는 사람들이 있다. 성소수자는 자신의 정체성을 숨길 수 있어도 흑인의 피부색은 감출 수 없기 때문이다. 흑인이자 게이인 쿠퍼는 그 견해에 동의하지 않는 이유

"동성애자임을 드러낼 수 있는 실수를 절대 하지 않으려고 노력하는 과정에서 제게 우상 같은 캐릭터가 있었어요."

를 이렇게 설명한다. "아주 밝은 피부색을 타고 태어나서 어느 순간 자기가 흑인이라는 사실을 숨긴 채 백인 사회에 동화되어 살던 사람들이 있습니다. 이들은 출생의 비밀을 감추기 위해 가족과 인연을 끊고 흑인들의 모든 전통과 유산을 거부하고 살았습니다. 그렇게 사는 건 정말 끔찍한 일이고 흑인들은 그게 어떤 건지 잘 알고 있습니다. 성소수자들이 자신의 정체성을 숨기고 사는 일도 다르지 않아요. 흑인으로 사는 것보다 더 쉬운 게 아니라 끔찍한 겁니다."

그런 쿠퍼가 유독 좋아했던 것이 마블의 《엑스맨(X-Men)》 시리즈였다고 한다. 이성애자들은 대부분 눈치채지 못했지만 성소수자 청소년들이 공감한 포인트가 있다. 바로 만화의 주인공들이 뮤턴트(mutant), 즉 돌연변이라는 사실이다. 겉보기에는 다른 사람들과 다르지 않지만 태어날 때부터 약간 다르다는 것, 그리고 청소년으로 성장하는 과정에서 자기가 남들과 다르다는 사실을 깨닫는다는 것, 이는 성소수자 아이들이 자라면서 거치는 과정과 같다.

대학을 졸업한 쿠퍼는 꿈에 그리던 직장인 마블에 들어가 스토리 작가로 일하게 되는데, 사실 그때만 해도 마블은 지금처럼 잘나가는 회사가 아니었다. 그가 그곳에서 작업한 만화가 〈알파 플라이트(Alpha Flight)〉다. 그런데 크리스천은 대학생 시절부터 그 만화를 보면서 캐릭터 중 하나인 노스스타(Northstar)가 작가들이 드러내지만 않았을 뿐, 분명히 게이라는 심증을 가졌다. 그래서 만화 대본을 쓰면서 그 캐릭터가 커밍아웃하게 하자는 제안을 했고, 그게 받아들여져서 만화 속에 노스스타가 "나는 게이야!"라고 외치는 장면을 넣었다. 작업을 같이한 팀에서는 문제가 없었는데, 이를 뒤늦게 알게 된 경영진이 앞으로 진행되는 얘기에서는 게이임을 드러내는 것을 불허했다고 한다. 하지만 쿠퍼는 다른 작품에서 다시 상사를 설득해서 이번에는 마블 만화의 첫 번째 레즈비언 캐릭터를 탄생시킨다.

마블에서 함께 일하다가 경쟁사인 DC 코믹스로 옮겨간 옛 상사가 쿠퍼가 센트럴파크에서 겪은 일을 가지고 "저건 새야(It's A Bird)"라는 제목의 만화를 만들자고 제안했다고 한다. 슈퍼히어로물을 좋아하는 사람은 눈치챘겠지만 "저건 새야"는 날아가는 슈퍼맨을 본 사람들이 정체를 알지 못하고 외친 유명한 대사다. 슈퍼맨의 프랜차이즈를 갖고 있는 DC 코믹스는 그 대사와 탐조인 쿠퍼가 센트럴파크에서 겪은 일, 그리고 흑인들이 미국 사회에서 겪은 인종차별을 하나로 묶는 만화를 만들자고 제안한 것이다. 제목이 너무나 마음에 들었던 쿠퍼는 이를 승낙해 작품으로 탄생시켰다. 특별한 능력을 가진 망원경을 손에 넣은 10대 흑인 소년이 인종차별의 역사를 목격하게 된다는 스토리다.

내셔널지오그래픽에서 방송한 〈평범하지 않은 탐조인〉 시리즈의 마지막 에피소드는 그가 미국 남부 앨라배마주를 찾아가 그곳의 새들을 관찰하는 내용이다. 그에게 가장 의미 있는 에피소드이기도 했다. 왜냐하면 뉴욕의 센트럴파크에서도 백인의 위협을 받는 흑인 남자가 앨라배마처럼 인종차별의 역사가 길고 지금도 많은 차별이 존재하는 곳에서 망원경을 들고 숲을 돌아다니는 건 불가능했기 때문이다. 그는 센트럴파크 사건 이후 앨라배마 오두본 소사이어티의 초청으로 그곳에 처음 가서 탐조를 했지만, 내셔널지오그래픽의 시리즈를 만들게 되면서 꼭 그곳에 다시 가서 촬영을 하고 싶었다고 한다. 제작에 동원되는 촬영팀을 끌고 그곳에 가는 것 자체가 그에게는 큰 의미가 있었기 때문이다.

"앨라배마주가 그렇게 중요한 이유는 셀마(Selma, '피의 일요일'로 알려진 흑인들의 투표권 쟁취 행진이 시작된 곳)가 거기에 있기 때문이죠. 우리는 셀마의 유명한 에드먼드 피터스(Edmund Pettus) 다리를 걸어서 건넜습니다. 제 가족은 북부 출신입니다만, 미국의 흑인들은 몇 대만 거슬러 올라가면 모두 남부에서 온 사람들입니다. 제 아버지 집안은 앨라배마에서 오셨죠. 그래서 제게는 이런 개인사와 탐조 그리고 민권운동의 역사가 함께 만나는 경험이었습니다."

1965년 셀마의 에드먼드 피터스 다리에서 일어난 시위대 폭행 사건

여자 옷과 주머니

주머니가 없는 여자의 옷은 여성이 해야 할 일과 여성이 필요한 것이 무엇인지에 대한 우리 사회의 기대를 반영한다.

아래 두 기사의 제목을 보자. 하나는 1899년에 나온 기사이고 다른 하나는 2023년에 나온 기사이지만 "남자 옷에는 주머니가 많은데 왜 여자 옷에는 주머니가 드물까?"라는 같은 질문을 한다. 기사가 실린 신문도 똑같은 〈뉴욕타임스〉다. 19세기 말에 이미 여자 옷에 주머니가 더 필요하다고 주장했지만, 124년이 지난 지금도 이 문제는 해결되지 않았고, 여전히 많은 여성이 주머니—무늬만 주머니 말고 실제로 사용할 수 있는 주머니—가 있는 옷을 원한다고 말한다.

THE NEW YORK TIMES, MONDAY, AUGUST 28, 1899.

WORLD'S USE OF POCKETS

Men's Clothes Full of Them, While Women Have But Few.

CIVILIZATION DEMANDS THEM

A Tailor Tells the Queer Purposes Pockets Are Made by Some Men to Fulfill.

SCARCITY OF DIAMONDS.

De Beers Syndicate Takes Advantage of Transvaal War Scare to Limit the Output and Raise Prices.

WORLD DEMANDS MORE POCKETS.

The New York Times

ASK VANESSA

Why Don't Women's Clothes Have More Pockets?

A reader wonders why pockets in women's wear remain "small and useless" — when they're included at all. The answer is tangled up with a host of social issues, our critic writes.

Share full article

Getty Images

By Vanessa Friedman

Nov. 6, 2023

Why don't women's clothes have more pockets? And when they do, why are they so small and useless? It's like being short-sheeted. I cannot believe this is still going on in the 21st century. Please explain. — Shoba

왜 여자 옷에 주머니를 만들지 않느냐는 건 단순한 질문처럼 들리지만, 그 질문에 대한 답은 절대 간단하지 않다. 2016년에 〈마이크(Mic)〉라는 온라인 매체에서 여자 옷에 주머니가 없는 이유를 의복의 역사적 측면에서 간략하게 다룬 적이 있다. 당시 그 기사를 한국의 한 매체가 "'주머니'의 역사와 여성용 옷에 숨어 있는 성차별"이라는 제목으로 한국어로 옮겨서 소개했다.[1] 그런데 번역된 기사 아래 달린 댓글들은 그다지 호의적이지 않았다. 그중에서도 "주머니가 들어가면 핏(fit)이 살아나지 않기 때문에 주머니 없는 옷을 더 선호한다"라는 의견이 눈에 많이 띄었다. 어차피 핸드백을 비롯한 다양한 백을 들고 다니니 굳이 바지 주머니에 힘들게 쑤셔 넣어 불편하게 다닐 필요가 없다는 얘기도 자주 듣는 말이다. 사실 남자인 나도 요새는 주머니에 물건을 넣는 일이 거의 없다. 동전을 쓰게 되지 않으면서 더욱 그렇게 되었다. 그저 두 손을 모두 사용해야 할 때 잠시 폰을 넣어두는 용도를 벗어나지 않는다.

하지만 〈마이크〉의 글은 그렇게 욕을 먹을 글은 아니었다. 그 글의 원제는 "이상하고, 간단하지 않은, 그리고 성차별적인 주머니의 역사(The Weird, Complicated, Sexist History of Pockets)"다.[2] "여성용 옷에 숨어 있는 성차별"이라는 한국 기사의 제목은 영문 기사의 제목과 비슷해 보이지만, 원문 기사가 오해를 피하기 위해 조심스럽게 "여자 옷은 성차별적 역사를 갖고 있다"는 의미로 뽑은 제목을 "오늘날 여자 옷에 주머니가 없는 것은 성차별"이라는 식으로 옮기는 바람에 독자들이 무리한 주장이라고 생각하게 되었던 것으로 보인다. 사실 〈마이크〉의 원문은 꽤 알차다. 지금의 현상만을 보면 남자와 여자가 형태적으로 크게 다르지 않은 바지를 입어도 여자 옷에만 주머니가 없거나 '무늬만 주머니'가 있는 것으로 보이지만 사실 여자와 남자의 옷은—적어도 우리가 입는 서양식 옷의 경우—전혀 다른 계통으로 발전했다는 것이다. 결과적으로 지금은 남자와 여자가 모두 바지를 입고 있지만 여자 옷이 주머니를 무시하는 이유는 이렇게 다른 역사를 통해서 현재의 모습에 도달했기 때문이다.

〈마이크〉의 짧은 기사보다 이 주제를 훨씬 더 자세하게 다룬 책이 나왔다. 로드아일랜드 디자인 스쿨(RISD)에서 패션의 역사를 가르치는 해나 칼슨(Hannah Carlson)의 책 《주머니: 우리가 물건을 몸에 지니고 다니는 방법에 관한 사적인 역사(Pockets: An Intimate History of How We Keep Things Close)》다. 이 책은 〈마이크〉의 기사와 달리 (의복) 주머니의 성차별적 역사에 집중하는 대신, 우리가 입는 옷에 주머니가 달리게 된 역사를 전체적으로 조망한다. 그리고 그중 한 챕터(4장)에서 주머니의 역사에 스며 있는 성차별(sexism)을 살핀다.[3] 저자가 책과 몇몇 인터뷰에서 이야기한 옷의 발전사를 보면 역사를 통틀어 인류가 입었던 옷은 대부분 길고 헐렁한 천으로 몸을 감싸는 형태였다.[4] 부분적인 차이는 있었어도 이런 기본 틀에는 남자 옷과 여자 옷이 차이가 없었다. 특히 여성의 경우 이렇게 긴 천을 두르면 복잡한 재단이 필요 없을 뿐 아니라 임신과 출산으로 체형이 자주 변해도 별도의 임부복을 마련하지 않아도 되는 장점이 있다.

그렇다면 현재 많은 나라에서 입는 서양화된 의복에서 볼 수 있는 '바지'는 언제 왜 등장했을까? 칼슨은 1330년대를 꼽는다. 바로 갑옷(armor)의 등장이다. 갑옷이 전통적인 의복 형태의 쇠자갑(chain mail)에서 판금갑(plate armor)으로 발전하는 과정에서 이를 입어야 하는 기사의 허리둘레, 팔다리의 길이 등을 정확하게 측정할 필요가 생겨났고 이게 '재단'의 시초가 되었다고 한다.

하지만 중세까지만 해도 옷에는 주머니가 붙어 있지 않았다. 한국의 전통 '주머니'가 옷과 분리된 작은 파우치(pouch)를 의미

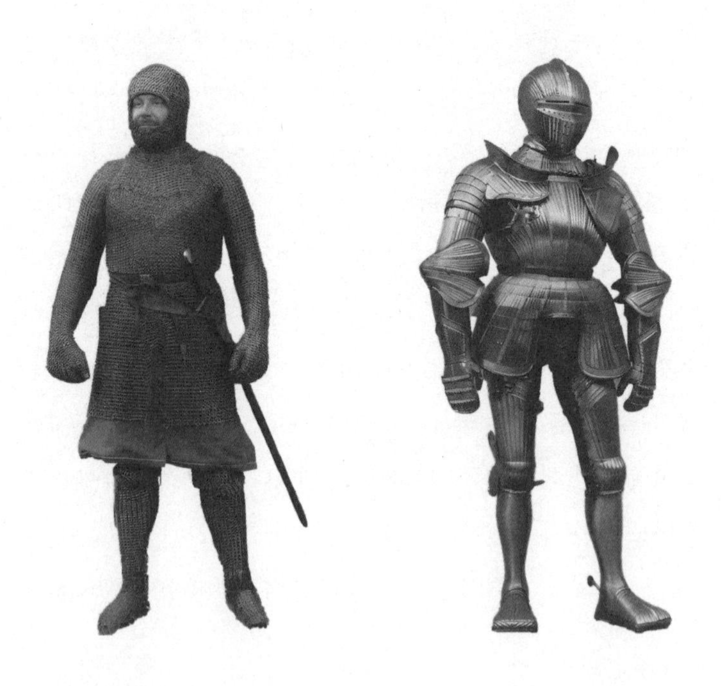

쇠자갑(왼쪽)과 발전된 형태의 갑옷인 판금갑(오른쪽)

하는 것처럼 당시 유럽에서 사용되던 '포켓(pocket)'이라는 것도 옷의 일부가 아니라 허리띠에 부착하는 형태였다. 이는 남녀 모두 마찬가지였다. 다만 남자들은 허리띠에 가깝게 주머니를 차고 필요할 경우 짧은 칼을 주머니와 함께 차고 다녔다면 여자들은 주머니를 다리 쪽으로 길게 늘어뜨린 형태로 차고 다녔다는 정도의 차이가 있었다고 한다.

그러다가 유럽의 남자들이 트렁크호스(trunk hose), 브리치스(breeches) 같은 본격적인 바지 형태의 옷을 입게 되면서 비로소 주머니가 남자 옷의 일부가 되었다. 이런 초기의 바지들은 패션 아이템이 되면서 커다랗게 부풀어 오른 모양을 하기도 했기 때문에 몸에 붙지 않아 여유 공간이 충분했다. 칼슨은 남자들의 바지가 커다란 통 모양이 되니 전통적으로 허리띠에 차던 주머니를 그 위에 얹는 것보다는 그냥 안으로 넣자는 생각을 한 재단사들이 나타났을 것으로 추측한다. 예전처럼 주머니를 바지 안쪽에 매달지 않고 아예 꿰매 넣기로 하면서 우리가 아는 '바지 주머니'가 탄생하게 된 것이다. 그게 1550년대에 일어난 일이다.

바지를 입는 사람

여기에서 궁금해지는 건 그렇게 탄생한 바지가 왜 남성용으로 국한되었느냐는 것이다. 정확한 이유는 알 수 없다. 하지만 칼슨에

남자와 여자의
주머니는 둘 다
허리띠에 묶여 있지만
위치는 다르다.

보카치오의 《데카메론》에 등장하는 삽화

따르면 학자들은 서양에서 남자 옷은 항상 여자 옷보다 더 발전된 형태였고, 더 현대적이었다고 말한다. 흔히 남자들은 '양복 정장'처럼 모양이 똑같고 유행을 타지 않으며 변하지도 않는 옷을 입는다고 생각하지만, 사실 옷의 역사에서 먼저 발전한 건 남자 옷이었다는 것이다. 그런데 남자 옷이 발전하고 변화했다는 사실 자체보다 더 중요한 건 그 변화의 '방향'이었다. 남자 옷은 활동을 반영하여, 몸의 움직임에 도움이 되는 쪽으로 변했기 때문이다. 통으로 된 치마 형태에서 두 다리를 따로 감싸는 '바지'가 등장하게 된 것은 그렇게 남성들이 참여한 전쟁과 스포츠 같은 활동을 염두에 둔 것이다.

그런데 이렇게 옷의 기본적인 형태가 성, 젠더에 따라 달라지면서 옷은 단순히 기능을 가진 물건이 아니라 사회문화적 함의, 특히 성역할에 관한 함의를 담게 된다. 영어권에서 유명한 표현 "이 집에서 누가 바지를 입냐?(Who wears the pants in this family?)"라는 말은 '부부 중 누가 결정권을 쥐고 있느냐'는 의미다. 물론 집마다 사정이 다르기 때문에 아내가 더 큰 발언권, 결정권을 가진 집도 많지만 그 결정권을 바지와 동일시하는 것은 애초에 그걸 남성이 가졌다는 사실을 기반으로 하고 치마를 입는 사람, 즉 아내는 수동적인 존재라는 함의가 있다.

그렇게 16세기 유럽에서 남자의 바지에 주머니가 부착되는 동안 여자 옷에서도 주머니가 치마 안으로 들어가기 시작했다. 흥미로운 건 여자 옷의 경우 남자의 바지처럼 치마 안쪽에 주머니를 붙이는 방식으로 발전하지 않고 치마 밖에 주머니를 매달던 방식대로 치마 안쪽에 주머니를 매달았다는 사실이다. 치마 안의 주머니에 든 물건을 꺼내기 쉽게 하려고 치마의 재봉선을 따라 열리는 구멍을 만들고 거기로 손을 넣어 치마 속에 매달린 주머니에 접근하게 했던 것이다. 지금 생각해보면 그냥 치마 천에 붙인 주머니를 만들지 않고 왜 굳이 그렇게 접근을 어렵게 만들었을까 싶지만 애초의 주머니(pouch)라는 고정관념을 벗어나기 쉽지 않았던 것 같다. 그럼에도 남자가 입는 바지에 지금과 같은 형태의 주머니가 달리게 된 건 그만큼 남자 옷의 혁신을 보여준다고 할 수 있다.

남자 바지 주머니의 발전과 시기적으로 교묘하게 겹치는 기술의 발전, 특히 힘의 행사 방식의 발전이 있었다. 주머니에 휴대할 수 있을 만큼 작아진 형태의 총, 즉 권총(handgun, pistol)의 등장이다. 휠록(Wheellock) 피스톨은 기존의 총과 달리 길이도 짧고 복잡한 절차 없이 바로 쏠 수 있었다. 무엇보다 옷 속에 감쪽같이 감출 수 있어 살해하려는 상대의 의심을 받지 않고 가까이 접근할 수 있었기 때문에 이 무기의 등장은 많은 사람을 긴장시켰다. 미국에서 요즘 총기의 '은닉 휴대' 허용 여부를 두고 논쟁하는 것과 비슷한 일이었다. 그래서 영국에서는 1579년에 엘리자베스 여왕이 주머니에 이런 무기를 넣고 다니는 것을 금하는 법을 제정했고 같은 시대 프랑스에서는 앙리 3세가 아예 옷에 총이 들어갈 만한 주머니를 부착하는 것 자체를 금하기도 했다. 주머니를 부착할

재봉선 틈으로 손을 넣으면 안쪽에 매달린 주머니에 손이 닿는다.

수는 있지만 대신 작아야만 한다는 것이었다.

국가가 옷에 들어가는 주머니의 크기를 결정하는 일이 어떻게 가능했을까 싶겠지만 과거 많은 사회가 다양한 방법으로 계층별 소비를 규제하는 법(sumptuary law, 사치 금지법, 윤리 규제법 등)을 갖고 있었다. 소득과 무관하게 양반만 입을 수 있는 옷, 귀족만 사용할 수 있는 옷감이 정해지던 전통 사회에서 의복 규제는 충분히 가능했고 젠더에 따른 의복 제한도 마찬가지였다.

하지만 그렇게 남녀의 역할이 엄격하게 구분되던 사회에서도 불가피하게 여성이 남성의 일을 해야 하는 경우가 있었다. 가령 밥벌이를 하던 가장이 죽거나 다쳐서 아내가 일을 해야 할 상황이라면? 이런 경우 여자가 남자 옷을 입는 일(cross-dressing)이 있었다. 반드시 남자로 변장해야 해서가 아니라 남자가 하는 작업 중에 당시 여성의 옷을 입은 채 할 수 없는 일이 있었고 특정 직업이 요구하는 복장이 있었기 때문이다. 그런데 그렇게 남자의 옷을 입게 된 여성들이 드디어 주머니를 사용할 수 있게 되었다고 좋아했다는 기록이 있다. 달리 말하면 여자는 남자의 옷을 입지 않는 한 주머니를 가질 권리가 없었다는 얘기다.

하지만 남자라고 다 주머니를 가질 수 있었던 것도 아니다. 도제, 하인, 노예로 일하던 사람들은 남자라도 주머니가 달린 옷을 입지 못했다. 과거 미국에서 달아난 노예를 찾는 현상금 포스터에는 "주머니나 주머니 덮개(flaps)가 없는 회색 코트를 입고 있다"라는 식으로 달아날 때 노예가 입은 옷에 주머니가 있었는지

1760년대 그림 속 남성. 남성복 디자이너가 주머니의 존재를 얼마나 자랑스럽게 강조했는지 볼 수 있다.

여부를 언급하는 것들이 있다. 옷에 주머니를 부착한다는 것 자체가 추가로 비용이 들어가는 것이었을 뿐 아니라 노예들이 달걀 등의 물건을 몸에 숨겨 훔치는 것을 미연에 방지하려는 의도도 있었다고 한다. 따라서 탈출을 준비하는 노예는 몰래 웃옷에 주머니를 만들어 달기도 했는데, 탈출할 때 필요한 물건을 몸에 지니기에 용이할 뿐 아니라 흑인 노예와 노예 신분에서 풀려난 흑인들이 섞여 사는 대도시에 도착했을 때 달아난 노예처럼 보이지 않는 시각적 장치로도 작용했다.

찬양과 조롱

칼슨에 따르면 자유로운 남자들이 주머니를 독점하면서 주머니는 남성의 실용성과 호기심의 상징처럼 묘사되기 시작한다. 우선 남자가 사용하는 다양한 물건에 주머니에 들어갈 수 있는 '포켓 사이즈(pocket-size)' 버전이 생겨났다. 일하는 남자들이 언제든 도구를 꺼내어 사용할 수 있다는 건 그만큼 유능하다는 이미지를 준다. 대표적인 사람이 미국의 독립선언서를 기초했던 건국의 아버지 토머스 제퍼슨(Thomas Jefferson) 대통령이었다. 철학과 과학, 건축과 농업, 언어학 등 다양한 분야에 조예가 깊은 전형적인 계몽주의자였던 제퍼슨은 주머니에 작은 가위와 줄자, 칼, 톱, 온도계, 나침반 등 다양한 (포켓 사이즈의) 물건을 가지고 다니며 사용해서 "걸어 다니는 계산기"라는 별명이 붙기도 했다. 제퍼슨이 휴대한 물건 중에는 상아로 만든 노트도 있었다. 제퍼슨은 쓰고 지울 수 있는 상아 노트에 생각을 적고 나중에 집에 가서 종이에 옮겼다고 한다. 그에게 주머니는 움직이는 실험실, 작업실이었던 셈이고 이는 계몽된 남성의 이미지를 만들어냈다.

남자들이 바지와 재킷 곳곳에 주머니를 붙이고 다양한 물건을 넣고 다니다가 이를 꺼내어 사용하는 동안 여자들은 중세와 다름없이 천 주머니에 물건을 한꺼번에 넣고 다녔다. 물건을 정리할 수 있는 서랍처럼 작동한 남자 옷과 달리 한곳에 물건을 몰아넣으니, 필요한 걸 찾으려면 열심히 뒤져야 했다. 그래서 주머니 안에 물건이 있는데도 찾지 못하는 일이 있었고, 치마 속에 묶은 끈이 풀려 주머니를 분실하는 일도 있었다. 이렇게 여자들이 중세

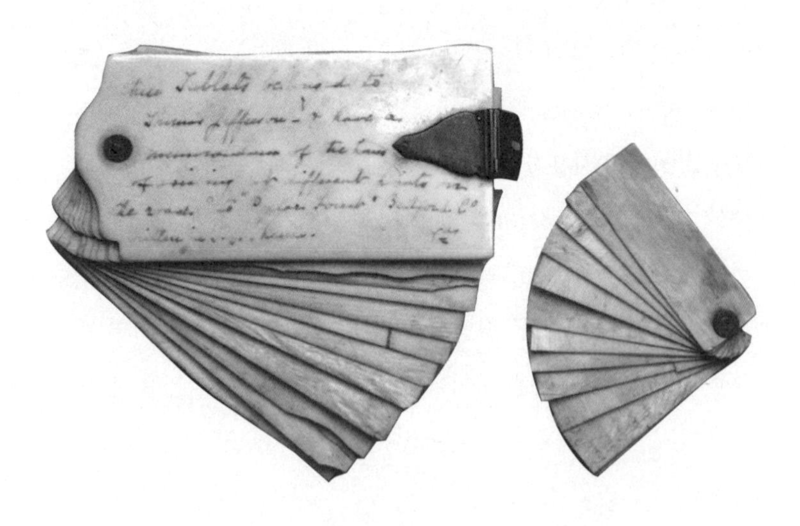

제퍼슨의 휴대용 상아 노트

시대 이후로 발전이 없는 주머니로 고생하는 동안 남자들은 그런 모습을 보면서 농담과 조롱이 섞인 글을 쓰곤 했다. 그런데 여성이 옷에 주머니를 부착하는 대신 손가방을 드는 쪽으로 발전한 의복사는 지금도 이어지고 있고 비슷한 글은 여전히 나온다. 물론 이런 '혼돈'은 여자들의 타고난 성격, 성향과 무관하게 그들에게 주어진 선택지에서 비롯된 것일 뿐이다.

반면 자라면서 주머니에 온갖 잡동사니를 넣고 다니던 남자아이들을 보는 시선은 달랐다. 남자아이들은 자라서 중요한 일을 하게 될 것이기 때문에 그런 일을 허용해야 한다는 너그러운 자세가 어른들에게 있었다. 아이들이 주머니에 사탕, 개구리, 칼 따위를 넣고 다니면 그건 "세상을 탐험하는" "호기심 많은" 태도로 여겨졌다. 남자아이들에게는 유년기에 이를 허용해야만 물건을 정리하는 자기만의 방법을 만들어낼 수 있다는 거였다. 남자아이들의 주머니가 이렇게 '호기심 많은 탐험가'를 상징하는 동안 여자아이들은 옷에 주머니가 붙었어도 완전히 다른 취급을 받았다. 《작은 아씨들(Little Women)》의 네 자매 중 둘째인 조(Jo)는 흔히 여자들이 주머니—1860년대 여성의 옷에 드디어 사용할 수 있는 주머니가 붙었다—에 넣고 다닐 것으로 기대하는 물건들을 거부하며 자기가 쓴 원고 뭉치를 넣고 다녔다.

그럼 당시 사람들이 젊은 여자들이 들고 다녀야 한다고 생각하던 물건은 뭐였을까? 바느질에 사용되는 골무가 대표적인 물건이었다. 남자들은 세상을 바라보는 자기만의 시선을 키우는 물건을 주머니에 넣고 다닐 자유가 보장되는 동안 여자들은 바느질 도구로 대표되는 '집안일'을 하고 남을 돕는 데 사용되는 물건을 들고 다니도록 장려된 것이다.

변하는 패션, 변하지 않는 주머니

19세기에 들어서면서 상황은 더 나빠진다. 18세기 중후반에 회화와 건축에서 일어난 신고전주의(Neoclassicism)가 여성의 패션에도 영향을 미치기 시작한 것이다. 1800년을 전후로 여자 옷은 고대 그리스 신전의 조각에서 볼 법한 모습으로 바뀌어, 마치 기둥처럼 위에서 아래로 똑바로 떨어지는 얇은 천으로 만든 드레스가 유행했다.

그림에서 보는 것과 같은 모양이 나오기 위해서는 과거와 달리 속치마를 많이 입을 수 없었다. 그렇게 해서 옷이 부피가 줄어들어 몸에 붙게 되자 치마 안쪽에 주머니를 매달 만한 공간이 사라지게 되었다. 현대 여성 핸드백의 효시라고 불리는 레티큘(reticule)이 등장한 게 바로 이 시점이다. 대개 벨벳 등의 천으로 만들어진 레티큘은 프랑스어 réticule에서 온 이름이고, 어원이 되는 라틴어 reticulum은 '작은 망', '그물'을 의미했다. 실제로 초창기 레티큘은 고대 로마의 여성들이 들고 다녔던 그물처럼 생긴 지갑의 형태였기 때문이다.

1800년 전후의 여성 패션을 보여주는 그림들. 오른쪽 그림에서는 아이가 간식을 사달라고 하자 "엄마는 주머니를 달고 다니지 않는다고 몇 번을 말했니?"라고 말한다.

유행에 민감한 젊은 여성들이 비난과 조롱의 대상이 되는 건 지금이나 그때나 다르지 않았고, 레티큘을 들고 다니는 여성들에 대한 비판적인 시각이 생겨났다. 여기에는 흥미로운 이유가 있다. 당시만 해도 주머니는 치마 안쪽에 묶어 매달고 다니는 물건이었기 때문에 여성의 속옷과 같은 취급을 받았는데, 그걸 꺼내 들고 다니게 되니 마치 속옷을 내놓고 다니는 것처럼 점잖지 않게 본 것이다. 21세기에 들어와서 여자들이 탱크톱을 입으면서 브라의 끈을 드러냈을 때 나왔던 반응과 크게 다르지 않았을 것 같다. 오죽했으면 치마에 묶는 주머니를 거부하고 레티큘을 들고 다니는 여자는 신붓감으로 적절하지 않다는 말도 했다.

하지만 제인 오스틴의 소설을 영화화한 작품들에서 쉽게 볼 수 있는 그리스 여신 같은 드레스의 유행은 오래가지 않았다. 1830년대에 들어서면 다시 드레스 치마의 크기가 커지고 종 모

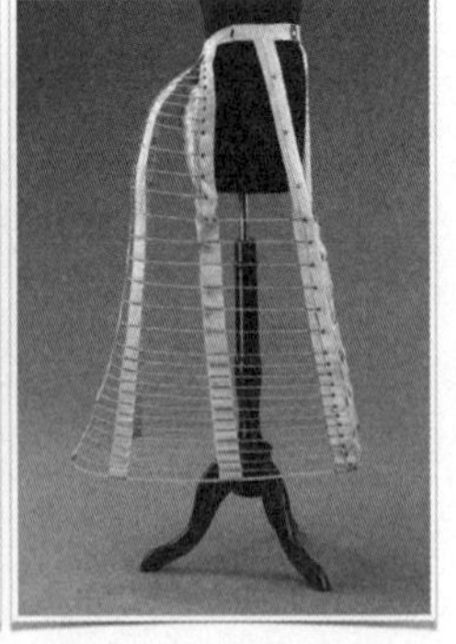

버슬(오른쪽)이 들어간 치마를 입은 1880년대 여성들

양으로 변한다. 옷에 충분한 공간이 생기자 과거처럼 주머니를 치마 안쪽에 다시 매달고 다니는 사람들도 있었고, 일부는 남자 옷처럼 주머니를 치마의 재봉선 안쪽에 만들어 붙이기도 했다. 이 새로운 실험 역시 오래가지 않았다. 1870~80년대에 이르면 종 모양의 치마가 사라지고, 대신 앞은 직선으로 떨어지고 버슬(bustle, 치마받이 틀)을 이용해 뒷부분을 크게 키운 형태의 치마가 크게 유행했다. 재단사들은 치마 뒤의 넉넉한 공간을 활용해 주머니를 만들어 넣었다. 하지만 주머니가 뒤에 숨어 있으니 손을 넣어 찾는 게 용이하지 않아 쓸모없는 경우가 흔했다. 한 여성은 오래 입어 낡은 치마의 옷감을 재활용하기 위해 뜯다가 비로소 그 치마에 주머니가 있었음을 깨달았다는 기록도 있다.

1899년 8월 〈뉴욕타임스〉에 등장한 기사는 "아담과 이브가 세상에 왔을 때는 둘 다 주머니가 없었을 텐데, 그 후로 남자와 여자는 주머니와 관련해서 완전히 다른 발전 양상을 보였다. 남자 옷의 주머니는 발전하고 개선되고 그 수도 늘어난 반면 요즘 여자 옷은 오히려 후퇴해서 두 세대 전 사람들이 입던 옷보다 오히려 주머니의 숫자가 줄어들었다"라는 얘기로 시작한다.

여성 참정권론과 주머니

19세기 말의 여자 옷에 주머니가 줄어든 상황을 개탄한 사람들은 당시 여성 참정권론자들(suffragettes, 서프러젯)이었다. 이들은 단순히 여성의 참정권만을 요구한 게 아니라 여성의 전반적인 민권 향상을 요구한 여권론자였기에 남성들에게만 허용된 특권이 뭔지 잘 알고 있었다. 남자들은 주머니에 필요한 물건을 모두 넣고 자유롭게 길거리를 휘젓고 다닐 수 있는 반면 여자들은 거대한 치마를 입고 각종 물건을 손에 들고 다녀야 하는 상황이니 외부의 환경에 물리적으로나 심리적으로 빠르게 대처할 수 없다는 것이 이들의 주장이었다. 이들은 여자 옷에 주머니가 없는 게 당연하게 여겨질 경우 이게 확고한 사회적 규범으로 고착될 것을 염려했다. 이는 지나친 우려가 아니었다. 당시 보수주의자들은 전통적으로 남녀를 구분하던 관습이 자연적으로 결정되는 것처럼 주장하기 시작했기 때문이다. 아이의 엄마가 직업을 갖지 않는 것부터 여자 옷의 디자인까지 성, 젠더와 관련된 것들이 마치 타고난 것처럼, 출생과 함께 결정되는 것처럼 말하는 일은 그때부터 지금껏 끈질기게 이어진다.

여성 참정권론자였던 앨리스 듀어 밀러(Alice Duer Miller)가 1915년에 쓴 풍자글 "우리가 여자 옷에 주머니가 들어가는 걸 반대하는 이유(Why We Oppose Pockets for Women)"를 보면 이게 100년 전에 나온 글이라고 생각하기 힘들 만큼 통렬하다. 여덟 가지 이유 중에는 "둘째, 대다수의 여성이 주머니를 원하지 않기 때문. 그들이 원했다면 옷에 주머니가 달려 있을 거니까." "셋째, 주머니를 달아줘도 사용하지 않으니까." "여섯째, 남자가 여자의 물건을 자기 주머니에 넣어주는 기사도를 발휘할 수 없으니까." "일곱째, 남자는 남자고, 여자는 여자라는 자연의 원리에 순응해야 하니까." "여덟째, 남자들이 주머니에 넣고 다니는 건 담배, 담뱃대, 술병, 껌, 남들이 보면 안 되는 편지 따위인데, 여자들이라고 그보다 나은 물건을 들고 다니리라는 보장이 없기 때문" 같은 것들이 있다. 분명히 풍자글이었지만 전통적인 성역할을 고수하는 보수주의자들은 그 풍자를 이해하지 못했다.

당시 여성 참정권론자들을 보는 보수주의자들의 시각에는 흥미로운 부분이 있다. 이들은 여성 참정권론자들을 타고난 젠더를 따르지 않는 사람들로 보는 경향이 있었고 그런 시각을 뒷받침할 만한 성소수자를 골라내 공격했다. 대표적인 인물이 게일 러플린(Gail Laughlin)이다. 당시 언론은 (레즈비언으로 알려진) 러플린이 여성들이 입던 주머니 없는 드레스를 거부하고 남자 옷과 비슷한 복장을 하고 다닌다고 비난하면서 "러플린은 주머니가 없는 옷은 입지 않는다"고 조롱했다. 여자 옷에는 주머니가 없는 게 정상이라는 생각이 이미 확고하게 박혀 있었던 것이다. 여성이 드레스나 치마가 아닌 옷을 입는 것에 대한 보수주의자들의 저항은 아주 오래 지속되어서 1990년대 중반까지도 미국 의회에서 여성 의원들은 바지를 입을 수 없었다. 세 명의 여성 의원이 이를 거부하면서 바지 정장을 입은 모습을 볼 수 있게 되었지만 당시 대통령의 부인이었던 힐러리 클린턴의 바지 정장은 두고두고 얘깃거리와 조롱감이 되었다. 지금까지도.

남자들의 공격은 거기에 그치지 않았다. 여성 참정권론은 못생긴 여자들이 하는 주장이라면서 이들이 남자들처럼 주머니에 손을 넣는 "보기 흉한 버릇"을 갖고 있다고 했다. 지금도 "페미는 못생긴 여자들이나 하는 것"이라는 얘기를 하는 사람들이 있다는 사실은 이런 공격이 얼마나 깊은 뿌리를 가졌는지 보여준다.

여자들이 원한다는 주장

의복의 발전사에서 여자 옷에 주머니가 없었던 이유로 "자연의 순리" 다음으로 많이 등장한—그리고 지금도 자주 언급되는—건 여자들이 남들의 시선을 의식하며 유행에 순응했기 때문이라는 주장이다. 주머니가 달린 옷을 만들어달라고 강력하게 주장했으면 해결되었을 문제인데 여자들이 원하지 않았을 뿐이라는 얘기다. 어디까지 사실일까?

여자 옷은 양재사(dressmaker)들이 만들던 시절이 있었다. 남자 옷은 이미 한 세기 전부터 산업화를 거쳐 기성복으로 만들어지고 있었지만 여자 옷은 몸에 딱 붙는 디자인에 정교한 스타일을 따르고 있어서 일일이 재단해서 만들어야 했다. 여성 참정권론자였던 엘리자베스 스탠턴(Elizabeth Stanton)이 1895년에 쓴 글은 이들 양재사와 고객 사이에 벌어진 실랑이를 잘 보여준다. 스탠턴이 양재사에게 원하는 디자인을 이야기하면서 주머니를 만들어

달라고 하자 양재사는 옷에 주머니를 넣을 공간이 없다면서 주머니를 붙이면 "보기 흉하게 툭 튀어나올 것"이라고 반대했다. 주머니를 요구하는 스탠턴과 쓸데없는 고집을 피우지 말고 전문가의 충고를 따르라는 양재사 사이의 오랜 줄다리기 끝에 결국 주머니를 넣는 것으로 결론이 났지만 나중에 완성된 옷을 받고 보니 주머니를 넣지 않았다고 한다.

주머니를 만들어달라는 요구를 무시당한 스탠턴의 이야기는 "여자는 좀처럼 임금 협상을 하지 않는다"라는 주장을 연상시킨다. 남자들은 끊임없이 회사와 임금 협상을 해서 자신의 몸값을 높이고 그 결과 더 유능한 직원처럼 보이게 되는데, 여자들은 회사가 주는 대로 받기 때문에 남녀의 임금 격차가 벌어진다는 주장이다. 그런데 이는 절반만 진실이다. 임금을 올려달라고 요구하는 여성이 남성보다 약간 더 적은 건 사실이지만 실제로 임금 협상에 나서도 여자의 요구는 받아들여지지 않는 경우가 많다고 한다. 즉 요구하지 않아서 받지 못했다는 건 편리한 핑계일 가능성이 크다.

그사이 기술은 계속 발전해서 더 많은 물건이 '포켓 사이즈'로 제작되고 있었다. 가령 이스트먼 코닥(Eastman Kodak)에서 나온 사진기가 그렇다. 코닥은 사진기가 얼마나 작은지를 홍보하면서 "코닥을 여러분의 주머니에 넣으세요(Put a Kodak in your pocket)"라는 문구를 사용했다. 물론 그 문구가 들어간 광고에는 남자 재킷 주머니가 등장한다. 코닥은 시장을 넓히기 위해 여성 고객을

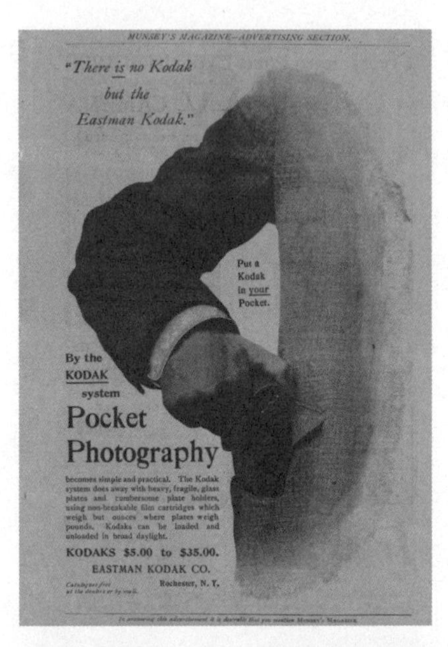
MUNSEY'S MAGAZINE—ADVERTISING SECTION.
"There is no Kodak
but the
Eastman Kodak."
Put a
Kodak
in your
Pocket.
By the
KODAK
system
Pocket
Photography
becomes simple and practical. The Kodak system does away with heavy, fragile, glass plates and cumbersome plate holders, using non-breakable film cartridges which weigh but ounces where plates weigh pounds. Kodaks can be loaded and unloaded in broad daylight.
KODAKS $5.00 to $35.00.
EASTMAN KODAK CO.
Rochester, N. Y.

Take a
Kodak
with you
to the
Pan-
American
Exposition
THE FOLDING
POCKET KODAKS
$10.00 to $17.50
EASTMAN KODAK COMPANY,
Rochester, New York

코닥의 '포켓 사진기' 광고

대상으로 한 광고도 만들었지만 여자 옷에는 주머니가 없었기 때문에 광고 속 여자 모델은 카메라를 손에 들고 있다.

지금은 어떨까? 몇 년 전 한 대학교 캠퍼스 옆에서 아이폰 수리점을 운영하는 분과 인터뷰를 한 적이 있다. 공식적인 인터뷰가 끝나고 가벼운 이야기를 나누던 중 평소 궁금했던 걸 물어봤다. 깨진 화면을 수리하러 오는 사람 중 남자와 여자, 어느 쪽이 많으냐는 게 내 궁금증이었다. 내 주변에서 화면이 깨진 폰을 들고 다니는 사람들은 거의 예외 없이 여성이었기 때문이다. 그분의 답은 "깨진 화면 수리를 원하는 고객은 90퍼센트가 여성"이었다. 그 이유를 두고 온라인에서도 많은 추측이 있지만 여자 옷에 스마트폰이 들어갈 주머니가 남자 옷만큼 많지 않아 손에 들고 다니는 시간이 길다는 것도 중요한 이유가 될 수 있다.

핸드백 vs. 주머니

하지만 모든 여성이 주머니의 부재 혹은 부족을 사회·문화적 압력의 문제로 생각한 것은 아니다. 버지니아 예먼(Virginia Yeaman)은 1918년 〈보그(Vogue)〉에 쓴 글에서 사용할 수 있는 주머니는 종종 여자 옷에 들어오기도 했지만 (가령 1차 세계대전 중에는 여자 옷에도 주머니가 달렸다) 유행과 함께 사라져버린다고 했다. 예먼은 주머니가 없으면 난리가 날 남자들과 달리 여자들은 궁극적으

아이폰X가 완전히 들어가는
여자 옷 주머니는 40퍼센트에 불과한 반면
남자 옷에는 100퍼센트 들어간다.

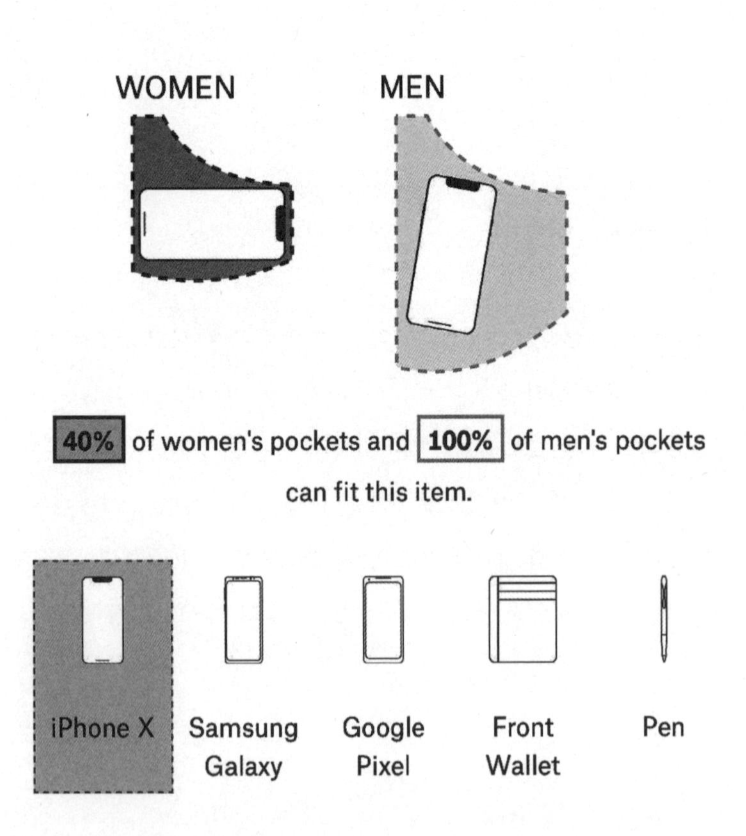

로 주머니 때문에 옷이 불룩해지느니 차라리 주머니 없이 살겠다는 선택을 했다고 주장했다. 여자들이 주머니 없이 사는 편을 선택했다는 예먼의 주장이 맞다면 그건 옷에 붙은 주머니를 대신할 만한 대안이 정착했기 때문이기도 하다. 바로 현대적인 핸드백의 등장이다.

앞에서 언급했던 천으로 만든 1800년대의 레티큘과 달리 20세기에 등장한 여성의 핸드백은 19세기 말에 등장한 남성용 가방처럼 가죽으로 만들어졌고 튼튼한 손잡이도 달려 있었다. 손에 들고 있어야 하기 때문에 한 손을 사용할 수 없고 쉽게 분실한다는 단점 때문에 주머니를 선호하는 사람들도 있었지만 핸드백의 유행은 빠르게 퍼졌다. 2차 세계대전 중 미국에서 여군부대(WAAC)를 만들었을 때 정식 제복에 어깨에 걸 수 있는 핸드백이 포함되었다는 사실은 기이해 보이지만 남자 군인들처럼 사용할 수 있는 주머니를 넣느니 핸드백을 걸게 하겠다는 발상이었던 것 같다.

120쪽 사진 속 포스터를 보면 여군의 가슴에는 남자 군인들의 제복과 같은 위치에 주머니가 붙어 있지만 자세히 보면 주머니 덮개만 있을 뿐 주머니는 없다. 여자라면 심지어 군인이라도 옷에 주머니를 허용하지 않을 만큼 지독한 고정관념이 존재한 것이다. 그런데 그 결론에 도달하게 된 미군의 판단에는 흥미로운 논리가 있다. 당시 미국 사회에서는 여성이 군대에 들어가는 것에 대한 문화적 저항이 있었다. 군인은 남성의 역할이라는 오랜 고

여군이 핸드백을 드는 전통은 미군에서는 사라졌지만 일본의 자위대에는 남아 있는 것으로 보인다. 미국 여군부대 포스터와 일본 여군의 행진 모습

정관념 때문이었다. 그래서 미군에서는 여군이 남자와 똑같은 군복을 입을 경우 레즈비언이나 트랜스젠더라는 오해를 살 것을 염려해서 군인이라도 여자들에게는 '여성스러운' 옷을 입히기로 결정했다. 그래서 정복에 바지 대신 치마를 도입한 것이다. 여성성에 대한 이런 배려 아닌 배려는 가슴 주머니에도 적용되어서 남자들처럼 여군이 가슴 주머니에 담뱃갑, 라이터 같은 물건을 넣으면 가슴 모양이 살아나지 않고 여성스럽지 못하다는 생각에 아예 덮개만 놔두고 주머니를 없앴다. 그 결과 군복을 입는 사람 입장에서의 실용성보다 사람들이 바라보는 '대상'으로서의 모습에만 집중한 군복이 탄생하게 되었다.

익숙해진 불편함

2017년 〈버즈피드(BuzzFeed)〉에서 재미있는 실험을 했다. 실험에 참가한 남성 네 명의 옷에 달린 주머니를 꿰매어 사용할 수 없게 하고 일상생활을 하게 한 것이다. 실험 참가자들은 밖에 나가면서 사원증이나 지갑을 놓고 나가는 실수를 했고, 테이크아웃 음식을 들고 사무실로 돌아오는 데 애를 먹었으며, 화장실에서 볼일을 보면서 폰을 어디에 둬야 할지 몰라 고생했다. 그렇게 하루를 살아본 남자들은 여자가 현대 사회에서 주머니 없이 사는 건 전기가 발명된 세상에서 어둠 속에 사는 거나 다름없다는 결론을 내렸다.

주머니가 없거나 지나치게 작고 적은 주머니가 달린 옷을 입고 살아온 여자들은 하루 실험에 참여한 남자들보다는 익숙하게 일상생활을 할 것이다. 하지만 여자들은 불편함에 익숙해진 것뿐이다(해나 칼슨의 표현을 빌리면 "당연히 불편할 거라고 생각하는 것에 조건화되었다"). 익숙해지지 않은 여자들도 있다. 바로 어린 여자아이들이다. SF 소설가인 헤더 카진스키(Heather Kaczynski)는 세 살짜리 딸이 자기 바지에 붙은 주머니가 손을 넣을 수 없는 가짜 주머니인 걸 알고 불같이 화를 낸 얘기를 소셜미디어에 써서 화제가 되었다. 여자라면 세 살짜리도 장난감을 넣지 못해 들고 다녀야 하는 차별을 겪어야 할 만큼 몸매를 살리는 옷을 입어야 할까?

카진스키는 주머니 문제가 "더 큰 불평등에서 비롯된 하나의 증상"에 불과하다고 말한다. 진짜 문제는 남성과 여성 중 남성만이 기능하는 옷을 입을 수 있고 입게 될 것을 당연하게 기대하고 그걸 요구할 수 있다는 사실이다. 여자가 할 수 있는 사회적, 경제적 기여는 제한적이라는 사고방식, 여자를 전통적인 위치에 묶어두려는 태도가 여자의 옷을 만드는 데 반영된다. "옷은 사회적 산물"이라고 했던 페미니스트 작가 샬럿 퍼킨스 길먼(Charlotte Perkins Gilman)의 말이 맞다면 주머니가 없는 여자의 옷은 여성이 해야 할 일과 여성에게 필요한 것이 무엇인지에 대한 우리 사회의 기대를 반영하는 것이다. 그게 주머니 문제의 핵심이다.

완톤 폰트
GRILL
PARK NG

이 폰트는 누가 처음 만들었고, 왜 중국 음식점에서 많이 사용했을까? 중국계가 자발적으로 사용했다면 이 폰트는 인종주의적일까?

한국계 미국인 앤디 김(Andy Kim)은 미국 동부 뉴저지주의 연방 하원의원 12명 중 한 사람이다. 그런데 뉴저지주에 한인들이 많이 산다는 걸 아는 사람이라면 그가 한인 교포들의 지지를 받아 워싱턴에 입성했을 것으로 생각하기 쉽지만 그의 지역구인 뉴저지 제3선거구는 한인들이 많이 사는 지역과는 거리가 멀다. 주민의 약 56퍼센트가 백인이고 아시아계는 3.2퍼센트에 불과한 이 지역에서는 대대로 백인 하원의원을 배출해왔다. 특히 민주당 소속인 앤디 김이 당선되기 전에는 20년 가까이 공화당에서 지키던 선거구였다.

그런 지역에서 앤디 김이 당선된 건 그의 화려한 학력과 경력(로즈 장학생 출신으로 오바마 행정부에서 외교관으로 일했다) 외에도 그가 처음 출마해서 당선된 2018년 선거가 트럼프의 임기 중간선거였다는 사실도 한몫했다. 트럼프 정권에 분노한 민심이 하원을 공화당에게서 되찾아 온 선거였고, 앤디 김의 지역구도 그때 공화당에서 민주당으로 뒤집혔다. 하지만 앤디 김은 훌륭한 의정 활동으로 주민들의 지지를 받았고 연이은 승리로 벌써 3선 의원이 되었다(게다가 2024년 11월에는 연방 상원의원에 당선될 가능성이 크다).

지역구 주민이 아닌 미국인 중에서도 앤디 김을 아는 사람들이 많은 건 바로 이 사진 때문이다. 2021년 1월 트럼프 지지자들이 의회를 습격한 직후 그가 의사당의 청소를 돕는 장면이 미국인들 뇌리에 강하게 박혔다.

앤디 김이 첫 선거운동을 하던 2017년의 일이다. 당시 앤디 김과 맞붙었던 현역 의원인 공화당의 톰 맥아서(Tom McArthur) 쪽에서 "앤디 김에게는 뭔가 수상한 데가 있다(Something is REAL FISHY about ANDY KIM)"라는 제목의 선거 포스터를 뿌렸다. 이 포스터를 본 민주당에서는 아시아계 후보에 대한 인종주의적인 공격이라고 비판했고, 이게 인종주의적이냐 아니냐를 두고 논쟁이 일었다(맥아서는 뉴저지주에서 트럼프를 가장 열렬히 지지하는 정치인으로 유명하다).

미국 정치 홍보물은 한국에서는 상상하기 힘들 정도로 공격적이지만 그런 미국의 정치판에서도 넘지 말아야 할 선이 하나 있다면 바로 인종주의다. 그렇다고 미국의 정치인들이 인종주의적인 공격을 하지 않는 게 아니다. 쉽게 드러나지 않게, 그러나 알아들을 사람들은 알아듣게 한다. 도그휘슬(dog whistle), 즉 개를 부르는 호루라기라는 이름을 가진 이 방법은 가령 슬럼가의 흑인을 비난하면서 흑인을 직접적으로 언급하는 대신 "도시의 범죄 문제"라고 말하는 식이다. 도시 범죄라는 단어를 들은 사람들은 미디어를 통해 봐온 대로 흑인 범죄자를 연상하기 때문이다. 앤디 김의 경쟁 후보 톰 맥아서가 사용한 포스터에는 어떤 인종주의적인 신호가 담겨 있을까? 맨 윗줄과 맨 아랫줄에 붉은색으로 등장한 단어 "REAL FISH", "ANDY KIM"에 사용된 폰트다.

여기에 사용된 폰트는 미국에서 흔히 '완톤(Wonton) 폰트', '찹수이(Chop Suey) 폰트'라고 불리는 다양한 '아시안 폰트'들 중 하

"앤디 김에게는

뭔가 수상한 데가 있다."

김 후보를 공격하는 정치 홍보물

나에 속한다. 완톤(馄饨, 훈툰)과 찹 수이(雜碎)는 중국 음식, 특히 미국에서 인기 있는 중국 음식 메뉴. 이런 폰트군에 중국 음식의 이름이 붙은 이유는 미국 내 중국 음식점에서 이 폰트를 자주 볼 수 있었기 때문이다. 이런 이름이 공식적인 폰트명은 아니라는 말이다. 오랜 문화적 습관 때문에 미국인들은 이런 폰트를 보면 아시아인, 아시아 문화를 떠올린다. 그런데 앤디 김을 공격하는 정치 홍보물에 이 폰트를 쓴 것은 '앤디 김은 아시아인'이라는 것을 강조하는 것이고, 더 나아가 '아시아인은 믿으면 안 된다'라는 아주 오래된 미국의 반아시아계 인종주의 정서를 불러내는 행동이다. 따라서 이 포스터는 인종주의적인 포스터가 맞다. 미국에서 인종은 후보의 자격 요건과 무관한데도 상대 후보의 인종을 강조한 이유는 오로지 하나, 유권자들 마음속에 남아 있을 인종주의적 반감, 타인에 대한 거부감에 기대려는 것이다. 맥아서의 이런 방법은 오히려 역효과를 냈고, 분노한 뉴저지주 유권자들은 앤디 김을 선택했다.

그런데 몇 가지 의문이 남는다. 이 폰트는 누가 처음 만들었고, 왜 중국 음식점에서 많이 사용했으며, 중국계가 자발적으로 사용했다면 그런 폰트를 인종주의적인 폰트라고 부를 수 있겠느냐는 의문이다.

완톤 폰트의 기원

이 폰트의 역사를 연구한 디자인 역사학자에 따르면 1883년 클리블랜드 타이프 파운드리(Cleveland Type Foundry)의 헨리 소프(Henry H. Thorpe)라는 디자이너가 처음 만들어냈다. 당시 클리블랜드 타이프 파운드리에서 제작한 폰트들을 보면 알겠지만 상당히 장식적인 성격이 강한 폰트로서 특정 문화를 드러내려는 의도가 보인다. 그중에서 '만다린(Mandarin)'이라는 폰트가 이 글에서 이야기하는 '완톤 폰트'의 시초다.

그렇다면 완톤 폰트는 어떻게 만들어졌길래 중국 문화를 표시하는 것으로 여겨질까? 금방 눈치채겠지만 바로 붓글씨체를 흉내 낸 것이다. 미국에서 활동하는 중국계 그래픽 디자이너인 레

MANDARIN

Mandarin by Henry H. Thorp for Cleveland Type Foundry in 1883

Oxford by Henry Schuenemann for Cleveland Type Foundry in 1888

Penelope by H. H. Thorp for Cleveland Type Foundry in 1884

맨 윗줄이 만다린 폰트

이븐 모(Raven Mo)의 설명에 따르면 붓글씨로 로마자를 표기하는 데는 문제가 있다. 로마자 알파벳에는 원이 많이 들어가 있다. G, O, Q 같은 글자에는 원이 들어가 있고 B, D같이 반원이 들어간 글자들도 많다. 하지만 한글과 달리 한자에는 원이 없다. 따라서 원이나 반원을 표기하기 위해 아래 그림처럼 약간 휘어 있는 모양의 획을 여러 개 이어 붙였다. 다른 직선은 우리에게는 영자팔법(永字八法)으로 익숙한 한자의 여덟 획 중에서 치켜올림(1)과 파임(2)만을 가져다가 조립해서 만들었다.

그 결과물이 아래에서 보는 것과 같은 '중국식 알파벳'이다.

그런데 왜 하나같이 음식점 간판일까? 그 이유를 이야기하기 위해서는 중국계 미국인의 이민사를 이해할 필요가 있다. 중국인들이 미국에 처음 도착한 것은 1800년대 중반이다. 남북전쟁이

유튜브 캡처

시작되기 조금 전에 도착했다고 생각하면 된다. 잘 알려진 대로 미국의 대륙횡단 철도는 이때 건너온 중국인들의 노동력이 없었으면 건설되기 힘들었을 만큼, 값싼 중국 노동력은 미국의 발전에 중요한 역할을 했다.

하지만 철도가 완성된 후에는 백인들의 생각이 달라진다. 경제가 안 좋아지고 일자리가 귀해지면서 백인보다 낮은 임금을 받는 중국인들이 위협적인 존재로 느껴진 것이다. 그 결과 만들어진 법이 1882년의 중국인 배척법(Chinese Exclusion Act)이었다. 간단하게 말해 중국인 노동자들이 더 이상 건너오는 것을 막고 미국에 온 중국인들이 미국의 시민이 되는 것을 금지하는 법으로 지금도 미국에서 제정된 가장 인종주의적인 법으로 여겨진다. 이 법이 폐지된 것은 60년이 지난 후 일본과 전쟁을 하게 된 미국이 중국의 도움이 필요했을 때다.

그런데 시간이 흐르는 동안 중국인 배척법에는 구멍(loophole)이 생겼다. 1915년에 일부 업종에 한해서는 중국에서 인력을 데려올 수 있게 법이 개정되었는데, 여기에 요식업, 즉 식당이 포함된 것이다. 그러자 미국으로 이민 오고 싶었던 중국인들에게 기회가 열렸고 그들이 미국에 오는 가장 쉬운 방법이 식당 종업원이 되는 것이었다. 이런 값싼 인력의 공급은 미국 전역에 중국 음식점이 확산된 요인이 되었다. 그리고 그렇게 늘어난 중국 식당들과 함께 완톤 폰트도 전국적으로 확산되었다.

여전히 궁금증은 남는다. 중국인들이 운영하는 중국 식당에서

그 폰트를 자발적으로 사용했다면 그걸 인종주의적인 폰트라고 부를 수 있느냐는 것이다. 이는 여성들이 좋아하는 옷에 주머니가 없다고 차별적인 패션이라고 부를 수 있느냐는 질문과 다르지 않다.

미국 혹은 서구에서 사용되는 로마자 알파벳 폰트 중에 역사적으로 특정 문화나 국가, 인종 집단을 대표하게 된 건 완톤 폰트만이 아니다. 아주 다양한 폰트들이 이들 집단을 연상시키는 역할을 하고 있다. 유튜브에서 디자인의 역사를 이야기하는 라이너스 보먼(Linus Boman)은 이렇게 민족 혹은 문화를 표시하는 에스닉 폰트(ethnic font)에는 크게 세 가지 유형이 있다고 설명한다.

첫째, 문화적으로 아무런 연관성이 없지만 복잡한 문화적 요인들로 인해 혹은 자주 사용했다는 이유로 특정 그룹을 표시하게 된 폰트들이다. "아프리카 폰트"라 불리게 된 노일랜드 인라인(Neuland Inline)이나 리토스(Lithos) 같은 것들이 대표적인 예로 이 그룹의 폰트 중에는 멕시코를 표시하게 된 것도, 아메리카 원주민을 표시하게 된 것도 있다.

둘째, 특정 문화나 국가를 떠올리게 하려고 의도적으로 만든 폰트들도 있다. 현재 사용하는 알파벳과 이들 문화의 문자가 얼마나 비슷한지에 따라 다양한 폰트들이 있으며 그리스 문자나 키릴 문자를 흉내 낸 폰트들이 대표적인 예다. 이 영문 폰트들은 실제 그 나라에서 사용되는 문자의 독특한 형태를 모방하는 방식으로 만들어진다. 이들 문자는 현대 로마자 알파벳과 말하자면 사촌 관계이기 때문에 아무런 근거 없이 만들어냈다고 하기는 힘들다.

마지막으로 로마자 알파벳과는 지리적으로 그리고 타이포그래피의 측면에서 가장 멀리 떨어진 언어들이 있다. 한국, 중국, 일본에서 사용하는 글자 체계는 영어권이 사용하는 26개의 알파벳과는 완전히 다르다. 이런 이유로 이 폰트들은 그것들이 흉내 내려는 글자 체계와 가장 거리가 멀다. 따라서 모두 3국의 언어를

노일랜드 인라인은 아프리카나 사파리를 연상시키는 폰트로 사용되지만 사실상 아무런 문화적 연관성이 없다.

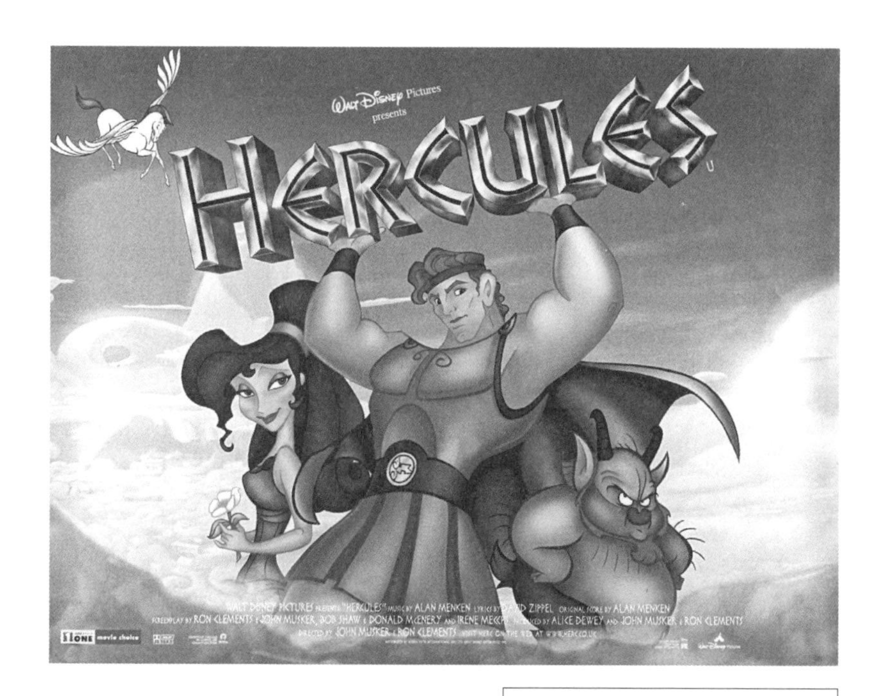

KЯƎMLIИ

위 고대 그리스를 연상시키는 이런 폰트는 그리스 알파벳을 흉내 냈지만 문화적 연관성이 없지는 않다.

아래 러시아의 키릴 문자를 흉내 낸 영문 알파벳

시각적으로 흉내 내기는 했지만 그중에서도 완톤 혹은 찹 수이 폰트는 유난히 일찍부터 널리 사용되어 클리셰(cliché), 즉 진부한 표현법이 되었다.

앞에서 이야기한 것처럼 완톤 폰트, 찹 수이 폰트는 '만다린 폰트'라는 이름으로 1883년 클리블랜드 타이프 파운드리에서 처음 만들어냈고, 이후에 나온 많은 '중국식' 폰트들이 이 만다린 폰트가 사용한 공식의 변형들이다. 만다린 폰트가 알려지게 된 계기는 19세기 유명한 포스터 디자인 회사인 베가스태프(Beggarstaffs)가 제작한 〈트립 투 차이나타운(A Trip to Chinatown)〉이라는 포스터. 이 포스터는 벨 에포크(Belle Époque, 프랑스어로 아름다운 시절이란 뜻으로 19세기 말부터 1차 세계대전 발발 전까지의 태평성대를 가리킨다) 시절의 다양한 포스터들과 함께 《포스터 마스터(The Masters of the Poster)》라는 화보집으로 출간되면서 만다린 폰트를 본격적으로 소개한다. 하지만 이 폰트의 본격적인 대중화를 이끌어낸 건 중국 음식점의 확산이다.

20세기 초 미국에서 중국 음식점이 확산하는 방식은 꽤 흥미

완톤 폰트의 논리를 한글에 적용하면 이런 모양이 나온다.

<트립 투 차이나타운>

롭다. 당시 미국에 건너온 중국 이민자들은 전통적인 인맥과 지역 공동체를 기반으로 새로운 이민자들이 자기 음식점을 세우도록 도와주곤 했다. 이 과정은 요즘 대형 음식점 프랜차이즈가 하는 것과 흡사했다. 새로 도착한 사람에게 미국에서 인기 있는 음식을 어떻게 만드는지 가르쳐주고, 이들이 기존 중국 음식점들의 상권을 침해하지 않고 식당을 열 수 있는 곳을 찾아주는 식이다. 그렇게 해서 탄생한 것이 미국 어느 지역의 테이크아웃 중국 음식점에 가도 볼 수 있는 표준 중국 음식 메뉴다. 이 중에는 찹 수이, 완톤 수프, 제너럴 조 치킨 등이 있다. 미국 전역에 중국 음식점이 퍼질 때 이 표준 메뉴가 따라갔고 그와 함께 폰트도 확산된 것이다.

보먼은 2018년 발표된 한 디자인 연구에서 확산의 이유를 찾는다. 타이포그래피를 연구하는 어미 와첸도르프 교수가 발표한 논문에 따르면[1] 미국 내 이집트식, 중국식, 독일식 음식점에서 파는 음식과 음식점의 이름을, 각 문화를 표시하는 데 사용되어온 에스닉 폰트로 적은 카드를 피험자에게 주고 국가별로 분류하게 하고는 시간이 얼마나 걸리는지 측정했다. 그랬더니 (문화 중립적인) 헬베티카 폰트로 적은 카드를 분류하는 데 걸린 시간과 비슷한 시간이 걸렸다. 하지만 흔한 이집트 식당 이름에 완톤 폰트를 사용하고 흔한 중국 음식점 이름에 '독일 폰트'인 프락투어를 사용하는 식으로 섞었더니 반응 시간이 30퍼센트 더 걸렸다고 한다. 완톤 폰트 같은 진부한 폰트가 계속 사용되는 이유가 여기에 있다. 대중은 자주 사용되는 클리셰를 빠르게 인식하기 때문이다. 식당이 특정 문화의 음식을 판다면 이보다 더 효과적으로 주목을 끌어내는 방법도 없다.

참고로 프락투어 폰트는 19세기 독일에서 민족주의적인 표현으로 개발된 서체다. 고딕(여기에서 고딕은 한글 폰트에서 말하는 고딕이 아니라 독일 지역의 역사와 문화의 근원이 되는 Gothic) 스타일의 이 폰트는 가독성은 무척 떨어지지만 독일인들, 특히 나치가 이 폰트를 좋아했고, 히틀러는 자신의 저서인《나의 투쟁》표지에 이 폰트를 사용했다. 재미있는 건 그랬던 나치가 얼마 지나지 않아 이 폰트를 '유대계 폰트'라고 비판하며 사용을 금했다는 사실이다.

그렇게 효과가 있으니 더 많이 사용하게 되고, 더 많이 사용되니 클리셰는 더욱 강화된다. 그 결과 서구의 중국 음식점부터 중국 요리를 설명하는 책과 식료품점의 중국 제품까지 이 폰트를 사용해서 고객의 눈길을 빠르게 사로잡게 되었다. 하지만 이렇게 '완톤 폰트=중국계(혹은 아시아계)'라는 등식이 만들어지자 이들

을 조롱하고 공격하고 타자화하는 데도 이 폰트가 사용되기 시작했다. 앞에서 이야기한 앤디 김을 공격한 상대 후보의 선거 홍보물이 그런 예다. 프락투어라는 폰트는 독일에서 온, 독일인이 만든 폰트이지만 완톤 폰트는 다르다. 중국인이 아니라 중국 문화를 이해하지 못하는 사람들이 만들어서 중국 이민자들에게 붙여준 것이다. 다만 그 덕분에 중국에서 온 이민자들이 비즈니스를 하는 데 도움이 되었고 아시아계 이민자들에 대한 인종차별이 극심하던 시절을 버텨낼 수 있게 해줬다.

그런 이유로 보먼은 백인이 만들어내고 중국 이민자들이 생존을 위해 사용해온 폰트를 인종주의적인 폰트라고 낙인찍는 데 조심스럽다. "타이포그래피를 통한 조롱은 중국인들이 받았던 많은 조롱 중 하나에 불과하다. 기본적인 인권을 얻기 위해 싸우는 상황에서 자국 문화의 진정한 표현 같은 건 사치였다"는 것이다. 하지만 여기에 과연 인종주의적인 요소가 들어 있느냐를 판단하고 싶다면 아주 좋은 비유를 제시한다. "타이포그래피란 귀로 들을 수 있는 목소리에 해당하는 시각적 표현"이라는 것이다. 가령 액션 영화 예고편에 들어가는 성우의 목소리를 어린이용 만화에 사용하지 않는 것처럼, 책의 표지에 사용되는 폰트도 그 책의 성격에 따라 분명하게 다르게 선택한다는 것을 지적한다.

타이포그래피는 목소리다. 그런데 외국인이 특정 문화나 인종의 말을 흉내 낸 가짜 목소리를 들을 때 우리는 어떻게 반응하는가? 인종주의적이라고 비판한다. 가령 오드리 헵번의 대표작으

<티파니에서 아침을>에 나오는 일본인 미스터 유니오시. 백인 배우 미키 루니가 동양인 분장을 하고 연기했다.

로 잘 알려진 〈티파니에서 아침을〉에서 주인공의 일본인 이웃이 등장하는 장면을 보자. 이 일본인은 백인 배우가 연기했고 당시 일본인을 상대로 한 인종주의적 조롱이 가득 담겨 있다. 보먼에 따르면 완톤 폰트를 보는 미국인의 귀에는 그 장면에 등장한 일본인의 목소리가 들린다는 것이다.

…

뉴욕주 오번시에는 한국전쟁 기념비가 있다. 여기에 새겨진 영문("KOREAN WAR")은 완톤 폰트다. 이런 기념비의 존재는 완톤 폰트가 단순히 중국계에 대한 하나의 조롱이라고 말하기 힘들다는 것을 보여준다. 왜냐하면 이걸 세운 사람들은 희생을 기념하고 싶었던 것이지 자기 마을 사람들이 지키려고 싸우다 목숨을 잃은 나라의 문화를 조롱하고 싶었던 게 아니기 때문이다.

이 기념비를 디자인한 사람, 승인한 사람, 이를 매일 보고 지나치는 사람들이 모두 이를 당연하게 생각했다는 사실은 중국 음식점에서 본 글씨가 아시아 문화를 대표한다고 믿는 사람들이 많다는 얘기다. 따라서 이 경우는 인종주의적 조롱보다는 무지의 영역에 속한다고 말할 수 있다. 하지만 얼마나 많은 차별이 무지에서 비롯되는가? 이런 역사를 꾸준히 발굴하고 대중에게 알려야 하는 이유다.

뉴욕주 오번시에 있는 한국전쟁 기념비와 1893년 시카고 만국 박람회장에 세워진 일본 차 정원 모두 완톤 폰트가 사용되었다.

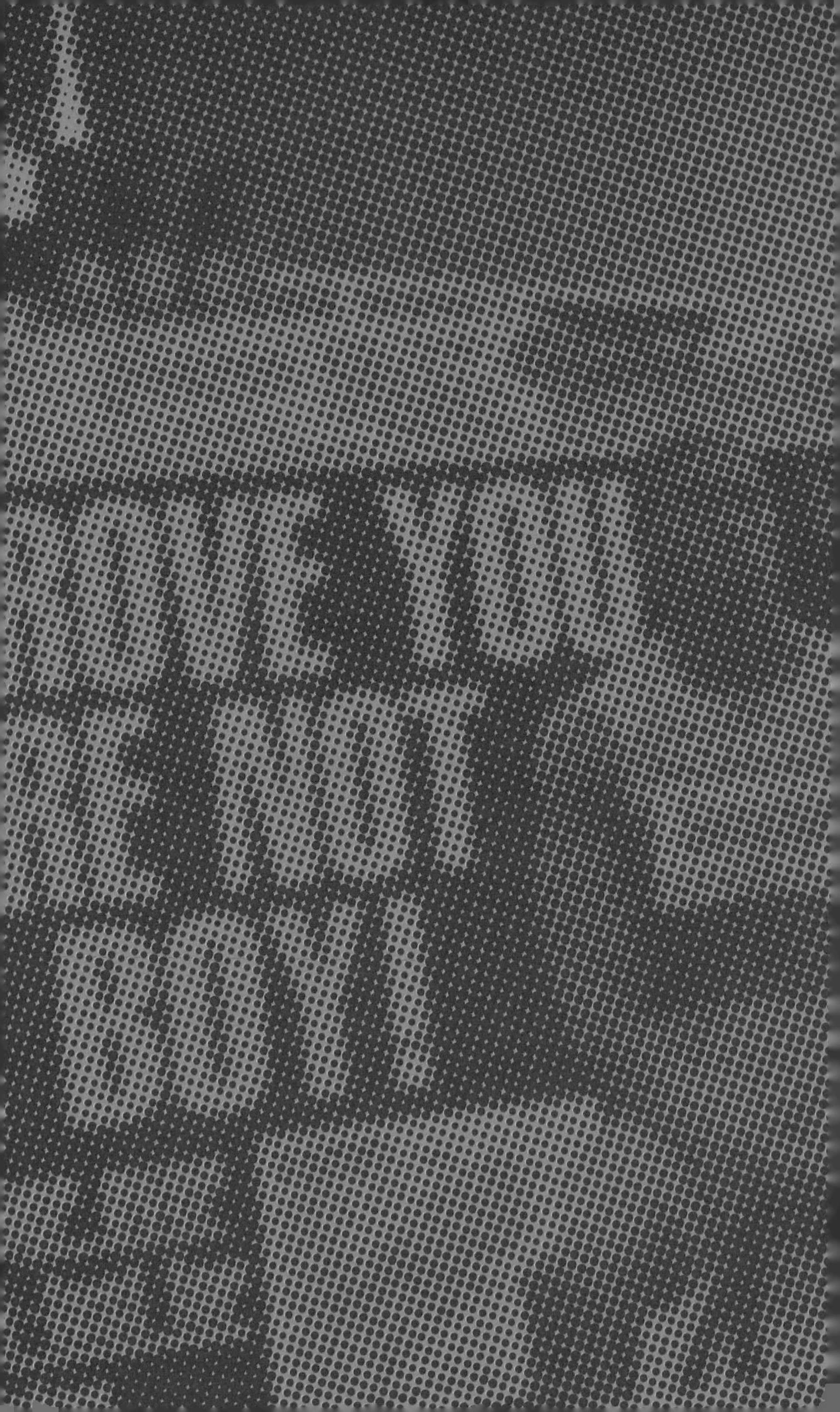

캐스터 세메냐의 정체

세상이 빠르게 젠더 다양성을 인정하고 있지만 여전히 엄격하게 이분법을 고수하는 곳이 바로 엘리트 체육계다. 생식기의 모양을 보고 판단할 수 있는 성과 XY염색체로 판단하는 성이 서로 다르게 나타나는 '간성인' 선수 캐스터 세메냐의 이야기.

내가 간성(間性, intersex)에 대해 관심을 갖고 알아보게 된 것은 2009년의 일이다. 그해는 나 외에도 많은 사람이 이 개념에 대해 관심을 갖게 된 해이기도 하다. 다들 한 번쯤 들어봤을 남아프리카공화국의 걸출한 육상선수 캐스터 세메냐(Caster Semenya)의 등장 때문이다. 당시 18세였던 세메냐는 남아공의 주니어 육상대회에서 800미터와 1500미터 종목에서 우승했을 뿐만 아니라 800미터 종목에서는 남아공 여자 신기록을 세웠다. 같은 해 세메냐는 베를린에서 열린 세계육상대회에 나가 금메달을 차지했다. 2위와 무려 2초 이상 차이 나는 엄청난 기록이었다. 하지만 세메냐가 세계적인 뉴스가 된 것은 그가 세운 기록 때문이 아니었다. 그와 경쟁한 다른 여자 선수들과 코치들이 남자처럼 넓은 어깨와 발달한 팔근육을 보면서 "세메냐가 정말 여자 선수 맞느냐"고 불만을 터뜨린 것이 유명세의 시작이었다. 그가 달리는 모습을 보면 왜 그런 불만이 나오는지 이해할 수 있다. 세계 최고의 여자 육상 선수들조차도 대부분 달릴 때 상체가 많이 흔들린다. 하지만 세메냐는 마치 남자 선수처럼 넓은 어깨와 가슴을 쫙 펴고는 상체가 거의 고정된 듯한 자세로 달린다.

세메냐의 어머니가 딸의 사진을 들고 있다.

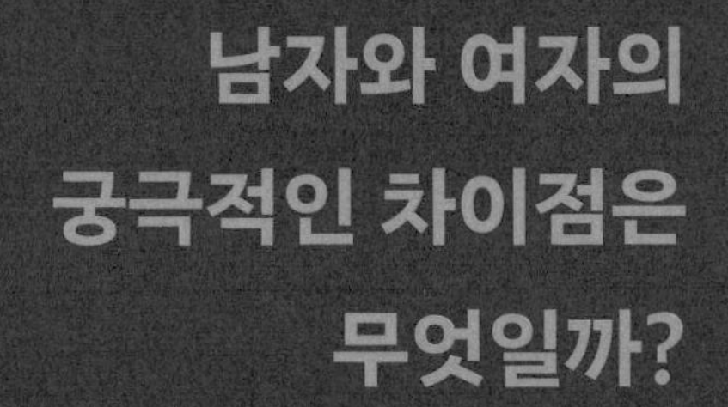

남자와 여자의
궁극적인 차이점은
무엇일까?

경쟁 선수들의 불만이 높아지자 국제아마추어육상경기연맹(IAAF, 현 세계육상연맹)이 세메냐를 상대로 검사를 하겠다고 했다. 연맹은 세메냐가 자신이 종전에 세운 1500미터 기록을 25초, 800미터 기록을 8초나 단축한 것은 약물 복용의 결과일 수 있기 때문에 검사해야 한다고 했다. 하지만 사실은 약물 검사가 아닌 성별 검사를 하려는 것임을 누구나 알고 있었다. 자신의 성별을 분명히 밝힌 개인의 신체를 검사해서 이를 확인하겠다는 것은 인권 침해의 소지가 크다. 왜냐하면 이런 검사는 단순히 눈에 보이는 성기의 모양을 확인하겠다는 것이 아니기 때문이다. 그런 기준이라면 세메냐는 이미 오래전에 여자로 확인된 선수였다. 연맹은 세메냐를 의학적으로 더 자세하게 살피겠다는 것이었고 이는 인권을 침해하는 행위가 될 수 있었다. 게이와 레즈비언의 존재도 인정하지 않는 사람들이 많은 세상에서 여자로 살아온 사람을 두고 "우리가 검사해보니 의학적으로 남자다"라고 말하는 건 그의 인생을 송두리째 흔드는 일이 될 수 있다. 이런 위험과 비판을 의식한 연맹은 세메냐의 성별 검사 결과를 발표하지 않고 비밀에 부쳤다. 하지만 영국의 타블로이드 신문이 이 결과를 빼내어 세메냐는 간성의 특성을 갖고 있다고 세상에 알렸다.

언론에서 세메냐에 관해 처음 들었을 때만 해도 내가 간성인에 관해 알고 있던 거라고는 오래전에 한국에서 〈사방지〉(1988) 같은 영화가 나왔다는 기억 정도가 전부였다. 그러다가 2009년 한 잡지에서[1] 이를 자세하게 설명한 피처 기사를 접하고 비로소 간성과 간성인에 관해 제대로 이해하게 되었다. 이후 내 주위에서 이 문제에 관심이 있는 사람이나 아무것도 모르면서 목소리를 높이는 사람을 만나면 그 글을 꼭 한 번 읽어보라고 권했다. 이들에 관해서 전혀 알지 못했고 알 필요도 느끼지 못했던 나 같은 사람의 눈을 뜨게 해준 글이었기 때문이다.

간성인에 관해 알지 못하는 사람들은 "여자의 몸으로 태어났으면 여자, 남자로 태어났으면 남자 아니냐"고 말한다. 그런데 남자의 몸과 여자의 몸을 가르는 기준은 다양하다. 우리가 아는 대표적인 방법이 눈으로 생식기를 확인하는 방법과 성염색체(XX, XY)를 통해 확인하는 방법이다. 하지만 안드로젠 무감응 증후군(AIS)을 가진 사람들은 생식기의 종류와 성염색체가 일치하지 않는다. 물론 AIS 외에도 다른 여러 요인들이 간성을 만들어내지만 결과적으로 이 사람들은 '갖고 태어난 몸'이 사회가 생각하는 남녀 이분법으로 편리하게 구분되지 않는다. 세상에 이런 사람들은 흔히 생각하는 것보다 훨씬 많아서 전 세계 인구의 1.7퍼센트에 달한다. 남한의 인구보다 많고 독일 인구보다 조금 적은 숫자다.

병원에서 아기가 태어나면 생식기를 보고 여아, 남아를 구분해 기록한다. 특별한 이유가 없는 한 비싼 유전자 검사까지 하지는 않는다. 간성이 아닌 다른 성소수자들—가령 트랜스젠더—은 물론이고 100명의 아이 중 한두 명은 자기가 간성인 줄도 모르고 사회가 부여한 이분법을 믿고 자란다. 하지만 간성인들이 그 사실을 모르거나 자기만의 비밀로 간직하고 살 수 있다고 해도 체육인, 그것도 국가대표가 될 만한 '엘리트 체육인'이면 얘기가 달라진다. 왜냐하면 세상이 빠르게 변하면서 젠더 다양성을 인정하는 추세여도 여전히 엄격하게 성의 이분법을 고수하는 곳이 바로 엘리트 체육계이기 때문이다.

여성성의 증명

잘 알려진 대로 고대 올림픽은 남성들만의 경기였고 쿠베르탱 남작이 올림픽을 되살린 1896년에도 남자들만 참여 가능했다. 2회인 1900년 경기부터는 여자 선수가 등장했지만 모든 종목이 여성들에게 개방된 것은 아니었고 일부 종목에만 특별히 여성의 참여가 허용되었다. 이에 항의하는 여자 선수들이 아예 독립해서 1922년부터 1934년까지 네 번의 '여성 올림픽'이 열리기도 했다. 시간이 흐르면서 결국 모든 종목을 여성에게 개방하고 남녀 선수 모두가 같은 올림픽에 참가하게 되었지만 두 집단은 극소수의 혼성 종목을 제외하면 엄격하게 남성과 여성으로 구분되어 경기를 진행한다. 여기에는 그럴 만한 이유가 있다.

1998년 당시 여성 테니스를 제패한 비너스와 세레나 윌리엄스 자매는 자신들이 "세계 남자 테니스 랭킹 200위 밖에 있는 선수"를 상대로 이길 수 있다고 말한 적이 있다. 이에 기분이 상한 남자 랭킹 203위의 선수가 대결을 요청하고는 윌리엄스 자매를

1928년 여성 올림픽에 참가한 미국 수영 선수들

상대로 차례로 완승을 했다. 이후 윌리엄스 자매는 자신들이 이길 수 있는 남자 선수는 세계 랭킹 350위 바깥이라고 수정해야 했다. 일반인 사이에는 남성보다 뛰어난 운동 실력을 가진 여성이 많지만 세계 최고가 겨루는 엘리트 체육에서는 근력과 순발력에서 확연하게 차이가 나기 때문에 만약 모든 경기를 남녀 구분 없이 진행하면 시상대에서는 여자 선수를 찾아보기 힘들 게 분명하다. 따라서 올림픽을 비롯한 많은 공식 경기들이 남자와 여자를 나눠서 진행한다.

하지만 체육대회가 국가 대항으로 열리기 시작하면서 각 나라가 순위에 자존심을 걸기 시작했고 도핑 등을 통해 룰을 어기는 일이 나타났다. 특히 남성 선수가 여장을 하고 경기에 참여해서 메달을 가져갈 수 있다는 우려는 일찍부터 나왔기 때문에 체육계는 이를 막기 위해 성별 검사를 실시했다. 그런데 처음에는 그 검사 방법이 여자 선수들의 성기를 의사가 육안으로 확인하는 것이었다(그 검사를 하는 의사 중에는 남자도 있었다). 여성 체육인들 사이에서 '누드 퍼레이드'라고 불리던 수치스러운 이 검사 방식은 20세기 중반까지도 계속되다가 결국 인권 침해의 여지가 적고 더 과학적인 방법이 등장하게 된다. 바로 염색체 검사였다. 하지만 염색체를 사용한 검사 방법은 문제를 해결하기는커녕 더 큰 논란을 불러왔다. 선수 자신을 비롯해 주위의 그 누구도 여성임을 의심한 적이 없는, 그리고 해부학적으로도 여성인 선수들이 XY염색체를 가진 남성으로 판명되는 경우가 있었기 때문이다.

대표적인 선수가 1986년 스페인 육상대회에서 성별 검사를 통과하지 못해 탈락한 마리아 호세 마르티네즈 파티뇨(Maria José Martínez-Patiño)다. 그는 남성과 같은 XY염색체를 갖고 태어났지만 앞서 이야기한 AIS를 갖고 있었기 때문에 해부학적으로, 즉 겉보기에는 여성이었고 스스로 한 번도 자신의 성별을 의심한 적이 없었다. 하지만 대회 조직위원회가 염색체 검사를 해본 결과 남성이라는 판정이 나왔다. 이럴 경우 조직위는 결과를 공개적으로 발표하는 대신 선수에게 조용히 통보한다. 그러고는 "연습 중 부상을 이유로" 경기에서 빠지라고 권고한다. 말이 권고지, 만약 이를 거부할 경우 언론에 성별 검사 불합격을 알리겠다는 위협이다. 하지만 마르티네즈 파티뇨는 조직위의 권고를 무시하고 경기에 출전해서 60미터 허들 종목에서 우승했다. 그러자 조직위는 성별 검사 결과를 공개하며 그를 실격 처리했다. 이후 마르티네즈 파티뇨는 언론의 집중 공격을 받았고 체육 장학금이 취소되었을 뿐만 아니라 남자 친구와도 결별하는 등 사회적 매장에 가까운 일을 겪었다.

그러나 마르티네즈 파티뇨 선수는 이 판결의 부당함을 두고 끝까지 싸웠고 2년 후인 1988년에야 비로소 세계육상연맹이 그의 출전권을 회복시켜주었다. 하지만 너무 늦게 회복되는 바람에 그해 열린 서울 올림픽에는 참가하지 못했다. 그는 1992년 올림픽에 다시 도전했지만 0.1초 차이로 올림픽 출전권을 놓쳤다.

타고난 이점과 형평성

마르티네즈 파티뇨 선수의 비극에서 가장 어처구니없는 점은 그가 경기에서 아무런 이점을 누리지 못하는 이유로 실격 처리되었다는 사실이다. 사람은 단순히 남성 Y염색체를 갖고 있다고 해서 체력이 좋아지는 것이 아니다. 원래 AIS는 남성 호르몬인 안드로젠 무감응 증후군이기 때문에 이걸 가진 사람은 체력과 경기력을 높여주는 남성 호르몬의 덕을 보지 못한다. 애초에 조직위가 선수의 염색체까지 살피면서 여성임을 확인하려는 의도가 호르몬으로 인한 불공정한 이점을 없애려는 것인데, 그런 의미에서 마르티네즈 파티뇨 선수는 애초에 자신에게 있지도 않은 이점 때문에 그 모든 일을 겪어야 했던 것이다. 이런 모든 일을 겪은 세계육상연맹은 성염색체를 기준으로 한 성별 검사를 더 이상 하지 않기로 결정한다.

마르티네즈 파티뇨 선수에 비하면 캐스터 세메냐의 경우는 다른 여자 선수들에 비해 호르몬상 분명한 이점을 가지고 있었다. 그는 평균 여성들에 비해 몇 배나 많은 테스토스테론을 갖고 있었다. 대표적인 남성 호르몬인 테스토스테론이 운동 능력에 미치는 영향은 널리 알려진 사실이고 이를 악용하려는 도핑은 경기조직위원회의 감시 대상이다. 문제는 이 호르몬을 주사하지 않았는데도 몸에서 자연적으로 발생하는 경우다. 스포츠중재재판소(CAS)는 2019년에 세메냐는 몸에서 평균 여성들에 비해 지나치게 많은 테스토스테론이 나오기 때문에 강제적으로 수치를 떨어뜨리지 않으면 여성으로 경기에 출전할 수 없다는 판결을 내렸다. 언뜻 들으면 과학적인 판단인 것 같지만 과연 그럴까?

똑같은 일이 남성 선수에게 일어나면 어떨까? 테스토스테론이 평균보다 많이 나오는 남성은 남들보다 키가 큰 농구선수처럼 그저 '신체적 조건이 유리한' 선수일 뿐이다. 엘리트 체육의 꽃인 올림픽은 물론이고, 프로 스포츠계는 그렇게 신체적 이점을 타고난 사람들이 모인 곳이라고 해도 과언이 아니다. 하지만 여성의 몸에서 같은 호르몬이 많이 분비되면? 그건 부당한 이점이라는 것이 스포츠중재재판소의 주장이다. 〈프로퍼블리카〉의 데이비드 엡스틴 기자는 각종 운동경기 종목에서 기록 경신이 꾸준히 일어나는 이유가 어디 있는지 설명하는 테드(TED) 토크에서 인류의 진화 덕분에 기록이 좋아지는 것이 아니라 다양한 외부 조건의 변화가 기록 경신에 중요한 역할을 했다고 말한다. 그중 특히 흥미로운 변화는 사람들이 '평균적인 조건의 신체가 모든 운동 종목에 유리하다'고 생각했던 근대 올림픽 초기의 생각을 포기한 것이다. 실제로 경기를 진행해보니 종목별로 유리한 신체가 따로 있었고 그런 조건을 만족하는 신체를 가진 선수를 발굴해서 훈련시킨 것이 기록 향상에 도움을 주었다는 것이다. 가령 20~40세 사이의 미국 남성 중에서 키가 7피트(213센티미터) 이상인 사람들을 모으면 현재 NBA에서 선수로 뛰고 있을 확률이 무려 17퍼센트다.

운동은 누구나 할 수 있다. 하지만 큰돈과 명예를 얻는 엘리트 스포츠는 뛰어난 신체적 조건을 타고난 사람들 사이의 경쟁이다. 그리고 '좋은 신체조건'에는 자연적으로 발생한 남성 호르몬도 포함된다. 단, 그 선수가 여성이라면 예외다. 여성이면서 남성 호르몬이 많이 나오면 출전 자격이 박탈된다. 그게 캐스터 세메냐가 마주한 현실이었다. 요약하면, 남자가 여자 종목에 몰래 들어와서 경쟁하는 것을 막기 위해 성별을 확인하는 절차를 만들었는데, 과거에는 단순한 이분법으로 생각했던 성이 살펴볼수록 복잡해서 칼로 자르듯 구분되는 것이 아니었다. 연구를 해보니 외부에 드러난 생식기도 성염색체도 여성과 남성을 구분해주지 못한다는 결론에 도달한 것이다. 자, 그러면 어떻게 해야 할까?

세계육상연맹은 투기 종목에서 사용하는 '체급(weight class)'과 비슷한 접근법을 선택했다. 알다시피 복싱이나 레슬링, 이종격투기와 같은 스포츠는 체중을 기준으로 체급을 만들어 같은 체급의 선수들끼리만 경기하게 한다. 상대적으로 작고 가벼운 선수들은 빠르고 뛰어난 기술을 갖고 있어도 크고 무거운 선수들의 물리적인 파괴력을 이기기 힘들다. 이 경우 선수의 안전이 문제가 된다. 물론 육상경기는 격투기가 아니라 선수의 안전에 위협은 없지만, 남녀를 구분하지 않고 경기를 진행할 경우 남자 선수들만의 잔치가 벌어질 가능성이 크고, 그 결과 인류의 절반이 스포츠에 관심을 잃는다면 아마추어 스포츠의 존재 이유가 의심받게 된다. 무엇보다 앞에 등장한 마리아 호세 마르티네즈 파티뇨 선수가 겪은 일도 반복되어서는 안 되었다. 단순히 XY염색체를 가졌다는 것이 경기력에 도움이 되지 않는다면 그저 사회적 필요에 따라 만들어낸 것에 불과한 염색체 구분법 때문에 출전의 기회를 제한해서는 안 된다.

그래서 도달한 결론이 테스토스테론 측정이다. 경기력에 실질적인 도움을 주는 남성 호르몬인 테스토스테론의 양을 측정해서 이게 일정 수준을 넘으면 여자 선수들과 경쟁할 수 없다고 결정한 것이다. 이 방법을 쓰면 어떤 성염색체를 가졌는지 혹은 어떤 모양의 생식기를 가졌는지 검사하는 과정에서 일어나는 인권 침해를 피할 수 있고 '자웅동체(hermaphrodite)는 어떻게 정의하느냐'처럼 당장 합의를 도출하기 힘든 이슈도 피해 갈 수 있다는 것이다.

하지만 그게 끝이 아니다. 호르몬의 양을 마치 체급의 체중처럼 측정하기로 결정한 이상 '여자 선수로서 경쟁할 수 있는' 테스토스테론의 양을 어떻게 규정하느냐는 문제가 남는다. 단순히 여성 평균보다 많으면 안 된다고 정할 수는 없는 일이고 특정 선을 넘을 경우 경기력을 향상시킨다는 과학적 조사가 뒷받침되지 않으면 안 된다. 육상연맹은 테스토스테론의 양이 '남성 수준'이면 안 된다고 정했고 그 기준은 1리터당 10나노몰(nanomole)이었다. 그런데 테스토스테론의 양과 경기력을 연구해보니, 다른 여자 선수들보다 많은 테스토스테론이 분비된다고 해서 모든 종목에 유리하지는 않았다. 100미터, 200미터 같은 단거리 경주나 마라톤과 같은 장거리 경기에서는 테스토스테론이 더 많이 나오는 여자 선수라고 해서 더 빠르지 않았고, 오로지 400미터, 800미터, 1600미터 같은 중거리 달리기와 400미터 허들, 투포환 등 일부 종목에서만 테스토스테론의 양이 경기력에 유의미한 차이를 만들었다(정확하게는 1.8~4.5퍼센트 정도 빨라진다고 하는데, 이를 기록으로 환산하면 순위를 바꿀 만한 차이가 된다). 결국 육상연맹은 이 종목들(400미터, 800미터, 1600미터)에서만 여자 선수들의 호르몬 양을 마치 체급처럼 측정하기로 했다.

하지만 이는 사실상 캐스터 세메냐를 두고 정한 기준이나 다름없었다. 왜냐하면 세메냐가 바로 거기에 해당하는 중거리 선수이기 때문이다. 이 기준에 따르면 세메냐의 테스토스테론 양으로는 여자 종목에 참여할 수 없다. 세메냐를 겨냥한 결정이 아니냐는 비판에 부담을 느낀 탓인지, 육상연맹은 세메냐가 참여할 수 있는 길을 열어놓았다. 호르몬제를 복용해서 테스토스테론 수치를 경기 6개월 전부터 낮추면 된다는 것이다. 이 결정이 가진 아이러니는 다른 선수들은 호르몬제를 포함한 약물을 복용하지 못하도록 철저하게 막는 반면 세메냐와 같은 간성의 선수들은 오히려 약물을 복용하지 않으면 경기에 참여할 수 없다는 사실이다. 과학적인 근거를 이야기할 때는 그럴듯하게 들리지만 그렇게 도출된 결론을 보면 결국 세메냐를 비롯한 간성인을 '잡아내기' 위한 조치처럼 보이는 게 사실이다.

세메냐는 아주 뛰어난 선수이지만 그렇다고 해서 세계 기록을 모조리 갈아치우는 우사인 볼트 같은 존재는 아니다. 2023년 9월 현재 여자 800미터 달리기 세계 기록을 보면 세메냐가 세운 기록은 6위에 불과하다. 그는 세계 최고 기록을 세운 적이 없다. 그의 테스토스테론 수치가 높다고 해도 그게 압도적인 차이를 만들지는 못했다는 얘기다. 그런가 하면 현재 세계 1위 기록 보유자인 체코슬로바키아의 야르밀라 크라토츠빌로바는 약물을 복용했다는 강한 의심을 받고 있다. 그 기록을 세운 것이 1983년이었고, 당시만 해도 소련을 중심으로 한 공산국가 선수들의 약물 복용은 상상을 초월한 수준이었다. 아무리 1980년대의 약물 검사가 허술했다고 해도 결과적으로 보면 백인 선수는 약물을 복용하고 뛰었다는 의심을 받아도 세계 기록을 인정하고 있는 육상연맹이 흑인인 세메냐는 자신이 갖고 태어난 자연의 몸으로 뛰는 것을 허락하지 않고 약물을 통해 인위적으로 경기력을 떨어뜨리게 한 것이다. 게다가 선수 자신이 평생 살아온 몸의 호르몬을 강제로 떨어뜨리는 약을 6개월 동안 복용하는 것은 경기력을 저하시키는 것을 떠나 건강에 심각한 위협이 될 수도 있다는 점에서 육상연맹의 결정은 문제가 많다. 그런데 세메냐의 자격을 논하고 약물 복용을 강요하는 과정을 보면 흑인, 그것도 흑인 여성의 몸을 보던 유럽인들의 오래된 습관에서 자유롭지 않음을 알 수 있다.

다른 선수들은

호르몬제를 복용하면 실격이지만

간성인들은

호르몬제를 복용하지 않으면

경기에 참가할 수 없다는

황당한 결론

UTHAFRICA
TOYOTA
SEMENYA
LONDON 2017
TOYOTA
BÜCHEL

외모나 체격 때문에 '남자 같다'는 의심을 받고, 그래서 성별 검사의 대상이 되는 여자 선수 중에 유난히 짙은 색의 피부를 가진 사람이 많다는 것은 분명한 사실이다. 이는 미국에서 경찰들이 흑인 10대 아이들을 실제 나이보다 평균 4.5년 더 많게 본다는 연구 결과[2]와 비슷한 것으로 다른 인종에 대한 편견이 개입되었을 가능성이 높다. 게다가 캐스터 세메냐는 남아프리카공화국 선수였다. 남아공은 세계적으로 가장 늦게까지 인종차별주의적 정책을 가지고 있었던 나라다. 육상연맹이 세메냐의 신체를 살펴보고 남자인지 여자인지를 논의하는 모습에서 남아프리카공화국의 흑인들은 19세기에 지독한 인종차별적 모욕을 받으면서 백인들의 구경거리로 살다가 세상을 떠난 남아공 여성 사르키 바트만(Saartjie Baartman)을 떠올렸다고 한다. 이 여성은 둔부와 성기가 눈에 띄게 크다는 이유로 '호텐토트의 비너스(Hottentot Venus)'라는 별명이 붙었고 노예로 팔려가 유럽 전역을 돌며 '전시'되는 비인간적인 수모를 겪었다. 화가와 과학자들은 바트만을 신기하게 관찰·측정했고 일반인들은 신기한 구경거리로 생각했다. 이들은 바트만을 통해 자신들이 가지고 있던 인종주의적 편견, 즉 흑인은 인간 이하의 존재라는 생각을 더욱 굳혔다.

자신의 고향에서 멀리 떨어진 곳으로 끌려가 백인들의 구경거리로 살았던 바트만은 알코올중독과 성병으로 고생하다가 20대

과학이라는 이름으로
백인들의 관찰과 측정의 대상이 된
흑인 여성들

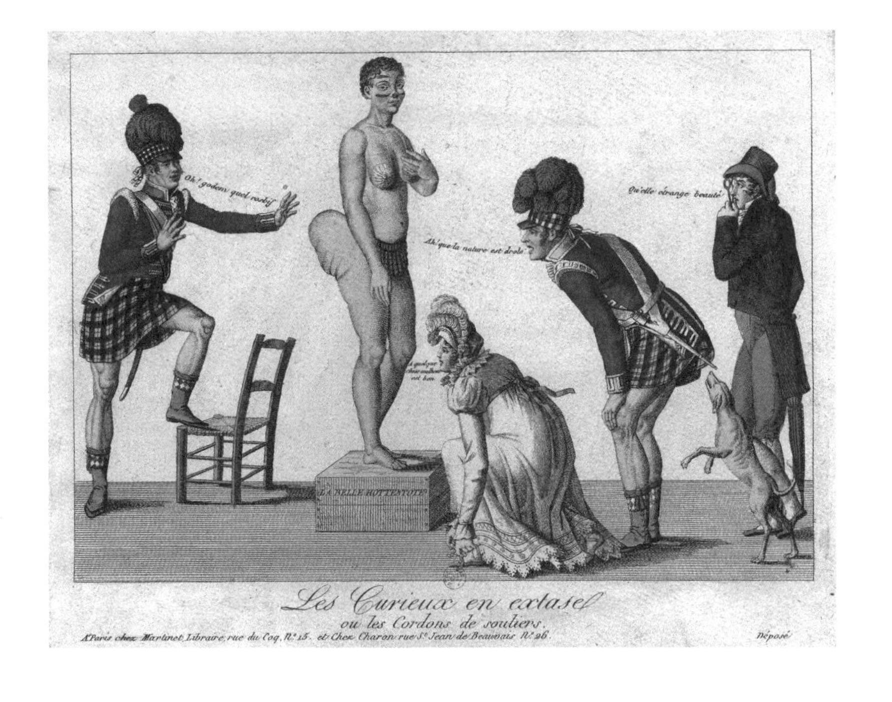

중반의 나이에 세상을 떠났지만 백인들은 죽은 후에도 그를 놓아주지 않았다. 믿어지지 않겠지만 바트만의 해골과 생식기는 시신에서 분리되어 1974년까지도 파리의 박물관에 마치 동물 표본처럼 전시되고 있었다. 이런 역사를 잘 아는 남아프리카공화국의 흑인들에게 세메냐가 백인들의 연구 대상이 된 상황은 면면이 인종주의 역사의 변주로 들릴 수밖에 없다. 그들에게는 바트만도 세메냐도 결국 과학이라는 이름으로 백인들의 관찰과 측정의 대상이 된 흑인 여성인 것이다.

내가 이 글을 쓰기 위해 여러 기사를 뒤지다가 반복해서 만난 이름이 하나 있었다. 매들린 페이프(Madeleine Pape). 2019년에 젠더 연구로 미국 위스콘신 대학교에서 박사 학위를 받은 호주 출신의 여성이다. 페이프는 자신의 웹사이트에서 연구 주제를 이렇게 이야기한다.

"저는 '생물학적 성'에 대한 과학적인 연구가 특정 기관과 정치적인 문맥에서 일어나는 방식을 연구합니다. 특히 '생물학적 성'과 '성의 차이'라는 개념이 스포츠와 생체의학의 젠더 평등에 어떻게 편입되는지, 그리고 어떤 결과를 낳는지에 관심이 있습니다. 정책입안자와 과학자 그리고 (일부) 페미니스트들이 '성(sex)'을 어떻게 법제화하는지 살펴봄으로써 성이 얼마나 정의하기 어렵고 모호하며 항상 젠더, 인종, 국가, 그리고 다른 사회적으로 의미 있는 차이의 형식들과 얽히는지 설명합니다."

페이프는 어떻게 이 주제에 관심을 갖게 되었을까? 170쪽 사진에 그 답이 있다.

페이프는 세메냐가 혜성처럼 등장해서 세계 육상계의 주목을 받게 된 바로 그 2009년 베를린 세계선수권대회에 함께 출전해서 그와 경쟁한 호주의 육상 대표선수였다. 이듬해 큰 부상을 입고 선수 생활을 포기한 페이프는 사회학을 공부하다가 미국으로 유학하게 되었다. 그런 페이프가 생물학적 성이라는 주제, 그것도 스포츠와 제도적인 측면에서의 성에 관심을 갖게 된 것은 세메냐 때문이라고 한다.

페이프는 2019년에 육상연맹이 세메냐의 출전을 제한하는 결정을 내린 직후 〈가디언〉에 기고한 글에서 그 이유를 설명했다. "나는 한때 캐스터 세메냐에게 진 것을 분하게 생각했다. 하지만 이번 결정은 잘못된 결정이다"라는 글의 제목이 그의 입장을 한눈에 보여주지만 그의 글은 전문을 한 번 읽어볼 만하다.[3] 그는 2009년 대회에서 세메냐가 같은 800미터에 출전한 다른 선수들보다 무려 2초나 빨리 달리는 것을 보면서, 그리고 육상연맹이 세메냐의 생물학적 성에 의문을 제기하는 것을 보면서 세메냐가 여자 경기에서 뛰는 건 공정하지 않다고 생각했다고 한다. 게다가 자신의 주위에서 자신과 다른 생각을 하는 사람을 만나지 못했고 모두가 한목소리를 냈기 때문에 자신의 생각이 옳다고 믿었다.

하지만 페이프는 미국으로 건너가 처음으로 이 주제에 관한 많은 자료를 접하게 되면서 생각을 바꾸게 된다. 페이프가 미국에서 접하게 된 설명은 이랬다. "자연적으로 테스토스테론 수치

"나는 한때 캐스터 세메냐에게
진 것을 분하게 생각했다.
하지만 이번 결정은 잘못된 결정이다."

2009년 베를린 세계선수권대회에서 경쟁하는 페이프(맨 왼쪽)와 세메냐(가운데 뒤)

가 높은 여성들을 경기에서 배제하면 안 되는 과학적이고 윤리적인 이유가 있다. 우선 생물학적 성과 경기 능력은 단순히 테스토스테론의 측정만으로 판단하기에는 둘 다 너무 복잡한 문제다. 게다가 이를 규제하려는 노력은 항상 (성별) 테스트의 대상으로 지목된 여성들에게 심각한 피해를 입혀왔다." 그는 이 주제를 연구하면서 테스토스테론 수치가 높은 여성들을 만나게 되었고 그들과 친구가 되었다. 그 과정에서 자기가 다른 모든 상황에서 만났을 때 여성으로 생각하던 이들을 단지 육상 트랙에서만 여성이 아니라고 부정할 수 있느냐는 질문을 자신에게 던지게 되었다. 그 질문에 대한 자기의 답은 '그럴 수 없다'였다. 그런 결론을 내린 페이프는 이 주제를 학문적으로만 연구하는 데 그치지 않고 이들을 위해 각종 증언대에 서기도 하고 언론 인터뷰에도 적극적으로 임한다.

페이프가 2009년에 함께 트랙에서 뛴 이후 처음으로 세메냐를 다시 만난 것은 2018년이었다고 한다. 페이프는 그때를 이렇게 회상했다. "세메냐가 그를 보고 좋아서 어쩔 줄 모르는 팬들에게 둘러싸여 있었다. 팬들은 대부분 여성이었다. 그 모습에서 나는 우리 스포츠의 미래를 엿볼 수 있었다. 그리로 가는 길에는 많은 저항이 있겠지만 이제는 분명히 생각해봐야 할 길이다."

코드 스위치

코니 청(Connie Chung)은 1980년대 동아시아계로서는 처음으로 미국 주류 방송에서 뉴스를 진행한 사람이다. 그런데 코니 청은 유화(Yu-Hwa)라는 중국식 이름으로도 성공할 수 있었을까?

인종, 민족, 민족성

10년에 한 번씩 하는 미국의 인구총조사(센서스, 기억하기 쉽게 2000, 2010, 2020년…… 이렇게 실시한다)에는 인종에 대한 질문이 들어간다. 다인종 사회인 미국에서 아주 중요하게 생각하는 항목이지만 내가 고개를 갸우뚱했던 부분이 하나 있다. 176쪽 왼쪽이 과거의 질문이고 오른쪽은 개선안이다.

나는 미국에 도착한 이듬해에 왼쪽 형태의 센서스 질문지를 받아보고 이상하게 생각했던 기억이 있다. 바로 8번 항목 때문이다. 분명히 9번 항목에서 응답자의 인종을 묻는 질문을 하는데, 그 전에 8번을 따로 배정해서 "응답자가 히스패닉(Hispanic), 라티노(Latino), 혹은 스패니시(Spanish)냐"고 묻고 있기 때문이다. 히스패닉, 라티노, 스패니시는 우리가 흔히 말하는 '남미계' 사람들이다. 뒤에 이어지는 9번에서는 '레이스(race)', 즉 '인종(人種)'을 묻는다. 이때 '인종'이란 우리가 흔히 생각하는 아시안, 흑인, 백인과 같은 피부색 위주의 큰 분류가 아니라 한국계, 중국계, 일본계를 구분하는 정도의 세밀한 분류다. 그렇게 자세하게 인종을 물을 거라면

Separate Questions Approach

→ **NOTE: Please answer BOTH Question 8 about Hispanic origin and Question 9 about race. For this census, Hispanic origins are not races.**

8. Is Person 1 of Hispanic, Latino, or Spanish origin?
Mark ☒ one or more boxes AND print origins.

- ☐ **No**, not of Hispanic, Latino, or Spanish origin
- ☐ Yes, Mexican, Mexican Am., Chicano
- ☐ Yes, Puerto Rican
- ☐ Yes, Cuban
- ☐ Yes, another Hispanic, Latino, or Spanish origin – *Print, for example, Salvadoran, Dominican, Colombian, Guatemalan, Spaniard, Ecuadorian, etc.*

9. What is Person 1's race?
Mark ☒ one or more boxes AND print origins.

- ☐ White – *Print, for example, German, Irish, English, Italian, Lebanese, Egyptian, etc.*
- ☐ Black or African Am. – *Print, for example, African American, Jamaican, Haitian, Nigerian, Ethiopian, Somali, etc.*
- ☐ American Indian or Alaska Native – *Print name of enrolled or principal tribe(s), for example, Navajo Nation, Blackfeet Tribe, Mayan, Aztec, Native Village of Barrow Inupiat Traditional Government, Nome Eskimo Community, etc.*
- ☐ Chinese ☐ Vietnamese ☐ Native Hawaiian
- ☐ Filipino ☐ Korean ☐ Samoan
- ☐ Asian Indian ☐ Japanese ☐ Chamorro
- ☐ Other Asian – *Print, for example, Pakistani, Cambodian, Hmong, etc.* ☐ Other Pacific Islander – *Print, for example, Tongan, Fijian, Marshallese, etc.*
- ☐ Some other race – *Print race or origin.*

Click Image to Enlarge

Combined Question Approach

8. What is Person 1's race or origin?
Mark ☒ one or more boxes AND print origins.

- ☐ **White** – *Print, for example, German, Irish, English, Italian, Lebanese, Egyptian, etc.*
- ☐ **Hispanic, Latino, or Spanish origin** – *Print, for example, Mexican or Mexican American, Puerto Rican, Cuban, Salvadoran, Dominican, Colombian, etc.*
- ☐ **Black or African Am.** – *Print, for example, African American, Jamaican, Haitian, Nigerian, Ethiopian, Somali, etc.*
- ☐ **Asian** – *Print, for example, Chinese, Filipino, Asian Indian, Vietnamese, Korean, Japanese, etc.*
- ☐ **American Indian or Alaska Native** – *Print name of enrolled or principal tribe(s), for example, Navajo Nation, Blackfeet Tribe, Mayan, Aztec, Native Village of Barrow Inupiat Traditional Government, Nome Eskimo Community, etc.*
- ☐ **Native Hawaiian or Other Pacific Islander** – *Print, for example, Native Hawaiian, Samoan, Chamorro, Tongan, Fijian, Marshallese, etc.*
- ☐ **Some other race or origin** – *Print race or origin.*

Click Image to Enlarge

미국의 기존 센서스 질문(왼쪽)과 개선안

8번 항목은 왜 굳이 따로 떼어서 남미계에 대해 묻느냐는 것이 나의 의문이었다. 오른쪽 개선안을 보면 8번과 9번이 합쳐져 있다. 나와 같은 의문을 가졌던 사람들이 많았던 모양이다.

그렇다면 과거에는 왜 히스패닉, 라티노, 스패니시를 따로 떼어서 질문했을까? 그 힌트는 기존 질문지의 상단에 있다. "이 센서스에서는 히스패닉 기원을 (별도의) 인종으로 분류하지 않는다"라는 말이다. 개선안에서 이를 알 수 있다. 기존의 8, 9번을 합쳐서 만든 오른쪽의 8번 질문은 '인종 혹은 기원(race or origin)'을 묻는다. 즉 인종과 기원을 한데 묶었다는 얘기다. 인종은 알겠는데 기원은 도대체 뭘까? 이걸 이해하기 힘든 데는 그만한 이유가 있다. 우리는 일상적으로 인간을 분류하지만 이게 우리가 생각하는 것만큼 간단하지도 과학적이지도 않다.

인종이란 말 그대로 '인간의 종류'라는 매우 모호한 표현이다. 한국에서 가장 많이 사용하는 '인종'은 피부색에 따른 분류지만 인종에 해당하는 영어 단어로 알려진 레이스는 (위에서 본 것처럼) 때로는 매우 세분화된다. 만약 앞의 질문지처럼 같은 동아시아인들도 한국인, 일본인, 중국인처럼 서로 다른 '인종'으로 구분한다면 인종이라는 것이 얼마나 다양한 기준으로 사용될 수 있을까? 물론 영어에서도 가장 흔한 레이스 구분은 백인, 흑인, 아시아인 같은 피부색에 따른 구분이다. 따라서 기존(왼쪽) 질문지에 나오는 레이스는 인종이 아니라 '민족'으로 번역하는 것이 맞다. 하지만 새롭게 바뀐 질문지를 보면 사람들을 한국에서 말하는 '인종'에 가깝게 크게 분류하고 있어서 그냥 인종으로 번역해도 문제가 없는 것처럼 보인다. 오히려 이 경우에는 중국인, 필리핀인, 한국인, 일본인을 모두 같은 그룹에 묶었기 때문에 '민족'보다는 '인종'으로 번역하는 것이 우리 사고방식에 맞다.

그런데 흔히 '남미계'라고 번역하는 '히스패닉, 라티노, 스패니시'는 어떨까? (참고로 이건 좋은 번역이 아니다. 가령 멕시코는 캐나다, 미국과 함께 북아메리카에 있는 나라인데도 많은 사람들이 스페인어를 구사하는 사람들을 그냥 '남미계'로 통칭한다.) 이 집단은 피부색으로 구분하면 백인부터 흑인까지 다양한 사람들이 포함되어 있기 때문에 이들을 따로 떼어내어 하나의 인종으로 분류하는 것은 마치 미국인을 하나의 인종으로 취급하는 것만큼이나 어처구니없다. 따라서 이들을 분류하는 기준으로는 '에스니시티(ethnicity)'를 사용하는 것이 맞다.

에스니시티라는 단어는 흔히 '민족성(民族性)'으로 번역되기 때문에 혈통과 유전에 근거한 분류로 생각하기 쉽다. 하지만 그렇지 않다. '민족성'이라는 번역어에서 방점은 '민족(民族)'이 아닌 '성(性)'에 있다. 좀 더 구체적으로 설명하면 영어에서 레이스는 '외모로 드러나는 특징과 어느 정도의 문화와 역사를 공유한 집단'을 가리키고 에스니시티는 문화, 전통, 가족의 유대 등을 공유하는 집단으로부터 습득된 특징을 가리킨다.

앞의 왼쪽 설문지 8번 문항이 묻는 것은 '당신이 히스패닉, 라티노, 스패니시로 분류되는 사람이라면 멕시코, 푸에르토리코,

쿠바 등등의 문화권 중 어디에 해당하느냐?'다. 즉 신체적으로 타고난 특징이 아닌, 어떤 문화에서 자라났느냐를 묻는다. 가령 이 질문에 자신이 '쿠바계(Cuban)'라고 답한 사람들 중에는 백인도 있을 수 있고 흑인도 있을 수 있다. 즉 미국의 남쪽인 멕시코 이남에서 온 사람들은 외모와 피부색으로 구분하는 것보다 에스니시티, 즉 민족성으로 구분하는 것이 미국의 인구조사에서 더 의미가 있다고 판단한 것이다.

미드 애틀랜틱

흔히 '영어'라고 하면 영국식 영어(British English)와 미국식 영어(American English)로 구분하지만 이 두 그룹 아래에는 아주 다양한 억양과 조금씩 다른 어휘를 사용하는 하위 그룹들이 존재한다. 그런데 한국에서 방송인들이 '표준 발음'을 사용하듯 과거 미국인들 사이에서도 방송용으로 적합하다고 생각하는 억양이 존재했다. 바로 '미드 애틀랜틱 억양(Mid-Atlantic accent)'이라는, 지금은 거의 사라진 방송용 억양이다. 참고로 여기에서 말하는 미드 애틀랜틱은 지리학에서 이야기하는 미국의 중동부 지역(Mid-Atlantic region)과 구분해야 한다. 미국 지리에서 미드 애틀랜틱은 매릴랜드주, 버지니아주, 델라웨어주 등을 의미하지만 억양에서 미드 애틀랜틱은 문자 그대로 '대서양의 정중앙'을 의미한다. 물

대서양 한가운데는 사람이 살지 않기 때문에
그 지역 억양이라는 건 존재하지 않는다.
그럼 이 억양의 정체는 뭐고,
왜 이런 이상한 이름이 붙었을까?

미국 중동부 지역

대서양의 정중앙

억양을 이야기할 때 말하는 미드 애틀랜틱은 문자 그대로 '대서양의 정중앙'을 의미한다.

론 대서양의 정중앙에는 사람이 살지 않기 때문에 그 지역 억양이란 존재하지 않는다. 그러면 이 억양의 정체는 뭐고, 왜 이런 이상한 이름이 붙었을까?

20세기 초중반에 미국 방송에서 많이 사용된 미드 애틀랜틱 억양에 대해 지금은 "미국인의 열등감을 보여주는 억양"이라고 비판한다. 왜냐하면 이 억양은 미국인이 영국식 억양을 흉내 낸 억양이기 때문이다. 영국식을 흉내 냈을 뿐, 정작 영국식 억양은 아니기 때문에 '영국에 가려고 대서양을 건너다 만 억양'이라는 의미로 '미드 애틀랜틱 억양'으로 불리는 것이다.

20세기 미국의 보수주의를 대표하는 윌리엄 F. 버클리(William F. Buckley)가 이 억양을 사용한 것으로 유명하다. 유튜브에서 그의 이름을 검색하면 들어볼 수 있고 Mid-Atlantic accent를 검색해도 현대 미국 영어와 비교하는 영상을 쉽게 찾아볼 수 있다.

그래서인지, 이 억양은 미국인들이 영국에 대한 열등감을 극복한 2차 세계대전 이후부터는 서서히 자취를 감추기 시작했다. 20세기 후반에는 미국 중서부(Midwest) 억양이 표준 억양으로 생각되었고 방송에서도 이 억양이 보편화되었다. 지금 이 책을 읽는 독자들에게 익숙한 '미국식 영어'는 중서부 억양이다. 오래전에 영어를 공부한 한국인 중에는《미시간 액션 잉글리시(Michigan Action English)》라는 교재를 사용한 사람들도 있을 것이다. 중서부의 대표적인 주인 미시간주 사람들의 말이 미국 영어의 표준처럼 여겨졌기 때문에 교재에 그런 제목이 붙은 것이다.

코드 스위치

그렇다고 해서 '중서부 사람들의 억양'이 미국 영어의 표준이 되었다고 말하기는 힘들다. 그보다는 중서부에 사는 백인의 억양이 표준이 되었다고 하는 편이 옳다. 이 차이는 중요하다. 미시간주나 오하이오주에서 태어났다고 해도 백인 아이와 흑인 아이는 전혀 다른 억양의 영어를 사용하기 때문이다. 그 아이들이 미국에서 방송인이 되는 것이 꿈이라면 백인 아이는 자신의 억양을 그대로 사용하면 되지만 흑인 아이는 새로운 억양을 배워야 한다.

오른쪽 페이지의 QR을 따라가 보면 어느 흑인 리포터가 백인의 억양으로 녹화를 하다가 입에 벌레가 들어가는 순간에 흑인의 억양으로 바뀌는 유명한 영상을 볼 수 있다. 진한 욕설을 사용하는 바람에 더욱 큰 웃음을 자아내는 영상이다. 영상 초반에 사용한 억양과 중반 이후에 사용한 억양을 비교해보면 이 사람은 리포터라는 직업을 위해 백인들의 억양을 익혔음을 알 수 있다.

한국에서도 서울이 아닌 지역에서 태어나 자라다가 서울에 거주하게 된 사람들이 서울 말씨를 배워 사용하는 것을 쉽게 목격한다. 서울 사람과 구분하기 힘들 정도로 완벽한 서울 말씨를 구사하던 이들은 고향에 돌아가 친지를 만나는 순간 사투리가 살아난다고 한다. 이렇게 서로 다른 문화로 이동하면서 말투나 행동이 바뀌는 것을 두고 '코드 스위치(code switch)'라는 말이 생겨났다. 그런데 같은 언어권 안에서 특정한 말투를 사용하던 사람이

코드 스위치
code switch

고향에 돌아가는 순간
지역 억양이 살아나는 것과 비슷한 현상.
서로 다른 문화로 이동하면서
말투나 행동이 바뀌는 것을 의미한다.

다른 지역으로 이동해서 그 지역의 말투를 습득하는 모습을 보면 대부분 후자에 해당하는 지역이 그 나라에서 경제·문화적으로 우위를 갖고 있는 경우가 흔하다. 서울에 좋은 학교가 있고 좋은 직장이 있으니 서울로 이주·정착해 살면서 서울 말투를 배우게 되는 것이다.

미국의 경우는 그 양상이 조금 다르다. 미국 남부 텍사스에서 태어나 살던 사람이 북동부 뉴욕으로 이사했다고 해서 뉴욕 말씨와 억양을 빠르게 습득하는 일은 없다. 뉴욕 출신이 서부 캘리포니아에 간다고 자기 억양을 쉽게 버리지도 않는다. 미국이 워낙 땅이 넓은 나라인 데다 특정 지역들 사이에 문화적 우열이 없거나, 적어도 그걸 인정하지 않는 분위기라서 그렇다.

하지만 지역이 아닌 인종을 기준으로 보면 얘기가 달라진다. 지금은 많이 달라지고 있지만 미국에는 흑인의 문화적인 특징을 무시하는 경향이 뚜렷하다. 가령 흑인들 사이에서 많이 사용되는 이름(first name)을 갖고 있거나 흑인 특유의 억양을 구사하면 전문직이나 화이트칼라 직업인으로서 적합하지 않다는 편견이 존재한다. 따라서 흑인들은 이런 편견을 뚫고 좋은 직장에 들어가기 위해 백인들의 말투와 행동을 익히는 일이 흔하다. 그러면 직장에서 쓰는 말투와 집에서 혹은 친한 친구들과 사용하는 말투가 따로 존재하게 된다. 또한 이런 편견 때문에 유색인종의 부모들은 아이에게 백인들 사이에 흔한 이름을 지어주는 경우가 많다(이건 심지어 백인들도 다르지 않아서 독일, 이탈리아 등 유럽 각지에서 온 백인 이민자들 역시 자식에게 영국식 이름을 지어주어 미국 사회에 쉽게 동화되게 하는 일이 흔했다). 가령 미국에서 아시아계로서는 사실상 처음으로 메이저 방송국의 앵커로 이름을 날렸던 코니 청(Connie Chung)은 종유화(宗毓華)라는 중국식 이름을 갖고 있지만 영문 이름(first name)은 콘스탄스(Constance)다. 코니 청의 중국식 이름(Yu-Hwa)은 미들네임으로 숨어 있고 방송에서는 콘스탄스의 애칭인 코니로 통했다. 이렇게 이름을 영국식으로 바꾸는 것을 앵글리시제이션(Anglicization, 영국화, 영어화)이라고 한다.

핀 황, 아이샤 라스코

지금은 전설적인 앵커로 알려져 있지만 코니 청이 젊은 시절인 1980년대에 '유화 청(Yu-Hwa Chung)'이라는 이름으로 유명해질 수 있을 거라고 생각하는 사람은 거의 없었다. 21세기인 지금도 방송에 나오는 아시아계 배우나 코미디언은 지미(Jimmy O. Yang), 샌드라(Sandra Oh), 랜들(Randall Park), 스티븐(Steven Yeun), 대니얼(Daniel Dae Kim) 같은 영국식 이름을 사용하는 일이 일반적이니, 로널드 레이건의 집권과 함께 미국이 보수로 돌아선 1980년대에 중국 이름으로 방송사의 앵커로서 뉴스를 진행하기는 불가능했을 것이다.

그런데 최근 들어 작지만 분명한 변화가 눈에 띄기 시작했다.

콘스탄스 '코니' 유화 청(Constance "Connie" Yu-Hwa Chung)

미국식 억양을 구사하는 중국계 리포터가 중국식 이름으로 보이는 Pien(핀, 피엔)을 그대로 사용해서 자신을 '핀 황(Pien Huang)'으로 소개하는 사례가 생긴 것이다. 물론 미국 공영라디오(NPR)와 같은 진보적인 매체에서 일어난 일이기는 하지만 동아시아계 미국 기자로서는 처음이다. 핀 황이 자신을 소개한 글에 따르면 그는 어린 시절 미국으로 건너온 이민 1세대(우리식으로 표현하면 1.5세대)다.

그뿐 아니다. 흑인 방송인이 자신의 문화적 배경이 드러나는 억양을 전혀 바꾸지 않고 방송을 하기도 한다. 이름도 흑인들 사이에서 흔한 아이샤(Ayesha, 흑인만 사용하는 이름은 아니고 엄밀하게는 아랍계 이름이다)를 사용할 뿐 아니라 말투도 백인을 따라 하지 않은 강한 억양을 드러낸다. 그런데도 기사만 전달하는 리포터가 아닌 NPR의 간판 프로그램 중 하나인 〈위켄드 에디션(Weekend Edition)〉의 진행자가 되었다. 아이샤 라스코는 미국의 전통적인 흑인 대학교들 중에서 가장 유명한 하워드 대학교 출신이다. 이렇게 흑인 학생들이 많이 가는 대학교들은 여성 리더를 길러내기 위해 여자 대학교가 만들어진 것과 비슷하게 미국에서는 흑인 학생들이 주류 백인 문화에 물들지 않고 성장할 수 있는 좋은 환경으로 여겨진다.

아이샤 라스코는 자신의 에스니시티를 전혀 숨기지 않는 목소리를 낸다. 반면 1980년대 코니 청의 목소리에서는 아시아계의 억양을 전혀 찾을 수 없다. 중국계 부모가 미국에 정착한 지 1년 만에 낳은 아이였기 때문에 집 안에서는 중국어를 사용했거나 중국어 억양을 들으며 자랐을 텐데도 '백인 영어'를 사용하는 코니 청과 부모가 이민자가 아니어도 흑인의 억양을 버리지 않은 아이샤 라스코는 미국 사회가 얼마나 변하고 있는지 잘 보여준다.

핀 황, 아이샤 라스코 같은 사람들이 주류 방송에 등장하는 것이 반가운 것은 이들이 단순히 인종주의의 벽을 넘었기 때문이 아니라 이들이 자신의 문화 혹은 민족성을 잃지 않고도 방송 전파를 타게 되었기 때문이다.

디에베도 케레

'건축계의 노벨상'으로 불리는 프리츠커상(Pritzker Prize)의 2022년 수상자는 부르키나파소 출신의 건축가 디에베도 프랑시스 케레(Diébédo Francis Kéré)였다. 1979년에 첫 수상자를 배출한 이래로 아프리카 출신의 건축가가 이 상을 받은 것은 처음이다. 역대 프리츠커상 수상자들을 보면 백인 남성들이 압도적으로 많고 그 뒤를 소수의 일본 남성 건축가들이 따르고 있다. 여성 건축가는 2004년에 자하 하디드(우리에게는 '동대문 디자인 플라자'로 잘 알려진 건축가다)가 처음으로 받았을 만큼 프리츠커상은 보수적이다.

백인 남성들이 이 상을 압도적으로 많이 받았다는 사실에서 선정위원회가 인종과 젠더에 관해 편견을 가지고 있었을 가능성을 무시할 수는 없다. 하지만 이런 문제는 단순한 선정위원들의 개인적 편견이라기보다는 좀 더 구조적인 원인을 가진 경우가 많다. 즉 과거의 특정 사고방식이 시스템 내에 구조적으로 스며들어 있기 때문에 심사위원 개인의 각성만으로는 바뀌지 않는다는 의미다. 프리츠커상의 경우 인스타그램에 등장할 만큼 눈에 확 띄는 건물들을 만든 세계적으로 유명한 스타급 건축가들(스타키텍트, starchitects, star+architects)에게 주어지는 것이 일반적이다. 그런데 조금만 생각해보면 이렇게 눈에 띄는 화려한 건물들을 만들 수 있는 나라는 그리 많지 않다는 사실을 알 수 있다. 그리고 그런 건물을, 그것도 꾸준히 지어낼 만큼의 돈과 관심을 갖고 있고, 그런 프로젝트에 유명 건축가를 끌어올 만한 인맥을 갖춘 나라들은 꼽아보면 결국 미국, 일본, 영국 같은 돈 많은 선진국들일 수밖에 없다.

그렇다고 자격이 없는 사람이 상을 받는다는 얘기는 아니다. 서구 선진국의 스타 건축가들이 설계한 건물들이 멋지고 아름답다는 사실을 부인하기는 힘들다. 렌초 피아노와 리처드 로저스가 설계한 퐁피두센터, 프랭크 게리가 설계한 월트 디즈니 콘서트홀, 필립 존슨이 미스 반 데어 로에와 함께 설계한 시그램 빌딩 같은 곳은 '보기만 해도 감탄이 저절로 나온다'는 말이 전혀 과장이 아니다. 이들은 프리츠커상을 받을 만한 자격이 충분하다. 문제는 그들이 만든 건물의 가치다. 파리, LA, 뉴욕처럼 돈과 관광객이 몰리는 최고의 도시에 있는 랜드마크 같은 건물이라면 당연히

1999 노먼 포스터
2001년 자크 헤르조크와
피에르 드 뫼롱
2002년 렘 콜하스
2002년
1998년 렌초 피아노
1997년 스베레 펜
1996년 라파엘 모네오
1991년 로버트 벤투리
1992년 알바루 시자
1993년 마키 후미히코
1988년 오스카르 니에메예르
1988년 고든 번샤프트
1989년 프랭크 게리
1987년 단게 겐조
1986년 고트프리트 뵘
1985년 한스 홀라인

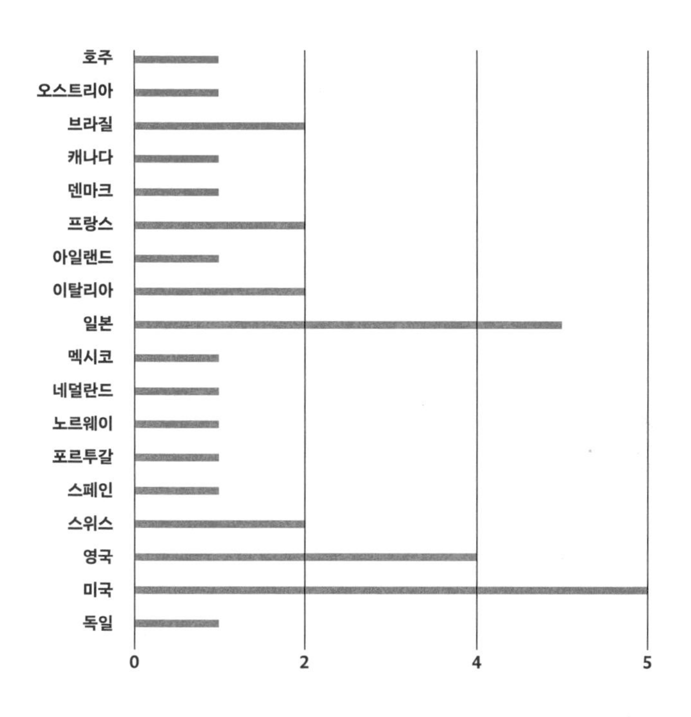

좌 '건축계의 노벨상'으로 불리는 프리츠커상 역대 수상자들
우 2011년까지의 프리츠커상 수상자 국가별 통계

그 도시와 건물 주변 상권의 환영을 받겠지만 그런 건물들이 세계 최고의 건축상을 받아야 한다고 생각하는 것은 그 자체로 하나의 가치 판단이다. 그 건물들이 건물주와 도시에 돈을 벌어준다는 것과 수십, 수백 년 동안 그 자리에 서 있으면서 인류 사회에 어떤 기여를 하느냐는 분명히 다른 문제이기 때문이다.

2022년 프리츠커상이 주목받는 이유가 거기에 있다. 수상자인 디에베도 프랑시스 케레가 만들어온 건물들은 규모, 위치, 용도에서 전통적인 프리츠커 수상자들의 작품과는 크게 다르다. 그의 건물들은 아름답지만 작은 데다 서구의 중심부에서 멀리 떨어진 아프리카의 마을에 위치해 있다. 무엇보다 케레는 학교 건물에 관심이 많다. 그는 1965년 대부분의 사람들이 지도에서 위치를 찾기도 힘들어하는 부르키나파소에서도 가난하고 교육률이 떨어지는 지역의 한 마을에서 태어났다. 마을 이장(족장)이었던 케레의 아버지는 아들을 교육시켜야 한다는 생각으로 어린 케레를 멀리 떨어진 도시로 보내 학교에 입학시켰다. 그런데 그 학교라는 곳이 환기도 안 되고 빛도 들어오지 않는 시멘트 블록 건물이었다고 한다. 케레는 그곳에서 공부하면서 '학교 건물을 이것보다는 낫게 지을 수 있겠다'는 생각을 했다. 그는 그때 가졌던 생각을 지금도 잊지 않고 자기가 설계하는 학교 건물에 반영하고 있다.

프리츠커상이 디에베도 프랑시스 케레를 선택한 것은 아프리카 건축이라는 지역적 다양성(이것만 고려했다면 다른 아프리카 출신의 건축가를 선택할 수 있었다) 외에도 건축물이 가지는 가치란 무엇인가를 새롭게 생각했기 때문이다. 전 세계에서 비행기를 타고 오는 돈 많은 관광객을 끌어들이는 건물과 제3세계에서 어렵게 공부하는 아이들에게 좋은 수업 환경과 문화적 자긍심을 심어주는 건물 중 어느 쪽이 인류의 미래를 더 아름답고 풍성하게 해줄까? 다시 말하지만 이건 가치 판단의 영역이다.

다양성의 진정한 가치

아시아계 미국인인 코니 청이 미국의 주요 방송사에서 앵커를 할 수 있었던 것도 엄청난 변화였지만 핀 황과 아이샤 라스코가 메이저 언론사에서 자신의 이름과 억양이라는 민족성, 즉 에스니시티를 지킬 수 있었던 것은 방송사가 이제는 단순한 인종적 평등(racial equality)을 넘어 다양성의 가치를 이해한 덕분이었다. 나와 다른 인종이나 문화를 '배려'하는 것과 다양성의 가치를 아는 것은 다른 얘기다. 후자의 경우에는 다양성이 조직과 사회에 실질적인 이익임을 아는 것이지만 전자의 경우에는 내가 '베푼다'는 태도에서 비롯된 것이기 때문에 내가 힘들거나 반대에 부딪힐 경우 언제든지 사라질 수 있다.

자신의 건축 디자인이 그동안 프리츠커상이 추구해온 가치와 다르다는 것을 잘 아는 디에베도 프랑시스 케레는 수상 소식을

"아프리카에서 보았던 것들이
내가 서구에서 건물을 설계하는 과정에서
훨씬 더 자유로운 사고를 할 수 있게 해준다."

부르키나파소 쿠두구의 부르키나 공과대학(2020)

믿기 힘들었다고 한다. 하지만 그가 프리츠커상이 자신을 '배려' 했다고 생각할까? 케레는 자기가 설계한 건물에 대해 이렇게 말한다. "내가 아프리카에서 건물을 지으면서 했던 경험은 내가 서구 국가에 건물을 설계할 때 사용된다. (서구에서 항상) 해오던 방식이 아니라 새로운 각도에서 설계를 하는 것이다. 아프리카에서 보았던 것들이 내가 서구에서 건물을 설계하는 과정에서 훨씬 더 자유로운 사고를 할 수 있게 해준다." 두 개의 서로 다른 대륙, 서로 다른 문화를 오가는 것은 단순히 주류를 따르는 대신 변화를 가져올 수 있게 해준다고 설명하는 케레의 말은 그동안 서구 모더니즘 건축만 바라보고 그 안에서 스타 건축가를 찾아온 프리츠커가 케레를 통해 새로운 문화, 새로운 아이디어를 찾았음을 보여준다.

사족: 21세기 미국의 대도시는 세계에서 가장 다양한 문화의 음식을 먹을 수 있는 곳이 되었지만 원래 미국은 음식에 대해 지극히 보수적인 문화였다. 지금은 피자, 스파게티 같은 음식이 이탈리아 밖에서 가장 유명한 곳이 미국으로 알려져 있지만 이는 2차 세계대전 이후에 일어난 일이다. 프랑스 음식에 대한 동경은 과거부터 존재했지만 미국인들이 초밥(스시)을 비롯한 아시아 음식이나 남미 음식 같은 화려하고 다채로운 음식을 일상적으로 먹을 수 있게 된 것은 20세기 후반의 일이다. 그럼 과거에는 어땠을까?

2016년에 나온 책《A Square Meal: A Culinary History of the Great Depression》은 이민자들이 자국의 요리를 들고 와서 미국의 식문화를 다양하게 만들어주기 이전 미국인의 식탁이 어떤 모습이었는지를 설명한다. 이 책의 저자들에 따르면 20세기 초까지만 해도 미국인들의 음식에 대한 생각은 과거 영국에서 비롯된 아주 보수적인 것이었다고 한다. 당시 일반 미국인들이 먹던 음식은 향신료를 거의 사용하지 않고 밋밋한(bland) 것들이었기 때문에 미국 대륙에 대기근에 이은 대공황이 닥쳤을 때 미국인들은 먹거리를 구하기 쉽지 않았다.

그렇다고 해서 식문화가 발달한 남미와 남유럽 사람들이 당시 미국에 없었던 게 아니다. 미국인의 문제는 문화적 폐쇄성이었다. 미국인들은 남미와 남유럽 문화를 영미 문화보다 뒤떨어진 것으로 인식했기 때문에 그들의 음식을 받아들이려 하지 않았다. 당시만 해도 미국인들은 맵거나 향이 강한 음식을 '흥분제'라고 생각했고 이런 음식은 사람들을 정서적으로 불안하게 만든다고 생각했다. 향이 강한 음식은 카페인이나 알코올의 연장선에 있는 것으로 취급했고 그런 음식을 좋아하다 보면 결국 코카인과 헤로인 같은 중독성 마약에 빠져들게 된다고 믿었다. 그래서 20세기 초만 해도 미국인들은 올리브를 기피했고 마늘과 식초가 반드시 들어가는 피클 같은 음식도 피했다. 물론 지금 미국인들은 완전히 다른 태도를 갖고 있어서 다양한 문화의 음식을 먹을 수 있는 것이 하나의 지위 상징이 되었다. 이런 태도가 과거 미국에도 퍼져서 남미, 스페인, 이탈리아, 그리스 같은 남유럽 문화에서 먹는 것처럼 다양한 식재료와 향신료가 사용되었더라면 대기근과 대공황을 견디기 훨씬 쉬웠을 거라는 것이 저자들의 생각이다. 이들에게 음식 문화의 다양성은 배려가 아니라 삶과 경험을 풍성하게 해주는 고마운 요소다.

완벽하지 않은 피해자

어떤 피해자도 완벽하지 않다.
어떤 피해자도 완벽할 필요가 없다.

메리 웹스터(Mary Webster)는 동네 사람들 사이에서 평판이 좋지 못했다. 메리보다 일곱 살 많은 남편과의 사이에는 아이가 없었고 둘은 아주 가난해서 이웃들의 도움을 종종 받았다. 하지만 그렇게 도움을 받으면서도 별로 고마워하지 않았고 성품도 온화한 편이 아니었다고 한다. 쉽게 말하면 좀 '유별난 여자'였던 것 같다. 우리 주변에 그런 사람들은 얼마든지 있다. 하지만 마녀 사냥이 일어나고 있던 1600년대의 미국 뉴잉글랜드 지방에서라면 얘기가 다르다. 마녀라는 혐의를 받고 있는 사람에게 특이한 성격은 아주 위험하다. 각종 고문과 살해 행위로부터 그들을 보호해줄 수 있는 것은 착하고 문제없는 성격, 완벽한 평판뿐이었다. 수백 년이 지난 지금도 다르지 않다.

인기 영화배우 조니 뎁(Johnny Depp)과 앰버 허드(Amber Heard)는 2009년 영화 〈럼 다이어리(The Rum Diary)〉를 찍으면서 가까워졌고, 2015년에 조니 뎁이 소유한 바하마의 작은 섬에서 결혼식을 올린다. 하지만 이들은 1년이 조금 지난 후부터 이혼 소송을 시작한다. 여기까지는 흔히 보는 유명인들의 이혼에 불과했지만 몇 년 후에 이들 사이의 싸움은 대중의 큰 관심을 끌게 되었다. 두

조니 뎁과 앰버 허드

사람이 서로 상대방에게 폭언과 폭행을 당했다고 주장했기 때문이다. 이들은 변호사를 동원해 법정 공방을 벌였고 이런 사건들이 그렇듯 연예 전문 미디어가 열심히 싸움을 중계했다. 많은 사람들이 이를 온라인에서 공유하면서 이들의 소송은 대중적인 관심사로 변했고 소셜미디어의 등장 이후 가장 유명한 이혼 소송 사건이 되었다. 연예인들의 사적인 문제에 관심이 없는 사람들이 뉴스를 애써 외면해도 유튜브, 틱톡, 레딧, 인스타그램 등에서 쏟아져 나오는 두 사람의 재판 소식을 피하기는 힘들었다.

그렇게 소셜미디어를 통해 지켜본 이 재판의 결과는 아주 분명했다. 온라인 여론 재판에서 이긴 것은 조니 뎁이었다. 적어도 내가 인터넷에서 본 장면들에 따르면 앰버 허드는 거짓말쟁이에 소시오패스였고, 여성이라는 정체성을 이용해 전 남편의 영화 경력과 인생을 망치려고 작정한 악마 같은 존재였다. 가령 허드가 '동정심을 유발하기 위해 우는 연기를 하는 증거'라고 돌아다니는 영상을 보면 법정에서 사진기자를 본 허드는 눈물, 콧물을 닦는 시늉을 하면서 기자들이 사진을 찍을 수 있도록 동작을 멈추고 포즈를 취하는 듯 보인다. 이 영상은 그 재판과 관련해서 가장 많이 공유되어 사람들의 공분을 산 장면 중 하나가 되었다.

소셜미디어를 떠돌며 앰버 허드를 조롱하는 영상들은 거의 예외 없이 다음과 같은 주장을 한다. "허드는 어설픈 연기를 한다. 그게 연기이기 때문에 허드의 주장은 거짓이다. 그리고 그런 뻔뻔한 거짓말을 하는 이유는 그가 소시오패스이기 때문이다." 조금만 생각해보면 이 세 주장 사이에는 아무런 논리적 연관 관계가 존재하지 않음을 알 수 있다. 어설프게 우는 연기와 폭행 사건과 관련한—증거가 필요한—사실 관계는 서로 무관하고, 소시오패스 여부는 정신과의사의 진단이 필요한 문제이지, 몇 초짜리 영상으로 판단할 수 있는 문제가 아니다. 하지만 이런 지적을 하는 사람들은 온라인에서 분노한 사람들(압도적으로 남성이다)에게서 "그럼 앰버 허드가 좋은 사람이라는 거냐"라는 말을 듣게 된다. 조니 뎁과 앰버 허드 사이의 재판이 1683년 뉴잉글랜드에서 메리 웹스터가 받았던 마녀 재판의 판박이인 이유가 여기에 있다. 사람들은 재판에서 다루는 증거(팩트)와 피고의 성격 혹은 평판을 분리해서 생각하지 않는다.

서구를 휩쓸었던 마녀 재판 이후 수백 년이 지나면서 인류 사회는 과학혁명과 산업혁명을 거쳤고 민주주의와 법치에서 많은 발전을 경험했지만, 사회적 분노를 유발하는 사람의 얼굴을 보는 순간 대중의 이성적 판단은 뒷전으로 밀려난다. 게다가 주관적인 평판과 객관적인 사실 관계를 동급으로 생각하는 버릇은 문제의 인물이 여성일 때 훨씬 더 강하게 드러난다. 이를 확인하기 위해서는 조니 뎁과 앰버 허드의 법정 공방에 대해 조금 알아볼 필요가 있다.

조니 뎁을 화나게 한 문장

화제가 된 두 사람 사이의 재판은 민사소송 재판이었다. 소송을 제기한 조니 뎁은 앰버 허드가 근거 없는 주장을 퍼뜨려서 자신의 명예를 실추시켰고, 그 결과 영화배우로 활동하기 힘들어졌기 때문에 이에 상응하는 배상을 해야 한다며 미화 5000만 달러, 우리 돈으로 약 640억을 청구하는 소송을 걸었다. 허드도 이에 맞소송을 걸었다. 긴 송사 끝에 나온 최종 판결에 따르면 양쪽 모두에게 잘못이 있지만 배상해야 하는 액수는 허드가 훨씬 많았기 때문에 (허드는 뎁에게 1035만 달러, 뎁은 허드에게 200만 달러를 지불해야 한다) 여론 재판은 물론 법정 공방에서도 뎁이 이긴 셈이다.

그런데 허드가 어떤 말을 했기에 조니 뎁에게 100억 원이 넘는 손해를 입힌 걸까? 그가 2018년 〈워싱턴포스트〉에 기고한 칼럼이 문제였다. "나는 성폭력에 관해 목소리를 높였다는 이유로 우리 문화(사회)의 분노에 맞서야 했다. 이건 바뀌어야 한다(I spoke up against sexual violence—and faced our culture's wrath. That has to change)"라는 제목의 칼럼에서 뎁은 한 문장을 문제 삼았다.

2년 전, 나는 가정폭력을 대표하는 공인이 되었고, (자신이 받은 피해에 대해) 목소리를 높이는 여성들이 받는 우리 문화의 분노를 정면으로 맞닥뜨리게 되었다.

좀 더 정확하게 말하면 이 문장의 절반에 해당하는 "나는 가정폭력을 대표하는 공인이 되었다"라는 부분이 조니 뎁의 명예를 훼손했다는 것이다. 허드는 이 글에서 전남편 조니 뎁의 이름을 언급하지 않았지만 둘은 2017년에 이혼했기 때문에 2018년의 글에서 언급한 (2년 전의) 가정폭력 얘기는 뎁에 관한 것임을 누구나 알 수 있다는 것이다. 이에 대해서는 아무도 이의를 제기하지 않는다. 그렇다면 중요한 것은 그가 허드를 상대로 가정폭력을 행사했는지의 여부다. 그는 과연 가정폭력을 행사한 적이 있을까, 없을까?

조니 뎁은 2020년 이 문제로 영국에서 거의 똑같은 내용의 소송을 언론사를 상대로 제기했다가 패소한 일이 있다. 그 상대는 영국의 타블로이드 신문인 〈더 선(The Sun)〉이었다. 유명인에 대한 선정적인 가십 기사로 유명한 이 신문이 기사에서 조니 뎁을 두고 "아내를 때리는 사람(wife beater)"이라는 표현을 썼는데, 뎁이 이에 대해 명예훼손 소송을 걸었다가 패소한 것이다. 영국과 미국의 문화 차이를 알아야 패소의 의미를 좀 더 정확하게 이해할 수 있다. 역사적으로 언론의 자유를 무척 철저하게 지켜주는 미국과 달리 영국에서는 단지 언론사라고 해서 무조건적인 자유가 주어지지 않는다. 특히 인기 배우라면 〈더 선〉처럼 많은 사람들이 혐오하는 타블로이드를 상대로 재판에서 이기기는 어렵지 않았다. 하지만 영국 법원은 기록을 모두 살펴본 결과 앰버 허드가 주장한 열네 번의 폭행 중 열두 번이 사실이라고 인정했다.

영국 법원이 사실로 인정한 열두 번의 폭행 내용을 보면 허드의 뺨을 때려 쓰러뜨린 일부터 발로 걷어찬 일, 얼굴을 가격해 입술이 터진 일도 있었고 땅에 쓰러뜨린 후 목을 조르면서 얼굴에 침을 뱉은 일도 있었다. 아파트에서 머리를 잡고 끌고 다녀서 허드의 머리카락이 뭉텅 뜯긴 일도, 스마트폰을 얼굴에 던진 일도 있었다. 조니 뎁은 허드의 동생이 지켜보는 앞에서도 폭행을 했다. 이는 폭행을 당한 허드가 가족과 친구, 동료에게 이야기한 내용은 물론 자기의 폭행과 관련해 조니 뎁이 했던 말을 직접 들은 사람들의 증언 등을 바탕으로 확인한 것이다. 한 기자의 설명에 따르면 "가정폭력 사건 중에 이만큼 증거가 확실한 경우도 드물 정도로" 명백한 사건이어서 반박의 여지가 없는 판결이었다고 한다.

조니 뎁이 앰버 허드를 결혼 생활 중에 여러 차례 폭행한 것이 사실로 밝혀졌기 때문에 〈더 선〉이 그를 "아내를 때리는 사람"이라고 쓴 것이 명예훼손이 아니라면, 허드가 〈워싱턴포스트〉 칼럼에서 자신을 가정폭력의 희생자라고 말하는 것도 허위 주장이 아니다.

하지만 그 칼럼이 나오자 뎁은 허드를 상대로 소송을 건다. 앞에서 말한 것처럼 미국에서는 언론을 상대로 명예훼손 소송을 걸어 이기기가 영국에서보다 더 어렵다. 그렇다면 영국에서 패소한 뎁은 왜 미국에서 전처를 상대로 같은 내용의 소송을 시작했을까?

정확한 이유는 몰라도 뎁은 허드를 상대로는 이길 수 있다고 판단한 것으로 보인다. 결과적으로 그의 예측은 맞았다. 우선 뎁의 변호팀은 노련했다. (그 팀의 여성 변호사는 미디어 스타가 되기도 했는데, 그를 둘러싼 언론과 여론의 가십은 그것만으로도 성차별적 요소가 강하다. 앰버 허드 측의 주장을 노련하고 효과적으로 물고 늘어졌고, 그 과정에서 바이럴 영상이 될 만한 장면을 만들어냈다. 반면 허드의 변호팀은 너무나 엉성해서 여론의 놀림감이 되었다. 증인을 불필요하게 모욕했다가 여론의 지탄을 받았고, 정확하지 않은 말을 했다가 '앰버 허드의 거짓말'이라는 딱지가 붙어 온라인에 퍼졌다.)

조니 뎁의 주장의 핵심은 앰버 허드의 칼럼에 등장한 한 줄로 인해 자신이 영화계에서 일하기 힘들어졌고, 그래서 물적 피해를 입었다는 것이다. 이건 얼마나 사실일까? 허드의 칼럼으로 그의 가정폭력 문제가 언론에 다시 불거졌을 당시 뎁은《해리 포터》의 작가 J. K. 롤링이 쓴《신비한 동물사전》을 영화화한 〈신비한 동물들과 덤블도어의 비밀〉에 출연하기로 되어 있었다. 그러나 미투 운동이 뜨겁게 달아오르고 있던 시점에 일어난 논란에 부담을 느낀 영화사는 뎁이 등장하는 장면을 단 하나만 찍은 상태에서 그를 하차시켰다. 물론 뎁은 계약에 따라 출연료 1600만 달러 전액을 받게 되었지만 앞으로 나올 수 있는 시리즈에 등장하지 못하게 되었기 때문에 물적인 손해를 봤다고 할 수 있다. 하지만 이는 폭력을 휘두른 자신의 잘못이지, 그걸 보도한 언론사나 칼럼을 통해 사실을 이야기한 전처의 잘못이 아니다. 게다가 조니 뎁의 인기는 2010년대를 지나면서 이미 기울기 시작했다는 평가가 일반적이다. 그의 인기는 〈캐리비안의 해적〉 시리즈(이 시리즈의 마지막 편은 2017년에 나왔다)가 나온 2000년대에 최절정에 달했고 2010년대에 들어서는 〈럼 다이어리〉나 〈21 점프 스트리트〉 정도가 약간의 관심을 끌었을 뿐 이렇다 할 흥행작이 없었다.

이렇게 조니 뎁의 인기가 시들어가던 시기가 앰버 허드와 결혼 생활을 하던 때라고 해서 허드를 '악처'라고 보는 사람들도 있다. 허드가 가정에서 어떤 사람이었느냐와 상관없이 뎁의 인기 하락은 본인의 관리 능력 부재 때문이라는 것이 할리우드에는 익히 알려진 사실이었다. 할리우드 최고의 인기 남자 배우가 자기 관리에 실패하는 것은 흔한 일이지만, 그런 인물로 대표적인 로버트 다우니 주니어와 다른 점이 있다면 다우니 주니어는 그런 일을 젊은 시절에 겪으며 바닥을 치고 올라온 반면 뎁은 50이 넘어 인기가 사그라지는 시점에 그렇게 되었다는 사실이다. 연예계 소식을 심도 있게 다루는 것으로 유명한 〈롤링스톤〉이 2018년에 실은 기사 "조니 뎁의 문제"는 이 모든 잘못이 분명하게 뎁 본인에게 있다고 설명한다. 이 기사는 "조니 뎁은 술과 마약에 취해서 정신을 차리지 못하고 있고, 결혼 생활은 파탄이 났으며, 더 이상 감당할 수 없는 라이프스타일을 갖고 있다"고 하면서 현재 뎁은 "재산을 날리고 고립되어 있으며 한 번만 더 실수하면 업계에서 추방당할 것"이라는 잔인한 진단을 내렸다. 앰버 허드의 칼럼보다 4년 앞서 나온 기사였다.[1]

다르보 전략
DARVO

(사실을) 부인하고 공격하고
피해자와 가해자를 뒤바꾸라.

증거는 없어도 앰버 허드에게는 앰버 터드(Turd, 똥)라는 별명이 붙었다.

법원의 판결에 따르면 둘 사이의 일은 "쌍방 과실(mutual abuse)"이지만 〈복스〉를 비롯한 많은 언론이 뎁은 다르보(DARVO) 전략을 구사한 혐의가 있다고 이야기했다. 다르보란 '(사실을) 부인하고 공격하고 피해자와 가해자를 뒤바꾸는(Deny, Attack, and Reverse Victim and Offender)' 행동을 가리킨다. 폭력, 성범죄 등의 혐의가 있는 남성들이 무죄를 입증하는 대신 '사실은 내가 피해자'라며 상황을 뒤집어 오히려 여성을 공격하는 전략이다. 즉 이미 영국 법원에서 폭력 사실이 인정된 조니 뎁이 미국에서는 거꾸로 피해자로 둔갑해 허드를 공격한 것이다. 1990년대부터 인기를 끌어온 뎁과 달리 이름이 막 알려지기 시작한 앰버 허드가 뎁이 요구한 금액을 지불할 능력이 없다는 것은 누구나 아는 사실이다. 당연히 뎁도 모를 리가 없다. 따라서 이 문제를 잘 아는 사람들은 뎁이 건 소송은 돈을 받아내려는 것이라기보다는 '아내를 때리는 사람'이라는 오명을 떨치고 전처를 '응징'하는 데 목적이 있다고 해석한다.

조니 뎁과 그의 변호팀은 언론에 공개되어 대중의 관심을 끌 만한 재판이라는 점을 십분 활용해서 소셜미디어를 통한 대대적인 여론전을 구사했다. 〈복스〉는 〈가디언〉의 보도를 인용해 소셜미디어에서 극우주의자들과 남성 권익 단체들이 봇(bot)을 이용해 허드에 대한 대중의 분노를 끌어낸 흔적을 찾아냈다고 했다.[2] 그리고 이 방법은 완벽하게 작동했다. 한 변호사가 "유명한 사건들을 많이 봤지만 (대중의) 이렇게 엄청난 반응은 본 적이 없다"라고 했을 만큼 철저하고 일방적인 마녀사냥이었다.

순환논법: 소시오패스

소셜미디어에서는 재판이 끝나기도 전에 '앰버 허드=소시오패스'라는 결론이 내려진 듯했다. 가령 허드가 부부 침대 위에 대변을 보았다는 주장이 그렇다. 한국의 몇몇 언론에서도 흥미로운 뉴스 정도로 다룬 이 이야기는 조니 뎁이 부부싸움 후에 집을 나가자 허드가 부부 침대 위에 대변을 올려놓았다는 내용으로서 허드가 소시오패스라는 증거로 가장 많이 돌아다닌다. 하지만 이 문제는 사실로 밝혀진 적이 없다. 우선 부부의 개가 그보다 1년 전에 침대 위에 대변을 보았고 이를 허드가 직접 치웠다는 사실이 이미 널리 알려져 있었다. 따라서 가장 쉽게 생각할 수 있는 것은 그 개가 똑같은 행동을 또 한 것이다. 조니 뎁 측은 "이건 개똥 같지 않다"라는 가정부의 말을 "그게 허드의 대변"이라는 주장의 근거로 들었다. 한 기자는 이런 반론을 제기한다. "만약 허드가 남편에 대한 미움과 보복으로 그랬다고 하자. 그랬다면 왜 남편뿐 아니라 자기도 함께 사용하는 침대에 그랬을까? 게다가 뎁은 집을 나가면 몇 주 동안 들어오지도 않곤 한다. 당연히 가정부가 그걸 치우게 되고 뎁이 돌아왔을 때는 침대가 깨끗할 것이다. 그런 상황에서 정말로 미움과 보복의 행동이라면 사진이나 텍스트로 뎁에게 알려줬어야 하는데 그러지도 않았다. 그럼 허드는 도대체 누구에게 보복한 것인가? 게다가 1년 전에 일어난 강아지 대변 사건 때는 가정부에게 그걸 치우게 하는 건 예의가 아니라며 허드가 직접 치웠다."[3]

한정된 정보로 사건의 진실을 가릴 때는 불필요한 가정을 하지 말아야 한다는 '오컴의 면도날'을 그 문제에 적용한다면 개가 했다고 생각하는 것이 당연해 보인다. 그럼에도 대중이 이 일을 '허드가 소시오패스'인 증거라고 생각하는 것을 두고 기자는 전형적인 '순환논법'이라고 지적한다. '상식적으로 그런 일을 할 사람은 없지만 만약 그렇게 했다면 소시오패스'라는 것이고 '앰버 허드는 소시오패스이기 때문에 그렇게 했을 것'이라는 것이 이 사건을 이야기하는 소셜미디어에서 쉽게 볼 수 있는 논리다.

문제 많은 피해자

그럼 왜 하필 앰버 허드에게 소시오패스라는 말이 붙게 되었을까? 그가 이상적인 피해자(ideal victim)가 아니었기 때문이다. 조니 뎁은 앰버 허드가 던진 병에 맞아 손가락 끝부분이 절단된 것을 두고 "허드는 폭력을 휘두르는 여자"라고 주장해왔고, 이는 소셜미디어에서도 잘 알려져 있다. 하지만 이 일이 서로 치고받으며 싸우는 중에 일어났다는 사실, 앞에서 말한 것처럼 뎁이 허드를 쳐서 쓰러뜨리거나 목을 조르는 일도 많았다는 사실을 고려해야 한다. 게다가 다친 손가락의 사진을 살펴본 의사는 깨진 병으로 인한 상처라고 보기 힘들다고 했다. 실제로 사고 직후에 뎁은 문에 손가락이 끼이는 사고 때문에 부상했다고 말하기도 했다.[4]

앰버 허드가 좋은 사람이라고 말하려는 것이 아니다. 아니, 오히려 허드가 훌륭한 사람이 아니라는 것이 이 글의 핵심이다. 허드는 폭력을 휘두르는 남편을 상대로 폭력을 휘두른 사람이고, 뎁과 허드 둘 모두 미성숙한 사람들로 보인다. 하지만 세상에 완벽한 사람은 없다. 비폭력주의의 상징과도 같은 마하트마 간디의 경우 아내를 공개적으로 조롱했고 아들들을 학대했다. 아버지의 학대에 분개한 간디의 아들들이 훗날 이슬람으로 개종했다는 사실은 이제는 잘 알려진 일이다.[5] 하지만 간디가 그랬다고 해서 사람들이 그를 소시오패스라고 부르지는 않는다. 부부가 서로 폭력을 주고받았음에도 사람들은 조니 뎁을 소시오패스라고 부르지 않는다. 그런데 (뎁이 패소한) 영국 재판에서 공개된, 그리고 채택된 증거 가운데 뎁이 친구인 배우 폴 베타니에게 보낸 텍스트를 한번 보자.

조니 뎁: 앰버를 불에 태우자!!!
폴 베타니: 태우는 것까지는 잘 모르겠다. 앰버는 같이 있을 때는 재미있고 예쁜데. 영국에서는 영국식이 있으니까 익사 테스트[6]를 해볼 수 있어. 어때? 너 수영장 있잖아.

폴 베타니, 조니 뎁

조니 뎁: 그럼 먼저 물에 빠뜨려 죽이고 그다음에 태우자!!! 타버린 시체를 강간해서 완전히 죽었는지를 확인하는 거야.

누군가가 사람을 죽여서 태운 후에 시신을 강간하자는 대화를 나눴다면 소시오패스라고 생각하지 않을까? 그런데 왜 사람들은 조니 뎁을 소시오패스라고 부르지 않았을까? 조니 뎁은 조니 뎁이기 때문이다. 〈가위손〉, 〈블로우〉, 〈캐리비안의 해적〉 등의 영화에서 그는 하나같이 특이하고 개성 있는 역을 연기했기 때문에 그가 그런 소리를 해도 그냥 연기의 연장선이라고 생각한다. 아니면 그를 그저 특이하고 재미있는 사람이라고 치부하든가. 물론 이런 특권은 대개 남자 배우들에게만 허용된다. 남자 배우들은 악역을 맡아도 인기를 끄는 반면 여자 배우가 악역을 맡으면 배우와 역할이 동일시되면서 사람들에게 "나쁜 ×"이라는 욕을 먹는 일이 아주 흔하다. '배우도 사람'이라는 대중의 너그러운 이해는 대개 남성에게만—할리우드에서는 백인 남성

“배우도 사람”이라는
대중의 너그러운 이해는
대개 남성에게만—할리우드에서는
백인 남성에게만—주어진다.

에게만—주어진다.

반면 대중은 앰버 허드와 같은 여성에게 '착하고 죄 없는 피해자' 혹은 '남자를 속이고 괴롭히는 소시오패스' 중 하나의 역할만을 허용한다. 왜냐하면 대부분의 사람들에게 남성은 독특한 면이 존재하는 입체적 인물인 반면 여성은 평면적인 존재이기 때문이다.

아주 오래된 습관

〈가디언〉의 칼럼니스트 모이라 도네건은 앰버 허드에 대한 대중의 공격이 얼마나 여성 혐오적인지 설명하는 칼럼에서 "어떤 피해자도 완벽하지 않다. 어떤 피해자도 완벽할 필요가 없다. 상대 여성이 완벽하지 않은 한 때리는 남성이 폭력적인 인간으로 규정될 수 없다면, 도대체 여성은 얼마나 완벽해야 때리면 안 되는 존재로 인식될 수 있겠는가?"라고 개탄했다.[7] 서두에서 언급한 메리 웹스터의 이야기를 생각해보면 완벽하지 않은 여성을 공격하는 일은 인류가 가진 아주 오래된 습관임을 알 수 있다. 성격이 유별난 사람은 세상에 널렸다. 여기에는 남자와 여자가 다르지 않다. 하지만 남들과 다르게 행동하거나 말해도 그저 '유별난 사람,' '독특한 사람'으로 인식될 권리는 남자들에게만 부여된다. 여자가 유별나다면? 17세기에는 마녀였고, 21세기에는 소시오패스가 된다.

말콤 글래드웰의 책《타인의 해석》에는 아만다 녹스(Amanda Knox)라는 여성의 이야기가 나온다. 교환학생으로 이탈리아에 머무는 동안 자신의 집에서 일어난 (영국인 여학생의) 살인사건의 범인으로 지목되어 오래도록 '섹스에 미친 여자', '사이코패스', '소시오패스' 등으로 불리며 전 세계 언론에 도배되었던 사람이다. 글래드웰은 책에서 이탈리아 경찰이 분명한 범인을 놔두고 증거도 없는 녹스에게 누명을 씌워서 수년 동안 괴롭힌 이유를 설명했다. 바로 아만다 녹스의 행동이 억울한 사람, 친구를 잃은 여성으로 보이지 않았기 때문이라는 것이다. 이탈리아 경찰과 대중이 생각하는 '여자'의 틀에 완벽하게 들어맞지 않는 녹스는 '소시오패스'로 여겨졌고, '소시오패스이니 범인일 것'으로 단정 지은 것이다.

우리나라에도 익숙한 예가 있다. 1996년에 스스로 목숨을 끊은 가수 김광석의 죽음을 두고 한 기자가 2017년에 "아내 서해순이 범인"이라고 지목하고 다큐멘터리까지 만들면서 남편뿐 아니라 딸도 죽인 것 같다는 음모론을 퍼뜨린 것이다. 경찰이 아내에게 혐의가 없다고 판단했음에도 서해순 씨는 이 다큐멘터리 때문에 남편이 사망한 지 20년도 넘은 시점에 여론의 재판에 끌려나와 정규 뉴스 시간에 인터뷰까지 하게 되었다. 그런데 그 인터뷰를 본 시청자들의 반응은 앰버 허드나 아만다 녹스를 보는 방식과 전혀 차이가 없었다. "어떻게 남편과 아이의 죽음을 이야기하는 사람이 얼굴에 미소를 지을 수 있느냐", "말을 할 때 손을 많이 움직이는 걸 보니 거짓말쟁이가 틀림없다"는 식의 댓글이 넘쳐났고 심지어 범죄 프로파일러라는 사람도 "사회적 기능에 문제 있는 사람처럼 보였고 딸과의 애착도 느껴지지 않았다"는, 순전히 인상에 근거한 평가를 하기도 했다.

이런 평가는 대중이 가진 '여성은 이래야 한다'는 틀을 벗어난 사람들이 받게 되는 일종의 사회적 판결이다. 인류 사회는 수천 년 동안 변함없이 이런 판결을 내려왔다. 앰버 허드에 대한 소셜 미디어의 판결은 인류 사회에 이런 습관이 변함없이 남아 있음을 보여준 하나의 예에 불과하다. 단지 여성이라고 해서 좋은 사람이어야 할 필요는 없다. 여성이라도 특이한 사람일 수 있고, 경우에 따라서는 남의 감정을 배려할 줄 모르는 여성도 있다. 하지만 당신이 생각하는 '좋은 여성상'에서 어긋난다고 해서 그 사람이 마녀이거나 소시오패스인 것은 아니다. 그렇게 생각하는 사람이 많다는 사실이 그 여성들이 그런 취급을 받아야 할 이유가 되는 것도 아니다.

당신이 생각하는

'좋은 여성상'에서 어긋난다고 해서

그 사람이 마녀이거나

소시오패스가 되는 건 아니다.

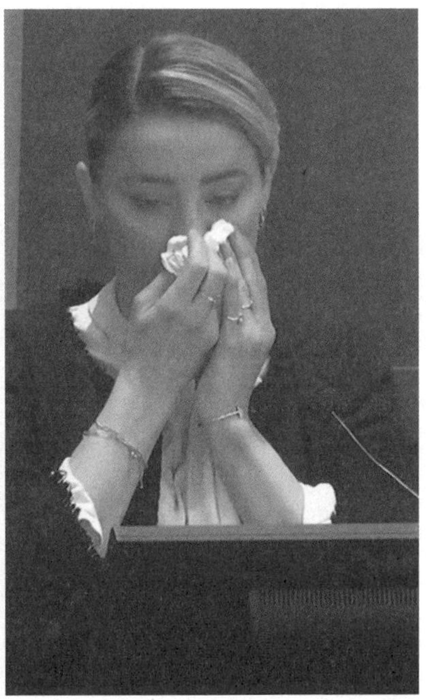

아만다 녹스, 서해순 그리고 앰버 허드. 세상 사람들이 생각하는 여성상과 다르다는 이유로 '소시오패스'라는 말을 들은 사람들.

메리 포드의 결격 사유

1938년 한 여성이 월트 디즈니 프로덕션에 지원했다가 단번에 거절당했다. 하지만 그는 디즈니에서 보낸 거절 편지를 남몰래 평생 간직하고 살았다.

10년도 넘은 일이지만 미국의 케빈 버그라는 남성이 세상을 떠난 자기 할머니의 유품에서 편지 하나를 발견해 자신의 플리커 계정에 공개하면서 작은 화제가 되었던 적이 있다. 할머니의 이름은 메리 V. 포드(Mary V. Ford). 이분은 젊은 시절 월트 디즈니 프로덕션에 애니메이션 제작 연습생으로 지원했었고 그 편지는 디즈니 측에서 뽑지 않겠다는 의사를 밝혀온 불합격 편지였다.

당시 디즈니 프로덕션은 설립 15년 차의 회사로서 한창 인기를 끌며 잘나가고 있었기 때문에 많은 사람들이 입사를 원했을 것이라는 점은 충분히 상상할 수 있는 일이다. 무수한 사람이 받았을 불합격 편지가 21세기 사람들의 관심을 끌었던 이유는 디즈니가 포드를 뽑지 않겠다고 설명한 이유 때문이었다. 내용은 다음(227쪽)과 같다. 이 여성이 당연히 결혼하지 않았을 것으로 생각하고 붙인 미스(Miss)라는 호칭, 여성들(women)과 함께 쓰인 여자들(girls)이라는 표현을 눈여겨보시기 바란다.

June 7, 1938

Miss Mary V. Ford
Searcy,
Arkansas

Dear Miss Ford:

Your letter of recent date has been received in the Inking and Painting Department for reply.

Women do not do any of the creative work in connection with preparing the cartoons for the screen, as that work is performed entirely by young men. For this reason girls are not considered for the training school.

The only work open to women consists of tracing the characters on clear celluloid sheets with India ink and filling in the tracings on the reverse side with paint according to directions

In order to apply for a position as "Inker" or "Painter" it is necessary that one appear at the Studio, bringing samples of pen and ink and water color work. It would not be advisable to come to Hollywood with the above specifically in view, as there are really very few openings in comparison with the number of girls who apply.

Yours very truly,

WALT DISNEY PRODUCTIONS, LTD.

By:

Mary Cleave

MEC

T DISNEY PRODUCTIONS, Ltd.
HYPERION · HOLLYWOOD, CAL.

친애하는 포드 양에게(Dear Miss Ford):

포드 양께서 보내신 편지(지원서)는 저희 잉크와 색칠(Inking and Painting) 부서에서 답장을 드리도록 전달받았습니다.

여성들(women)은 상영용 카툰을 만드는 일과 관련해서 창작 일을 전혀 하지 않습니다. 그 작업은 전적으로 젊은 남성들(young men)이 합니다. 그런 이유로 여자들(girls)은 연습생으로 받지 않습니다.

여성들에게 주어지는 일은 캐릭터를 투명 셀룰로이드 시트에 인디아 잉크로 베끼는(tracing) 작업과 지시에 따라 시트 반대편에 물감을 입히는 작업뿐입니다.

'잉커(Inker)'나 '페인터(Painter)' 업무에 지원하려면 펜과 잉크, 수채화 물감으로 작업한 샘플을 가지고 저희 스튜디오에 직접 오셔야만 합니다. 하지만 지원하는 여자들(girls)의 숫자에 비해 자리는 극히 적기 때문에 위에 언급한 부서들에 취직할 수 있을 거라고 믿고 할리우드까지 오시는 것은 권하지 않습니다.

그럼 이만 줄입니다.

월트 디즈니 프로덕션

메리 클리브

남성의 자리

이 편지는 월트 디즈니의 인기작 〈백설공주〉의 캐릭터들이 컬러로 인쇄된 아름다운 레터헤드를 사용한 것이 눈에 띈다. 미국이 대공황에서 아직 벗어나지 못하고 있던 1938년에 거절 편지를 보내면서 이렇게 아름다운 편지지를 썼다는 것이 다소 의외로 느껴질 만큼 성의 있어 보인다. 어쩌면 이 할머니는 그래서 소중하게 간직했을지 모른다. 하지만 내용은 차갑다 못해 잔인하게 느껴진다. "젊은 남성들"이 하는 일이기 때문에 "여자들은 받지 않는다"라고 생각하는 기업들이 아직 있을지 몰라도 그걸 뽑지 않는, 아니 기회도 주지 않는 이유로 편지에서 밝히기는 힘들기 때문이다. 이 표현은 지원한 여성에게 잔인하다 못해 마치 꾸짖는 듯한 느낌마저 준다. 정확한 이유는 알 수 없지만 어느 정도 짐작은 할 수 있다. 2020년에 세상을 떠난 미국의 연방대법관 루스 베이더 긴즈버그(1933~2020)의 젊은 시절 이야기를 통해서다.

1956년 긴즈버그는 당시 여성들에게 거의 기회가 주어지지 않던 하버드 법과대학원에 진학한 극소수(500여 명 중 아홉 명)의 여학생 중 하나였다. 그런데 법과대학원 학장은 그 아홉 명의 학생과 가족을 초청한 자리에서 "남자들의 자리를 빼앗아가면서 법대에 진학한 이유가 뭔지 한 사람씩 말해보라"고 했다. 20세기 중반만 해도 여성이 학교나 직장에 가면 남성의 자리를 빼앗는다고 생각했던 것이다. 그렇다면 1938년의 편지에서 "젊은 남성들"을 언급한 이유를 어느 정도 짐작할 수 있다. 직업이란 남성들을 위해 존재하는 것이기에 여성이 취직한다는 것은 남성에게서 그 자리를 '빼앗는' 행위였던 거다. 1956년에 직장도 아닌 대학원에 진학한 긴즈버그가 학장의 그런 질문에 답을 해야 했다면 아직 미국 전체가 대공황에서 벗어나지 못해 직장을 구하려는 사람들이 줄을 섰던 1938년에 불합격 편지를 받은 메리 포드는 어쩌면 그런 취급을 당연하게 받아들였을 수도 있다.

그렇다고 해도 젊은 남성들이 자리를 전부 차지하는 창작 부서가 아니라 여성도 일할 수 있는 '잉크와 색칠' 부서에서도 받지 않을 거라며 할리우드에 찾아오지도 말라고 하는 것은 좀 심하게 들린다. 역시 정확한 배경은 모르지만 비슷한 시기에 거의 똑같은 내용의 다른 불합격 편지를 통해 당시 사회에 만연한 정서를 어느 정도 짐작할 수 있다. 아래의 편지는 '프랜시스 드루어(Miss Frances Drewer)'라는 지원자에게 보낸 편지다. 역시 젊은 남성들이 하는 일이라 여자들(girls)은 받지 않는다고 말한다. 하지만 포드가 받은 편지와 달리 "찾아오시면 기꺼이 이야기를 나누겠다"는 말로 끝난다. 수신인의 주소를 보면 메리 포드가 살던 미국 중부 캔자스주와 달리 디즈니

WALT DISNEY PRODUCTIONS
2719 HYPERION AVENUE · HOLLYWOOD, CALIFORNIA · CABLE ADDRESS, DISNEY

May 9, 1939

Miss Frances Drewer
4412 Ventura Canyon Avenue
Van Nuys, California

Dear Miss Drewer:

Your letter of some time ago has been turned over to the Inking and Painting Department for reply.

Women do not do any of the creative work in connection with preparing the cartoons for the screen, as that work is performed entirely by young men. For this reason girls are not considered for the training school.

To qualify for the only work open to women one must be well grounded in the use of pen and ink and also of water color. The work to be done consists of tracing the characters on clear celluloid sheets with India ink and filling in the tracings on the reverse side with paint according to directions.

In order to apply for a position as "Inker" or "Painter" it is necessary that one appear at the studio on a Tuesday morning between 9:30 and 11:30, bringing samples of pen and ink and water color work. We will be glad to talk with you further should you come in.

Yours very truly,

WALT DISNEY PRODUCTIONS

By: Mary E Cleave
by HC

MEC:HC

프로덕션과 가까운 캘리포니아 밴나이즈(Van Nuys)다. 인터뷰 후에 떨어뜨리더라도 캔자스에서 며칠간 기차를 타고 찾아온 사람을 떨어뜨리는 것보다는 덜 미안했기 때문일까?

백설공주와 마녀

그렇다고 하더라도 메리 포드가 받은 1938년 편지의 백설공주 레터헤드가 21세기를 사는 우리에게 주는 아이러니는 외면하기 힘들다. 상단 왼쪽에는 주인공인 백설공주가, 하단 오른쪽에는 백설공주를 죽이려고 하는 마녀가 그려져 있다. '젊은 공주'와 '늙은 마녀'라는, 여성을 바라보는 남성들의 극단적인 시각을 대표하는 두 인물이라는 사실은 말할 것도 없고 그 젊은 여성에게서 눈을 떼지 못하는 나이 든 일곱 명의 남성('난쟁이')들은 남성 중심의 사회를 너무나 잘 반영한다. 여성은 젊을 때나 가치 있다는 것, 남성들의 시선(gaze)을 받는 객체라는 것, 그리고 무엇보다 여성은 남성 창작자의 묘사 대상(객체)이거나 창작 작업에 영감을 주는 뮤즈(muse)이지, 창작을 하는 주체가 아니라는 것이 이 편지의 레터헤드가 전달하는 무언의 메시지다. "여성들은 상영용 카툰을 만드는 일과 관련해서 창작 일을 전혀 하지 않습니다. 그 작업은 전적으로 젊은 남성들이 합니다"라는 디즈니 직원(이 직원도 여성이다. 타이핑은 오래도록 여자 직원의 일이었다)의 편지 내용은 젊고 아름다운 여성이 모델이 된 만화의 레터헤드를 통해 더욱 강조된다. 물론 1930년대만 해도 이런 아이러니를 느낀 사람들이 많지 않았을 것 같지만 말이다.

남성은 창작자이고 여성은 창작과 묘사의 대상이라는 구도는 20세기를 넘어 지금까지도 끈질기게 많은 사람의 편견에 남아 있다. 네덜란드 암스테르담에 있는 시립미술관(Stedelijk Museum)이 전시와 관객의 다양성을 높이라는 지시를 받고 이를 실행하는 모습을 적나라하게 보여주는 다큐멘터리 〈화이트 볼스 온 월스(White Balls on Walls)〉에는 미술관장이 "우리 미술관에서 보유한 작품 중 여성 작가의 작품은 4퍼센트밖에 되지 않는다"라고 말하는 장면이 나온다. '화이트 볼스 온 월스'라는 표현은 그 시립미술관에 걸린 작품들은 온통 백인 남성들의 작품이라고 항의했던 1995년의 시위 구호에서 가져온 것이다. 당시 시위대는 미술관에서 여성 작가의 작품은 1퍼센트, 백인이 아닌 작가의 작품은 0퍼센트라고 항의했지만 그로부터 25년이 지난 후에도 여성 작가의 작품은 4퍼센트에 불과했던 것이다.

1995년 암스테르담 시위에 영감을 준 사건은 그보다 10년 전인 1985년 뉴욕에서 일어났다. 당시 뉴욕의 현대미술관(MoMA)은 현대 미술의 동향을 보여주겠다며 165명의 작가를 선정해 전시회를 연다. 그런데 여기 선정된 여성 작가가 13명밖에 되지 않는다는 사실에 분노한 여성 작가들이 고릴라 가면을 쓰고 '게릴라 걸스' 시위를 했다. 당시 시위대는 뉴욕의 메트로폴리탄

“여성이
메트로폴리탄 뮤지엄에
들어가기 위해서는
옷을 벗어야 하느냐.”

뮤지엄의 경우 현대 미술 섹션에 작품이 걸린 여성 작가는 5퍼센트밖에 되지 않지만 거기에 걸린 누드화의 85퍼센트는 여성을 그린 작품들이라는 사실을 꼬집어 “여성이 메트로폴리탄 뮤지엄에 들어가기 위해서는 옷을 벗어야 하느냐”고 항의했다. 그들이 미술관 앞 시위라는 극단적인 방법을 사용했던 것은 ‘미술은 남자가 여자를 그리는 행위’라는 아주 오래된 고정관념 때문이었다. 그리고 그 고정관념은 반세기 전에 메리 포드가 받았던 불합격 편지에 잘 드러난다. 젊은 여자 주인공을 레터헤드에 사용한 편지지에 ‘창작 작업은 남성이 한다’라고 쓰면서도 아무런 아이러니를 느끼지 못한 그 편지가 설명한 메리 포드의 결격 사유는 단 하나, 그가 남성이 아니라는 사실이었다.

미술관에 소개된 아티스트들 중 여성은 5퍼센트인데 누드화에 등장한 인물의 85퍼센트가 여성임을 지적하는 '게릴라 걸스'의 포스터(1989)

2부

친애하는 슬츠씨

인류의 낡은 생각과
이에 맞선 작은 목소리들

상식적인 남자들

여자가 보스턴 마라톤에서 뛸 수 있게 되는 데 반드시 남자들의 도움이 필요했을까? 그렇지는 않았을지 모른다. 하지만 사회 변화에 동의하고 그 과정에 동참하는 사람들이 많을수록 세상은 빨리 변할 수 있다.

20세기 미국 최고의 인기 만화가 찰스 슐츠(Charles Schulz)가 그린 만화 〈피너츠(Peanuts)〉는 우리에게는 '스누피'라는 이름으로 더 잘 알려져 있다. 이 만화의 팬들에게는 익숙한 내용이지만 주인공 찰리 브라운은 운동을 잘하는 아이가 아니다. 만화에 등장하는 아이들 중에서 운동을 가장 잘하는 아이는 페퍼민트 패티라는 여자아이이다. 이 아이는 직접 동네 야구팀을 꾸려서 운영할 뿐 아니라 하키와 모터사이클까지 하는 스포츠광이다. 슐츠는 이 캐릭터뿐 아니라 다른 여자아이 캐릭터들도 다양한 스포츠 활동을 좋아하는 걸로 묘사했다. 〈피너츠〉에 등장하는 여자아이들은 테니스와 하키처럼 다양한 종목의 스포츠를 엄청 열심히, 경쟁적으로 한다. 여자아이가 스포츠를 좋아하는 게 하나도 이상할 게 없는 21세기에는 그다지 눈길을 끄는 내용이 아니지만 슐츠가 1922년에 태어난 사람임을 생각하면 여기에는 조금 특별한 구석이 있다.

이 만화가 인기를 끌던 시절인 20세기 중반까지만 해도 미국에서 스포츠는 남학생들의 전유물이었다. 여학생들은 치어리더가 되어 남학생들로만 구성된 학교 팀을 응원하는 게 자연스러운

1930년 보스턴 마라톤 모습. 장거리 달리기는 남성들만이 할 수 있었던 시절이다.

풍경이었다. 사람들은 슐츠를 "20세기 중반 미국의 풍경을 가장 잘 묘사한 만화가"라고 기억하지만 그가 그린 것은 당시 미국의 현실과 달랐다. 1960~70년대 테니스 그랜드슬램을 휩쓸던 당대 최고의 여성 스포츠 스타 빌리 진 킹(Billie Jean King)은 각급 학교에서 여자아이들의 체육 활동을 장려하는 운동을 시작했지만 아무도 관심을 갖지 않았을 뿐만 아니라 여학생들이 운동장을 달리며 경쟁하는 것에 대한 반대가 극심했다고 한다. 여성이 운동하는 것에 대한 사회적 반감을 잘 보여주는 사례가 1967년 보스턴 마라톤 대회에서 첫 공식 여성 완주자가 된 캐서린 스위처가 겪은 일이다.

여자가 뛰고 있다

엄밀하게 말해서 보스턴 마라톤을 제일 처음 완주한 여성은 로버타 깁(Roberta Gibb)이다. 깁은 스위처보다 한 해 앞선 1966년에 이 대회를 완주했다. 깁은 스위처가 참가한 1967년 대회에도 참가해 스위처보다 거의 한 시간 빠른 속도로 결승선을 통과했다. 그러나 깁은 두 번 다 대회 참가자 명부에 이름을 올리지 않았기 때문에 그의 기록은 공식 기록으로 인정되지 않았다. 깁이 공식적으로 참가하지 않았던 것은 여성의 마라톤 대회 참가가 불가능했기 때문이다. 지금은 터무니없는 소리로 들리지만 여성이 그런 장거리를 뛰면 자궁이 떨어지고 가슴에 털이 자라는 등 "건강상의 문제"가 생긴다는 것이 이유였다. 달에 탐사선을 보내던 시절이었지만, 당시 사람들은 과학적으로 검증되지 않은 이런 주장을 당연하게 받아들였고 마라톤 대회는 여성의 등록 자체를 금지하고 있었다. 로버타 깁은 번호표(배번)를 받지 않은 채 수풀 속에 숨어 있다가 뛰어나와서 마라톤을 완주했고, 그래서 기록을 인정받지 못했다. 그럼 스위처는 어떻게 공식 참가할 수 있었을까?

달리기를 좋아해서 한겨울에도 눈보라 속에서 10킬로미터를 달리는 운동광이었던 스위처는 재학 중인 시러큐스 대학교 달리기 코치에게 보스턴 마라톤에서 뛰고 싶다는 생각을 밝혔다. 그 코치는 대학교에서 우편배달부로 일하면서 짬을 내어 학생들에게 장거리 달리기를 훈련시키던 50세의 남성 아니 브릭스(Arnie Briggs)였다. 평소 스위처의 장거리 달리기 실력을 인정하던 브릭스였지만 보스턴 마라톤에서 뛰겠다는 스위처의 생각을 한마디로 일축했다. "여자는 보스턴 마라톤에서 뛸 수 없어." 브릭스는 이미 보스턴 마라톤만 열다섯 번 참가했던 베테랑 마라토너였고 그 대회가 어떤 대회인지 누구보다 잘 알고 있었다.

하지만 스위처는 로버타 깁이 지난 대회에서 완주했다는 사실을 이야기하며 브릭스 코치를 설득했다. 결국 브릭스는 "그렇다면 뛸 수 있음을 증명하라"고 했다. 스위처는 대회 3주 전에 처음으로 코치와 함께 42.195킬로미터를 완주했다. 하지만 풀코스를 뛴 후에도 힘이 남았던 스위처는 더 뛰자고 했고 마지못해 그러자고 했던 브릭스 코치는 스위처와 함께 뛰다가 50킬로미터 지점에서 쓰러졌다. 그렇게 스위처의 실력을 눈으로 확인한 브릭스는 스위처가 보스턴에서 뛰는 것에 동의했지만 로버타 깁처럼 번호표 없이 비공식적으로 뛰는 것에는 반대했다. 대회 규정에 어긋나는 행동을 하면 아마추어 체육연맹의 제재를 받을 거라는 이유에서였다. 하지만 그 대회는 여성의 참여를 허락하지 않는데 어쩌란 말이었을까?

당시 보스턴 마라톤 규정집에는 젠더(성별)와 관련한 내용이 없었다. 즉 여성이 마라톤 대회에 참여할 수 없다는 것은 성문화된 규정이 아니었던 것이다. 굳이 성문화할 필요도 없을 만큼 당연하게 생각되던 '사회적 상식'의 영역이었기 때문이다. 스위처는 캐서린 버지니아 스위처(Kathrine Virginia Switzer)라는 이름에서 성별을 드러내는 부분을 약자로 바꾼 K. V. 스위처라는 이름으로 보스턴 마라톤 대회에 등록했다. 여성임이 드러났으면 대회 측에서 등록을 거부했겠지만 등록을 하고 완주를 한다면 기록을 지울 근거가 없기 때문이다. 차별이 너무나 당연시되는 바람에 제도에 구멍이 생겼고 이렇게 견고한 사회적 편견이 스위처에게는 기회가 되었던 것이다. 그 과정에서 처음에는 반대했던 브릭스 코치가 스위처의 변칙 참가를 돕는 공모자가 되었다.

스위처는 이 '거사'를 계획하면서 고향에 있는 부모님께 전화로 알렸다고 한다. 딸이 어떤 아이인지 잘 알았던 그의 아버지는 "넌 할 수 있어. 너는 강인하고 훈련도 열심히 했으니까. 잘할 거다"라고 응원해주었다고 한다. 코치와 아버지 외에도 스위처를 응원하고 도운 남성이 하나 더 있다. 바로 스위처의 남자 친구 톰 밀러(Tom Miller)다. 밀러는 미식축구 선수였다가 해머던지기 선수로 전향한 스포츠맨으로 체중 106킬로그램의 거구였다. 그는 여자 친구 스위처 옆에서 함께 뛰겠다고 나섰다. 한 번도 마라톤을 뛰어본 적이 없었지만 "여자가 뛰는데 내가 왜 못 뛰겠냐"며 등록한 것이다. 스위처가 여성인 것이 들통 날까 걱정했던 밀러는 출발 전에 스위처가 립스틱을 바른 것을 보고는 어서 지우라고 했다. 사람들이 알아보고 제지할 게 분명했기 때문이다. 하지만 스위처는 절대 지우지 않겠다고 고집했다.

아니나 다를까, 스위처가 6킬로미터 구간을 통과할 때쯤 사람들은 여자가 마라톤을 뛰고 있다는 사실을 알아차리기 시작했다. 하지만 그들의 반응은 대체로 좋았다고 한다. "어라, 여자가 뛰고 있네?" 하고 놀란 관중과 기자들은 스위처에게 응원을 보냈다. 하지만 그 소식은 곧 마라톤 조직위원회에 전해졌고 조직위원장이자 감독관인 조크 셈플(Jock Semple)은 우호적이지 않았다. 버스에 올라타고 선수들을 따르던 그는 차에서 내려 스위처에게 달려갔다. 그러고는 "번호표 내놓고 경기에서 나가!"라고 소리치면서 스위처의 번호표를 뜯으려는 듯 그의 웃옷을 움켜쥐었다. 그때 옆에서 달리던 남자 친구 밀러가 몸을 날려 셈플을 밀쳐냈다. 스위처는 밀러와 브릭스 코치의 호위를 받으며 마라톤을 완주할 수 있었다. 이 장면은 스위처 앞을 달리던 기자들의 카메라에 고스

란히 담겼고 영상으로도 생생하게 기록되었다.

그로부터 50년이 지난 2017년 캐서린 스위처는 70세의 나이에 다시 보스턴 마라톤 풀코스를 완주하며 50년 전에 세운 자신의 업적을 기념했다. 결승선에서 많은 사람이 환호를 보내주었다. 세상이 50년 만에 얼마나 크게 변했는지 보여주는 장면이었다.

왜 남학생 공은 여학생 공보다 더 좋은 거야?

여성이 처음으로 보스턴 마라톤에서 달리기 위해 반드시 남성들의 도움이 필요했을까? 그렇지 않았을지도 모른다. 1960년대 미국은 거대한 사회 변화를 겪고 있었다. 마틴 루서 킹 목사를 비롯한 흑인 지도자들이 이끄는 인종차별 반대 시위가 미국을 휩쓸었고 여성이 받는 차별에 관한 관심도 커지고 있었다. 만약 스위처가 감독관의 손에 끌려 나온 사실이 언론에 보도되었다면 사람들이 이의를 제기했을 것이고 궁극적으로 이 전근대적인 룰은 바뀌었을 것이다. 하지만 사회 변화에 동의하고 그 과정에 동참하는 사람들이 많을수록 세상은 좀 더 빨리 변할 수 있다. 스위처를 도운 남성들이 대단한 일을 한 것도 아니다. 그저 오래되고 차별적인 사고방식을 깨닫고 더 이상 따르지 않겠다는, 아주 상식적인 결정을 했을 뿐이다.

〈피너츠〉의 만화가 찰스 슐츠도 그런 상식적인 결정을 내린

261번을 단 캐서린 스위처 뒤에서 양복을 입은 조직위원장 조크 셈플이 달려와 번호표를 뺏으려 하고 있다. 왼쪽에서 그를 제지하는 반바지를 입은 남성이 브릭스 코치. 오른쪽 사진은 50년 후인 2017년에 다시 보스턴 마라톤을 완주한 캐서린 스위처.

“어라, 여자가 뛰고 있네?”

여성 테니스 스타 빌리 진 킹은 인기 만화가 찰스 슐츠를 여성 스포츠의 지지자로 만드는 역할을 했다.

남성 중 하나였다. 그가 여성들을 돕기로 한 건 그가 처음 생각해 낸 게 아니었다. 캐서린 스위처를 도왔던 코치나 남자 친구와 마찬가지로 당시 사회의 통념과 다른 일에 도움을 요청받고 자기 생각을 바꿨을 뿐이다. 슐츠에게 도움을 요청한 사람은 앞서 언급한 테니스 스타 빌리 진 킹이었다.

1970년대 초 미국에서는 연방정부의 지원을 받는 학교들이 학생들의 성별을 기준으로 스포츠 활동에 제한을 두는 것을 금지하는 '타이틀 나인(IX)'이라는 연방법이 생겼다. 하지만 이 법이 생겼어도 여학생들의 교내 스포츠 활동은 권장되지 않았다. 체육시간에 하는 활동에는 별 차이가 없었지만 스포츠가 활성화된 미국에서 미식축구, 야구, 하키 등의 종목들은 남학생들의 전유물처럼 여겨졌고 여학생들은 치어리더를 하는 것이 여전히 자연스러운 일로 여겨졌다. 그런 환경에서 자라나 세계 최고의 테니스 스타가 된 빌리 진 킹은 여학생들이 자기보다 더 나은 환경에서 운동을 할 수 있도록 돕는 '여성 스포츠 재단(Women's Sports Foundation)'을 세우고 여학생들의 스포츠 참여를 북돋우려고 노력했지만 이렇다 할 반응을 끌어내지 못하고 있었다.

그런 킹이 찰스 슐츠를 테니스 경기장에서 만나게 된 건 우연이 아니었을 것이다. 슐츠는 평생 골프와 테니스를 즐겼던 스포츠맨이었다. 킹은 그 자리에서 슐츠에게 여성 스포츠 재단의 이사가 되어달라고 부탁했고 슐츠는 이 제안을 아주 기쁘게 수락했다. 미국 전역에서 수천 개의 신문에 매주 만화를 연재하던 당대

“왜 (학교에서)
남학생들에게 주는 공은
여학생들에게 주는 공보다
더 좋은 거냐”

최고 인기의 만화가 슐츠의 지지는 타이틀 나인과 여학생 스포츠를 홍보하려고 해도 변하지 않는 여론에 좌절했던 킹에게 엄청난 힘이 되었다. 슐츠는 자신의 만화에서 페퍼민트 패티를 비롯한 여자아이들이 스포츠에 열심일 뿐만 아니라 뛰어난 소질을 보이는 것으로 묘사해서 타이틀 나인을 적극적으로 지지했다.

운동을 잘하는 페퍼민트 패티는 주인공 찰리 브라운에게 "왜 남학생들에게 주는 공은 여학생들에게 주는 공보다 더 좋은 거냐"라며 "여성이 스포츠를 즐기는 데 반대하는 건 아니지?"라고 물은 후 좋은 공을 받아낸다. 다른 장면에서는 찰리 브라운이 친구 라이너스에게 "여자애들도 남자애들과 같은 스포츠를 해야 한다고 생각해?"라고 묻고, 거기에 돌아온 라이너스의 답은 당시 미국인들이 많이 하던 생각, 즉 부상 가능성의 얘기였다. 라이너스가 그 말을 하는 즉시 페퍼민트 패티에게 맞는다.

슐츠의 아내 진 슐츠는 2000년에 세상을 떠난 남편을 회상하면서 그의 만화가 워낙 부드러운 톤을 갖고 있어서 '스포츠는 여학생들이 하는 게 아니다'라는 당시 사회적 통념과 배치된 내용을 그려도 사람들은 반발을 하지 않고 받아들였다고 한다. 미국인들은 〈피너츠〉의 캐릭터들을 보면서 자기도 모르게 여자아이들이 스포츠 활동을 하는 걸 당연하고 자연스러운 일로 생각하게 되었다. 하지만 진 슐츠는 남편의 역할을 과대평가해서는 안 된다는 말도 잊지 않는다. 변화가 가능했던 것은 여성들이 불평을 하고 법안 통과를 촉구했기 때문이지, 남성들이 준 선물이 아니었기 때문이다.

친애하는 슐츠 씨께

<피너츠>에 등장하는 흑인 캐릭터 프랭클린은 토큰 블랙이다. 하지만 이 캐릭터는 인종 다양성의 다음 단계로 가기 위한 중요한 계단이었다.

찰스 슐츠가 〈피너츠〉를 통해 여자아이들의 스포츠 활동을 지지했다면 인종 문제에 대해서는 어떤 견해를 갖고 있었을까? 여성 스포츠와 관련된 일화는 여성운동이 본격화한 1970년대의 이야기다. 그런데 슐츠의 〈피너츠〉는 1950년부터 연재되었고 〈피너츠〉의 등장인물은 모두 백인이었다. 1950년대의 미국은 인종분리 정책이 합법이던 사회였고 이 만화는 한 동네에 사는 아이들의 이야기였기 때문에 만화에 백인 아이들밖에 보이지 않는 것은 당시 미국의 현실을 그대로 반영한 것이기도 했다. 슐츠는 연재를 시작한 이후 18년 동안 그렇게 백인 아이들로만 이야기를 끌어갔다. 그러다가 1968년에 처음으로 흑인 캐릭터가 등장했다. 바로 프랭클린이다.

1960년대는 흑인 민권운동이 뜨겁게 달아오르던 시점이었다. 흑인의 권리를 위해 싸우던 마틴 루서 킹 목사가 1968년 4월 백인이 쏜 총에 사망했고, 그로부터 두 달 뒤에는 민권을 외치며 흑인 유권자들의 지지를 받던 로버트 F. 케네디(Robert F. Kennedy) 상원의원이 대선 선거운동 중에 암살당했다. 그러니 〈피너츠〉가 아무리 아이들 캐릭터가 이끄는 만화라고 해도 만화가인 슐츠는 어떤 방식으로든 사회를 반영할 수밖에 없었을 거라고 생각할 수 있다. 완전히 틀린 말은 아니다. 하지만 슐츠가 여학생들의 스포츠 참여를 지지하게 된 배경에 빌리 진 킹처럼 변화를 위해 싸운 사람의 권유가 있었던 것처럼 슐츠가 프랭클린이라는 흑인 아이 캐릭터를 〈피너츠〉에 등장시키게 된 데에는 한 사람의 절절한 호소가 중요한 역할을 했다. 바로 해리엇 글릭먼(Harriet Glickman)이다.

저는 해결책을 모르겠습니다

해리엇 글릭먼은 캘리포니아주에서 교사로 일하며 세 아이를 키우던 여성이다. 그는 킹 목사가 암살당한 직후 인기 만화가 슐츠에게 편지를 보내기로 결심한다. 타자기로 깔끔하게 쓴 글릭먼의 편지는 이렇게 시작한다. "친애하는 슐츠 씨께. 저는 마틴 루서 킹이 세상을 떠난 후로 우리 사회에서 (킹 목사의) 암살로 이어지게 된 상황, 오해와 공포, 그 폭력의 바다를 만드는 상황을 바꾸기 위해 제가 무슨 일을 할 수 있을지 스스로에게 물어보았습니다." 그리고 이어지는 글에서 글릭먼은 미국 사회가 변화해서 인종 사이의 편견을 극복하게 되기까지는 한 세대가 넘는 시간이 필요하겠지만 자라는 "아이들의 무의식적인 태도를 형성하는 데" 매스미디어의 역할이 아주 중요하다고 이야기하면서 〈피너츠〉가 인종 간의 우정과 관용(tolerance)을 도모하는 데 작은 도움이 될 수 있을 거라고 했다. 그러면서 〈피너츠〉에 등장하는 아이들 사이에 흑인 아이 캐릭터를 넣을 것을 제안했다.

하지만 글릭먼은 그 편지를 보내면서 큰 기대를 하지 않았다고 한다. 워낙 인기 있는 만화의 작가가 자신의 편지에 답장해줄 것 같지 않았던 것이다. 그런데 뜻밖에도 슐츠는 글릭먼의 편지를 읽었을 뿐 아니라 답장까지 보냈다. 다만 긍정적인 답은 아니었다. 슐츠는 흑인 아이 캐릭터에 반대한 것이다. 슐츠가 글릭먼의 부탁에 왜 난색을 표했는지를 이해하기 위해서는 약간의 설명이 필요하다. 우선 슐츠가 보낸 답장은 아래와 같다.

친애하는 글릭먼 씨께.
친절한 편지에 진심으로 감사드립니다. 흑인 아이(a Negro child)[1]를 만화에 넣는 것이 어떠냐는 제안에 감사합니다만, 저는 다른 만화가들과 똑같은 문제에 봉착해 있습니다. 저희 만화가들은 그렇게 하고 싶어도 그러면 흑인 이웃들을 내려다보는 태도로 보일 것 같아 그러지 못하고 있습니다.
저는 해결책을 모르겠습니다.

편지에서 슐츠가 "내려다보는 태도"라는 표현에 사용한 단어는 한국어에 존재하지 않아 번역이 까다로운 patronizing이다. 비

CHARLES M. SCHULZ
2162 COFFEE LANE
SEBASTOPOL, CALIFORNIA 95472

April 26, 1968

Harriet Glickman
4933 Wortser Ave.
Sherman Oaks, Calif. 91403

Dear Mrs. Glickman:

Thank you very much for your kind letter. I appreciate your suggestion about introducing a Negro child into the comic strip, but I am faced with the same problem that other cartoonists are who wish to comply with your suggestion. We all would like very much to be able to do this, but each of us is afraid that it would look like we were patronizing our Negro friends.

I don't know what the solution is.

Best regards.

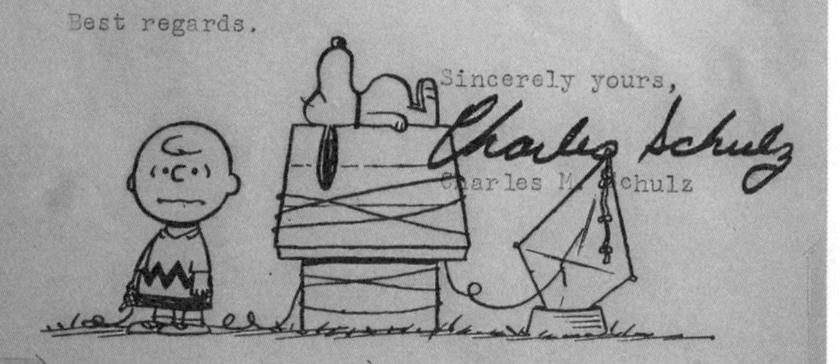

Sincerely yours,

Charles Schulz

Charles M. Schulz

슷한 표현으로 condescending을 사용하기도 하는데, 이는 '다른 사람에게 친절을 베풀면서 그들보다 우월하다는 생각을 드러내는' 혹은 '시혜 혹은 자선의 대상으로 보는' 것을 말한다. 즉 동등한 인간으로서 보이는 친절이 아니라 남을 불쌍하게 생각해서 내려다보듯 베푸는 친절이라는 의미다. 이는 상대에게 모욕감을 준다. 약자를 배려할 때 이런 태도를 취하는 것을 특별히 나쁘게 보지 않는 한국 문화에서는 큰 문제가 되지 않을지 몰라도 슐츠는 흑인 아이를 등장시키는 것이 이런 태도로 비치는 것을 두려워한 것이다. 슐츠가 그렇게 생각한 이유는 아마도 그가 당시 대부분의 백인들이 그랬던 것처럼 흑인들과 분리된 커뮤니티에서 살았고 주위에 흑인이 많지 않았기 때문일 것이다. 슐츠가 그린 만화 속의 아이들이 모두 백인으로만 구성된 것도 결국 그게 자신에게 익숙한 환경이었기 때문이다.

하지만 눈길을 끄는 것이 거절 편지의 마지막 줄이다. 슐츠는 "I don't know what the solution is(저는 해결책을 모르겠습니다)"라는 말로 편지를 맺는다. 읽는 사람에 따라서는 단순한 거절처럼 보일 수도 있지만 슐츠는 '해결책이 없습니다'라고 하는 대신 자신은 해결책을 '모른다'라고 했다. 당장 제안을 받아들이지는 않았지만 앞으로의 해결 가능성까지 닫아버린 건 아니다.

흥미로운 건 해리엇 글릭먼의 반응이다. 해리엇 글릭먼은 '해결책이 없는 것'과 '모르는 것'의 차이를 알아본 듯하다. 기대하지 않았는데 슐츠에게 답장을 받았고, 비록 표면적으로는 거절이었지만 슐츠가 글릭먼이 설명한 목적에 동의하지 않는 것은 아니었기 때문이다. 글릭먼은 바로 답장을 썼다.

이번에는 타자기가 아니라 직접 손으로 썼다.

친애하는 슐츠 씨께.
흑인 아이들을 <피너츠>에 포함시키는 문제를 말씀드린 제 편지를 시간 내어 읽어주셔서 감사드립니다.
선생님께서는 흥미로운 딜레마를 제기하셨는데요, 괜찮으시다면 제가 선생님의 편지를 제 흑인 친구 몇 명에게 보여주고 싶습니다. 아이를 가진 부모인 그들의 말을 들어보면 이 문제와 관련해서 선생님의 생각을 정리하는 데 도움이 될 것 같습니다.

흑인 친구들의 의견을 구하겠다는 글릭먼의 편지는 빈말이 아니었다. 그는 두 명의 흑인 친구들과 이 문제로 대화를 나누고 그들에게 부탁해서 의견을 슐츠에게 직접 전하게 했다. 그렇게 슐츠가 받게 된 편지 중 하나는 다음과 같다.

친애하는 슐츠 씨께.
흑인 아이가 <피너츠> 만화에 들어가는 문제로 선생님께서 글릭먼 씨와 주고받으신 편지와 관련해서 아들 둘을 가진 흑인 아빠로서 저의 의견을 말씀드리

고 싶습니다. 선생님께서는 내려다보며 베푸는 태도(patronizing)를 염려하셨습니다. 저는 선생님의 노력을 그런 눈으로 보는 흑인은 없을 거라고 생각합니다만, 비록 그런 사람이 있더라도 그런 비난은 (흑인 아이를 만화에 포함시킴으로써 일어날) 긍정적인 결과를 위한 작은 대가라고 말씀드리고 싶습니다.

현재 미국에서는 인종 간의 증오가 끊임없이 묘사되고 있습니다. 따라서 <피너츠>에서 아이들이 그룹으로 등장할 때 흑인 아이 하나가 여분의 캐릭터[2]로 등장하기만 해도 두 가지 중요한 역할을 할 수 있을 것 같습니다. 첫째, 제 아이들이 미국이라는 나라에서 자신들이 묘사되는 방식을 보는 것에 대한 저의 근심을 덜어줄 것이고, 둘째, 일상적인 풍경에서 인종 간의 우호적인 태도를 캐주얼하게 전달할 것입니다.

제가 흑인 아이의 캐릭터가 굳이 여분의 캐릭터로 등장하기를 바라는 이유는 이렇습니다. 아이들이 모여 있는 장면에 흑인 아이가 끼어 있게 되면 훗날 흑인 아이가 주요 인물로 등장하는 날이 온다 해도 이를 조용히, 드러나지 않게 준비할 수 있을 것입니다.

미국에서 흑인이 여분의 캐릭터로 등장할 때는 대개 교도소 같은 불행한 상황에 있는 것으로 묘사됩니다. 흑인들이 평범하게 생활하고 사랑하고 걱정하고 호텔이나

CHARLES M. SCHULZ
2162 COFFEE LANE
SEBASTOPOL, CALIFORNIA 95472

July 1, 1968

Harriet Glukman
4933 Wortser Ave.
Sherman Oaks, Calif. 91403

Dear Mrs. Glukman:

You will be pleased to know that I have taken the first step in doing something about presenting a Negro child in the comic strip during the week of July 29.

I have drawn an episode which I think will please you.

Kindest regards.

Sincerely yours,

Charles M. Schulz

1968년 7월, 프랭클린이 최초로 <피너츠>에 등장하는 장면을 오른쪽 QR에서 볼 수 있다.

회사 건물의 로비에 들어가는 모습, 뉴욕 시내를 돌아다니는 풍경은 보여주지 않습니다. 영화와 TV, 잡지, 만화 같은 업계에서 이렇게 묘사하는 습관은 교활하고 부정적인 결과를 낳습니다.

이렇게 흑인들의 의견을 직접 들은 슐츠는 생각을 바꾸고는 7월 1일에 해리엇 글릭먼에게 아래와 같은 편지를 보낸다.

친애하는 글릭먼 씨,
기뻐하실 소식이 있습니다. 7월 29일에 나올 만화에서 만화에 흑인 아이를 등장시키는 문제와 관련해 제가 첫 걸음을 내딛게 되었습니다.
제가 그린 에피소드를 보시면 기쁘실 겁니다.

흑인은 수영을 하지 못한다

그렇게 해서 1968년 7월 마지막 주에 흑인 아이 프랭클린 암스트롱(Franklin Armstrong)이 데뷔하게 된다. 주인공 찰리가 바다를 멍하니 바라보고 있는데 낯선 흑인 아이가 비치볼을 들고 "이 비치볼이 네 거냐"라고 묻는다. 찰리가 고맙다고 하자 흑인 아이는 "수영을 하고 있는데 이게 떠다니기에" 가져 왔다고 말한다. 찰리는 자기 동생이 칠칠치 못하게 공을 바다에 던졌다고 말한다.

흑인 아이는 찰리와 함께 해변을 걷다가 찰리가 만든 모래성을 보고 "모래성을 만들고 있었구나"라면서 "근데 모양이 좀 이상하네"라고 한다. 그 말에 찰리는 "흠, 그런 것 같네. 내가 우리 동네에서 일처리 똑바로 하는 걸로 유명한 편은 아니야"라고 대답한다(찰리 브라운이 평소 어떤 캐릭터인지 아는 독자라면 이 마지막 말이 웃음 포인트임을 알 것이다).

여기에서 눈여겨봐야 할 부분이 몇 가지 있다. 우선 이 장면에서 웃음의 소재가 되는 것은 흑인 아이 프랭클린이 아니라 항상 하는 일이 어설픈 찰리 브라운이다. 프랭클린은 칠칠치 못한 찰리의 동생과 엉성한 손재주를 가진 찰리를 보여주기 위한 조연이자 관찰자로 등장한다. 앞에서 소개한 편지에서 흑인 아빠가 "아이들의 그룹 장면에 흑인 아이를 하나만 끼워달라"고 부탁한 것보다 훨씬 더 중요하게 프랭클린은 네 개의 말풍선을 배정받지만 웃음거리가 되는 것은 찰리 브라운이다. 대수롭지 않아 보이지만 이게 중요한 이유는 미국에는 흑인을 우스꽝스럽게 묘사해서 코미디의 소재로 삼아온 오랜 역사가 있기 때문이다. 백인 코미디언이 얼굴을 검게 칠하고 등장하는 민스트럴(minstrel) 쇼가 있었다. 디즈니 만화와 일반 극영화에도 자주 등장했던 설정이다. 한국에도 그림동화로 번역된 《꼬마 검둥이 삼보》 같은 작품 이 흑인 아이를 웃음거리로 생각해온 인종주의 전통의 산물이다. 슐츠는 흑인 캐릭터 프랭클린이 등장하는 첫 에피소드에서 이런 관습을 따르지 않겠다고 선언한 것이다.

좀 더 미묘한 방법으로 전달된 메시지도 있다. 하나는 이 둘이 만난 장소가 해수욕장이라는 사실이다. 당시 미국에서는 흑인이 백인과 함께 수영장을 사용하는 문제로 갈등이 많았다. 백인들이 흑인과 같은 물에 들어가는 것을 거부하면서 공공 수영장을 이용하려는 흑인들을 폭행하는 것이 첨예한 사회문제가 되기도 했다. 슐츠가 만약 두 아이가 만나는 장소를 동네 수영장으로 설정했다면 당시 대립하고 있던 문제를 직접적으로 언급할 뿐만 아니라 한쪽 편을 드는 것으로 여겨졌을 것이고 이는 갈등의 증폭으로 이어졌을 가능성이 높다. 하지만 슐츠는 함께 물에 들어갈 수 있음을 보여주면서도 장소를 해수욕장으로 만들어 논쟁을 피했다.

이런 슐츠의 결정을 두고 비겁하게 우회하는 행동이라고 비판할 수도 있다. 틀린 말은 아니다. 하지만 슐츠는 뜨거운 논쟁점을 살짝 피함으로써 오히려 더 큰 긍정적인 결과를 얻을 수 있었다. 바로 백인 독자들의 거부감을 일으키지 않고 인종 갈등 극복의 메시지를 무의식적으로 아이들에게 전달한 것이다. 슐츠는 자기에게 편지를 보낸 흑인 아빠가 "조용히, 드러나지 않게" 평등한 미래를 준비해달라고 했던 말을 잘 따랐던 것으로 보인다.

다른 하나는 두 번째 장면에서 "내가 저기서 수영하고 있었는데"라는 프랭클린의 말에 담긴 의미다.

미국에는 '흑인은 수영을 하지 못한다'는 오래된 편견이 존재한다. 하지만 이는 단순한 편견이 아니다. 실제로 매해 미국에서

'흑인은 수영을 하지 못한다'는 편견에는 오랜 인종차별의 역사가 있다.

PRIVATE POOL
MEMBERS ONLY

익사 사고로 숨지는 아이들의 숫자는 흑인이 백인의 세 배에 달한다. 여기에는 인종차별의 역사가 있다. 앞서 말한 것처럼 공공 수영장에 흑인이 입장하는 것이 금지된 데다 흑인 동네는 수영장이 없고 바닷가에서 멀었다. 그렇다고 흑인들이 바닷가로 휴가를 갈 만한 경제적 여유가 있었던 것도 아니었다. 거기에 더해 대중문화는 흑인이 수영을 못하는 것을 당연한 것처럼 묘사했다. 이는 미국인들의 사고에 뿌리 깊게 남아 심지어 흑인은 물에 잘 뜨지 않는다는 속설까지 생겼다.

그런데 찰스 슐츠가 그린 흑인 아이 프랭클린은 첫 장면에서부터 "내가 저기서 수영하고 있었는데"라고 말한다. 흑인과 백인이 같이 물에 들어갈 수 있을 뿐만 아니라 흑인 아이도 수영할 수 있음을 자연스럽게 이야기한 것이다. 해리엇 글릭먼이 슐츠에게 처음 보낸 편지에서 "아이들의 무의식적인 태도를 형성"하도록 도와달라고 했던 부탁에 슐츠가 얼마나 성의있게 응했는지 볼 수 있다.

이런 슐츠의 세밀한 설계는 프랭클린이 등장한 두 번째, 세 번째 편(strip)에도 등장한다(이 세 편은 3주에 걸쳐 게재되었겠지만 하나의 에피소드를 구성한다). 먼저 두 번째 편을 보면, 찰리는 프랭클린에게 가족이 모두 함께 해변에 온 것이냐고 묻는다. 그러자 프랭클린은 그렇지는 않고 "우리 아빠는 베트남에 있다"라고 한다.

이 만화가 나온 1968년은 베트남전쟁이 진행 중이던 때다. 그 말을 들은 찰리 브라운은 "우리 아빠는 이발사인데, 우리 아빠도 전쟁에서 싸웠다"라면서 그게 정확하게 무슨 전쟁인지는 모른다고 한다. 이어 프랭클린은 찰리에게 야구를 같이하지 않겠냐고 묻는다. 찰리가 "야구를 너무 좋아하는 게 나의 문제"라고 하자 프랭클린은 "너 야구 잘하니?"라고 다시 묻는다. 그 뒤에 찰리가 하는 말이 펀치라인이다. "내 친구들 중에는 그 문제로 패널 토론을 해야 한다고 생각하는 애들이 있어." 찰리 브라운의 어설픈 운동 실력이 또 한 번 웃음의 소재가 되는 것이다. 사람들은 이 두 번째 편의 대화를 특히 높게 평가한다. 두 아이는 아빠가 모두 참전했다는 공통점을 갖고 있다. 피부색만 다를 뿐 서로 다르지 않다는 메시지다. 게다가 흑인인 아버지가 나라를 위해 전쟁터에서 싸우고 있다는 사실은 흑인들도 같은 국방의 의무를 다하고 있다는, 슐츠의 사회적인 코멘트였다.

세 번째 편에서는 모래성을 제대로 만들지 못하는 찰리가 프랭클린의 도움을 받아 크고 훌륭한 성을 만든다. 흑인을 사회에 도움이 되지 않는 존재나 범죄자로 묘사하던 당시 콘텐츠를 생각해보면 이 한 장면이 지닌 의미를 쉽게 알 수 있다. 게다가 이 만화를 보는 아이들은 서로 다른 인종이 함께 노력하면 더 나은 사회를 만들 수 있다는 암묵적인 메시지를 듣게 된다. 하지만 찰리가 멋진 모래성을 감상하는 동안 프랭클린의 엄마가 프랭클린을 부른다. 새로 사귄 친구가 그렇게 해변을 떠나는 것을 본 찰리는 "너 언제 우리 집에 와서 자고 갈 수 있냐고 너희 엄마에게 물어봐!"라고 소리 높여 말한다. 그리고 같이 야구도 하고 모래성도 만들자고. 그때 찰리의 여동생이 와서 "오빠 비치볼이 또 (바다에

통계상으로 1957년부터 1973년까지 약 30만 명의 흑인이 베트남에 파병되었는데, 이는 베트남 총 파병 병력의 9~10%를 차지했다.

빠져서) 하와이로 가고 있다"고 알려주고 찰리는 〈피너츠〉 만화를 대표하는 유명한 대사 "Oh, good grief(오, 맙소사)"를 하면서 만화가 끝난다.

슐츠가 1968년부터 넣기 시작한 프랭클린을 두고 '토큰 블랙(token black, 대부분 백인인 등장인물들 사이에 형식적으로 넣은 흑인 조연 캐릭터)'이라고 비판할 수도 있다. 프랭클린은 토큰 블랙이 맞다. 어쩌면 프랭클린은 토큰 블랙의 원형일 수도 있다. 주요 인물에서 빠져 있고, 평면적인 캐릭터다. 주요 인물들은 전부 웃음거리가 되는 이 만화에서 슐츠는 프랭클린을 농담의 소재로 삼는 모험을 하는 대신 평범한 조연을 맡겼다. 하지만 우리는 슐츠의 결정을 무조건적으로 비난하기 힘들다. 프랭클린이 어떻게 탄생하게 되었는지를 안다면 이는 (훗날 많은 영화에 등장하는 토큰 블랙 캐릭터들처럼) 성의 없는 립서비스의 결과가 아니라 작가가 이 문제를 두고 고민해온 시민의 제안을 진지하게 받아들이고 흑인 부모의 호소에 귀를 기울인 결과임을 알 수 있기 때문이다.

〈피너츠〉 콘텐츠를 관리하는 피너츠 월드와이드는 2022년부터 '암스트롱 프로젝트(The Armstrong Project)'를 실시한다고 밝혔다. 흑인 학생들이 많이 입학하는 것으로 유명한 하워드 대학교(미국 부통령 카말라 해리스의 모교이기도 하다)와 햄튼 대학교에 각각 10만 달러를 기부해 애니메이션과 영화, TV업계에서 일하려는 학생들에게 인턴십 기회와 멘토링을 제공하는 프로젝트인데, 여기에 〈피너츠〉의 프랭클린 암스트롱 캐릭터의 이름을 붙인 것이다.

사회의 변화는 한 사람의 힘으로 만들어지지 않는다. 하지만 특별한 한 사람이 없으면 일어나기 힘들었을 변화도 있다.

지난 몇 년 사이 한국에서는 장애인 이동권과 관련해 상당한 개선이 있었다. 적어도 서울에서는 저상 버스가 증가하고 있고 지하철 역사에서 휠체어를 타고 이동할 수 있는 엘리베이터도 많아졌다. 그에 비하면 미국은 가령 대도시인 뉴욕을 기준으로도 저상 버스를 찾기 힘들고 휠체어를 타고 이용할 수 있는 지하철역은 아주 제한적이다. 두 사회 모두 장애인 이동권과 관련해 갈 길이 먼 게 사실이지만 이 문제에 접근하는 방식에는 분명한 차이가 있다. 미국에서는 경사로를 비롯해 법으로 정해진 장애인 접근 편의시설이 갖춰지지 않은 매장이나 건물주를 고소하는 경우가 흔하다. 물론 소송이 문제 해결의 가장 좋은 방법은 아니다. 하지만 불법이 아니라면 건물주가 얼마든지 저항하고 버틸 수 있는 사회에서 최후의 무기가 되어주는 것은 역시 소송이다.

미국에서 새로 지어지는 공공 건물이 한국에서 보는 것보다 넓고 편한 접근용 설비를 갖추게 된 배경에는 '미국장애인법(ADA, Americans with Disabilities Act)'이라는 무서운 법적 근거가 있다. 이 법은 흔히 생각하는 것처럼 오래된 법이 아니다. 그저 누군가가 목소리를 높이고, 누군가가 길을 막고 시위를 해서 얻어낸 결과물일 뿐이다. 그 사람이 바로 2023년 75세를 일기로 세상을 떠난 주디 휴먼(Judy Heumann)이다.

1947년 주디 휴먼은 독일에서 이주한 유대계 이민자 가정에서 태어나 18개월 때 소아마비를 앓고 평생 휠체어를 사용하게 되었다. 그는 휠체어를 자기 몸의 일부로 여겼고 그걸 비극이라고 생각하지 않았다. 그가 남긴 유명한 말이 있다. "장애는 사회가 장애인들이 살 수 있는 환경을 제공하는 데 실패할 때만 비극이 된다"는 것이다. 이 말은 주디 휴먼이 평생 이루려 했던 것을 요약하는 말이기도 하다.

장애를 보는 이런 시각은 어린 시절 부모에게 물려받았던 것 같다. 그의 부모는 주디가 태어난 필라델피아에서 뉴욕 브루클린으로 이사한 다음 주디를 다른 아이들과 똑같이 공립학교에 입학시키려 했다. 하지만 1950년대에는 전동휠체어는 물론이고 경사로도 존재하지 않았기 때문에 주디의 어머니는 휠체어를 계단 위로 밀고 올라가야 했다. 하지만 교장은 화재가 날 경우 휠체어가 대피에 방해가 된다는 이유로 주디의 입학을 거부하고는 대신 일주일에 두 번 한 시간씩 방문 교사를 보내 학업을 봐주게 했다. 하지만 그게 정규 교육을 대신할 수는 없었다. 그의 어머니는 뉴욕 교육청을 상대로 3년을 싸운 끝에 4학년부터 장애인을 위한 특별 학교에 다닐 수 있게 되었다. 하지만 이번에도 조건이 붙었다. 그 학교에서는 고등학교 교육을 제공할 수 없으니, 주디가 고등학생이 되면 다시 홈스쿨링을 해야 한다는 것이었다. 어머니는 이 정책을 바꾸기 위해 다시 싸움을 시작했고 결국 승리해서 1961년에 딸을 정식 고등학교에 입학시킨다.

그렇게 해서 고등학교를 마치고 대학에 진학한 주디 휴먼은 언어치료 교사가 되기 위해 공부했지만 교사 자격증을 받지 못했다. 이번에도 '화재 위험'이 이유로 등장했다. "건물에 화재가 날 경우 휠체어를 탄 교사는 학생들을 대피시키지 못한다"라는 것이었다. 휴먼은 이 결정에 반발해 뉴욕시 교육청을 상대로 소송을 냈다. 그때 휴먼에게 힘이 되었던 것은 역시 어머니의 가르침이었다고 한다. 이 싸움은 당시 신문에 "소아마비에 걸렸던 사람이 대통령은 될 수 있지만 교사는 될 수 없다니(You Can Be President, Not Teacher, with Polio)"라는 제목으로 소개되기도 했다. 여기에서 말하는 대통령은 휠체어를 타고 미국의 대통령직을 수행한 프랭클린 D. 루스벨트다. 뉴욕시 교육청과 싸우던 휴먼은 이런 말을 했다. "가식적인 사회가 우리 장애인들에게 생색내기로 교육의 기회를 준 다음에는 묻어버리려는 것을 용납하지 않겠다." 교육을 받는 이유는 사회의 구성원으로 당당하게 살 기회를 얻기 위함이고, 그러려면 직업을 가져야 하는데, 교육만 허용하고 (휠체어를 탄 여성이 할 수 있는 몇 안 되는 직업 중 하나인) 언어치료 교사가 되는 것조차 막는다면 장애인에게 주어지는 교육의 기회는 그야말로 생색내기라는 것이다.

휴먼이 공립학교에서 교육을 받을 수 있었던 것도 싸워서 얻어낸 기회이기 때문에 '어차피 다른 사람들처럼 취업할 수 없을

THE NEW YORK TIMES, WEDNESDAY, MAY 27, 1970

Woman in Wheel Chair Sues to Become Teacher

By ANDREW H. MALCOLM

Judy Heumann, a 22-year-old polio victim, filed suit in Federal District Court yesterday for the right to become the city's first teacher in a wheel chair.

Miss Heumann, who has passed the oral and written examinations required for a teacher's license here, charged that the Board of Education's refusal to give her a license discriminated against her because she was physically handicapped.

Her lawyers said the case was the first such civil rights suit ever filed in a Federal court. They hope to make it a test case for a series of suits across the country guaranteeing equal job and education rights for the physically handicapped, whom her lawyer called "one of our forgotten minorities."

The suit names as defendants the Board of Education, its Board of Examiners and Acting Superintendent Irving Anker. It seeks a judgment that the examiners' procedures, which do not permit hearings or legal counsel, are unconstitutional and that Miss Heumann be granted a license and $75,000 in damages.

Miss Heumann, an honors graduate of Long Island University, said that in February the Board of Examiners notified her that she had failed the physical examination because of "paralysis of both lower extremities." On April 3 she filed an appeal but received no further word.

"I feel qualified to teach now," Miss Heumann said yesterday at a news conference at the Overseas Press Club, 54 West 40th Street, "and I don't want to wait."

The New York Times

Judy Heumann at session with Elias Schwarzbart, lawyer

Pleads for Time

She currently teaches remedial reading for the State Division of Youth, which does not require a license. She lives in her own apartment at 175 Willoughby Street in downtown Brooklyn.

Dr. Jay Greene, chairman of the Board of Examiners, said yesterday that Miss Heumann's appeal was "under active consideration," but that such basic studies took time.

Dr. Theodore H. Lang, deputy superintendent of schools, said Miss Heumann's case had prompted a thorough review of policy regarding employment of the physically handicapped in the city's schools. This is to be completed within about two weeks, he said. Miss Heumann's case is being delayed pending the results, he added.

It was understood that the study has included the possibility of issuing special licenses to handicapped persons.

The United Federation of Teachers is supporting Miss Heumann, and Mayor Lindsay is known to have written the Board of Examiners recently urging "a thoughtful and compassionate review" of the case.

Members of both the Board of Education and the Board of Examiners expressed sympathy for Miss Heumann's case yesterday, but said they also had to assure the safety of pupils, such as during fire emergencies.

Electric Wheel Chair

Miss Heumann uses an electric wheel chair that, she said, enables her to move faster than those walking normally.

One of her lawyers, Roy Lucas of the James Madison Constitutional Law Institute, said the case was "part of the very substantial civil rights movement of recent years." He mentioned, as one example, the recent employment by the city of several blind teachers.

Mr. Lucas said future suits would challenge unequal educational and service facilities for the physically handicapped around the country as well as discrimination in hiring.

휴먼이 뉴욕시 교육청을 상대로 소송하던 1970년 신문 기사

것을 아는 장애인이 왜 굳이 교육을 받겠다고 고집을 피웠냐?'라고 나무랄 사람도 있었을지 모른다. 하지만 권리는 '하나를 얻어냈으니 당분간 입을 다물고 있는' 식으로 얻어지지 않는다. 휴먼은 울분에 찬 얼굴로 이런 말을 했다. "저는 휠체어를 타고 화장실에 갈 수 있게 된 것에 계속 감사해야 하는 데 지쳤습니다. 남들이 다 누리는 이런 당연한 권리에 우리가 감사해야 한다면 우리가 과연 동등한 존재인가요?" 휴먼의 말이 틀렸다고 말할 사람이 있을까?

무엇보다 뉴욕 교육청의 주장은 변화를 꺼리는 집단이 들고 나오는 전형적인 핑계였다. 주디 휴먼이라는 교사 한 명을 채용하기 위해 바꿔야 할 게 많다면 그냥 그 한 명을 무시하는 게 훨씬 편리하기 때문이다. 하지만 이런 사람들은 두 가지를 알지 못했다. 하나는 주디 휴먼 한 사람을 위해서 건물과 법규를 바꾸는 게 아니라 이런 제도적 장벽 때문에 아예 엄두도 내지 못하는 아주 많은 사람을 위해 바꿔야 한다는 것이고, 다른 하나는 이 문제를 제기한 주디 휴먼이 평범한 사람이 아니라는 사실이다.

캠프 제네드에 모인 사람들

주디 휴먼에게 장애인에게도 똑같은 권리가 있음을 깨우쳐준 사람은 그의 어머니였지만 휴먼에게 장애인들과 함께 권리를 위해서 싸워야겠다는 목적의식과 방법을 일깨워준 것은 그가 20대 초반에 카운슬러(캠프 지도교사)로 참여했던 한 여름 캠프였다.

여름방학이 아주 긴 미국에서는 부모가 아이를 여름 캠프에 몇 주씩 보내는 일이 흔하다. 하지만 여름 캠프는 야외 활동 위주로 진행되기 때문에 당시만 해도 장애가 있는 아이들은 그렇지 않은 아이들과 함께 캠프에 참여하는 것을 상상하지 못했다. 그런데 1960~70년대 미국의 분위기는 대안 문화와 히피 문화가 꽃을 피우면서 각종 실험적인 시도가 많았고 장애인들만 참여하는 여름 캠프를 계획한 사람들도 있었다. 뉴욕시에서 북쪽으로 약 세 시간 가까이 떨어진 산속에 있던 캠프 제네드(Camp Jened)가 그런 곳이었다. 2020년 넷플릭스에 올라온 다큐멘터리 〈크립 캠프: 장애는 없다(Crip Camp)〉의 전반부는 사회생활을 하지 못하고 집에만 갇혀 지내던 1970년대 초 10대 장애인들(이들 중에는 시설에 수용되어 있던 아이도 있었다)이 처음 참여한 여름 캠프에서 얼마나 큰 해방감을 느꼈는지 잘 보여준다. 다른 캠프와 마찬가지로 함께 수영이나 야구 같은 체육 활동도 하고 마음에 드는 아이를 만나 사랑에 빠지기도 했다. 모두들 난생처음 경험하는 해방감이었고 훗날 자신의 인생을 바꾸게 될 경험이었다고 한다.

이 다큐멘터리는 1971년 당시에 찍은 흑백 자료 화면을 통해 크립 캠프의 분위기를 자세히 설명하다가 휠체어에 탄 캠프 카운슬러 한 사람에게 주목한다. 유난히 또랑또랑한 목소리로 아이들에게 다음 날 하게 될 활동을 설명하면서 식사 메뉴를 묻는 이 카

이 장면에서 '이 사람은 사람들을 챙기고 끌고 나가는 소질이 있구나' 하고 느끼게 된다.

운슬러가 바로 23세의 주디 휴먼이다. 이 캠프는 이후 몇 년 동안 지속되었고 사람들은 그렇게 여름마다 같은 캠프에 참여하면서 친구가 되었다. 그런데 당시 대통령이었던 리처드 닉슨(Richard Nixon)은 1973년에 재활법(Rehabilitation Act)이라는 중요한 법에 서명한다. 각종 장애가 있는 사람들의 재활과 취업훈련 지원, 적극적 우대 조치(affirmative action) 등을 골자로 하는 이 법안에는 504조라는 일종의 인권 조항이 포함되어 있었다. "자격을 갖춘 사람이 단지 장애를 갖고 있다는 이유만으로 차별받아서는 안 된다"는 이 조항은 1960년대 미국의 인종차별을 철폐하는 공민법(Civil Rights Act)에 사용된 표현을 가져온 것이다. 이 504조를 제대로 지키려면 적어도 연방정부의 지원을 받는 기관들에서는 장애인의 접근성을 보장해야 했다. 미국 정부는 이렇게 예산을 무기로 변화를 이끌어내는 경우가 많다.

하지만 이렇게 좋은 법이 통과되었어도 (한국에서 장애인 접근성 운동을 하는 사람들이 마주하게 되는 것과 똑같은) 반대와 저지에 부딪히게 된다. 수많은 건물과 시설물에 장애인이 접근할 수 있게 하려면 엄청난 예산이 들어간다면서 504조의 발효를 주저한 것이다. 504조가 효력을 갖기 위해서는 당시 미국의 보건교육복지부 장관이 서명을 해야 했다. 그런데 여러 이익단체의 반대에 부딪힌 장관이 서명하지 않고 묵혀두기로 했던 것이다. 그렇게 무려 4년 동안 아무도 거들떠보지 않는 가운데 1977년이 되었다. 주디 휴먼과 장애인들은 자신이 직접 움직이지 않으면 아무런 일도 일어나지 않을 것임을 깨닫고는 대대적인 점거 농성을 준비한다. 이들의 행동은 미국 현대사에 남는 가장 중요한 사건 중 하나가 된다.

샌프란시스코의 점거 농성

주디 휴먼은 젊은 시절에 했던 한 인터뷰에서 이런 말을 했다. "나는 전 세계에서 분노한 장애인들이 들고일어서는 것을 보고 싶다. 이들이 '안 된다'라는 대답을 들으면 '왜 안 되느냐'라고 따지는 것을 보고 싶다." 점거 농성 사건이 일어나기 전까지 그는 장애인들과 함께 캘리포니아주 샌프란시스코 인근 버클리에 독립생활센터를 만들어서 장애인들이 가족에게 의존하거나 시설에 들어가지 않고 서로 모여 독립적인 생활을 하도록 돕고 있었다. 캘리포니아 지역의 장애인들만 합류한 것이 아니었다. 과거 뉴욕주 캠프 제네드에서 휴먼과 함께 몇 차례 여름을 보냈던 장애인들이 여기 모여들어서 함께 생활하고 있었다. 휴먼이 잠자고 있는 504조에 서명하도록 단체행동을 준비할 때 그와 함께하기로 한 150명의 장애인들은 그렇게 캘리포니아에 모인 사람들이었다.

"504조에 서명하라"는 운동은 미국의 여러 주요 도시에서 연방정부 건물을 점거 농성하는 것으로 발전했다. 하지만 하루를 넘기면 점거 농성은 끝났다. 주디 휴먼이 주도한 샌프란시스코만

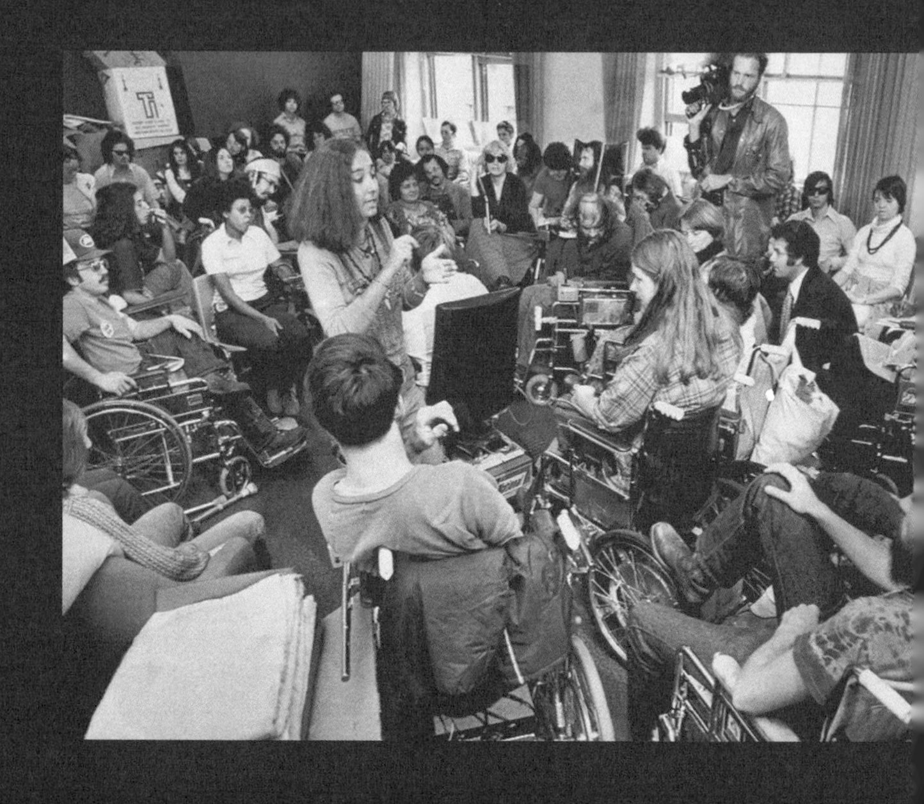

샌프란시스코 연방정부 건물에서 벌인 점거 농성 장면

“사람들은 자신이
변화를 만드는 데 참여했다고
느껴야 합니다.
그렇지 않으면
오래 남아 있지 않습니다.”

예외였다. 샌프란시스코라는 도시의 진보적인 성격상 이 시위를 응원하는 시민들이 많은 데다 진보 시장으로 유명한 조지 모스콘(George Moscone)까지 이를 지지하는 등 분위기는 긍정적이었지만 제대로 몸을 가누지 못하는 장애인들이 포함된 큰 그룹이 열흘 넘게 사무실 건물에서 나오지 않고 생활하기란 쉬운 일이 아니었다. 당시 모습을 촬영한 영상을 보면 29세의 휴먼이 휠체어를 타고 돌아다니며 사람들을 챙기는 모습을 볼 수 있다. "바닥에서 잠을 잘 수 없는 분들이 몇 분이냐"고 묻는 휴먼을 보면 그보다 6년 전 여름 캠프에서의 모습과 전혀 다르지 않다. 실제로 당시 농성에 참여했던 사람은 "우리가 캠프에서 했던 거랑 똑같았다"고 당시 분위기를 설명한다.

애초에 점거가 길어질 것을 모르고 시작한 시위라서 칫솔 같은 기본적인 물품도 없었기 때문에 이를 조달해야 했고 대외 연락과 음식을 담당할 사람도 필요했다. 휴먼은 캠프 제네드에서처럼 팀을 만들어 담당자를 배정하고 장기전에 돌입했다. 하지만 휴먼은 시위대의 편의만 꼼꼼하게 챙긴 것이 아니었다. 모든 시위의 핵심은 단결에 있다. 샤워도 못 하고 불편한 몸으로 농성을 하는 것은 그 자체만으로도 힘들지만 더욱 힘든 것은 얼마나 오래 시위를 해야 하는지 모른다는 것이다. 4년 동안 꼼짝도 하지 않은 연방정부가 대륙 반대편에 있는 한 도시에서 장애인들이 점거 농성을 벌인다고 해서 과연 움직일까? 이런 불안감은 시위를 포기하고 농성장을 떠나게 만들 수밖에 없다.

휴먼은 모든 사람에게 발언할 기회가 돌아가야 한다고 강조했고 수어 통역사 없이는 회의를 시작하지 않았다. 그는 훗날 이렇게 설명했다. "사람들은 자신이 변화를 만드는 데 참여했다고 느껴야 합니다. 그렇지 않으면 오래 남아 있지 않습니다." 이 단순한 원칙을 지키지 않아서 실패한 사회운동이 얼마나 많을까. 휴먼은 더 이상 버티기 힘들어하는 사람들을 하나씩 만나서 "하루만, 딱 하루만 더 있어줄 수 있어요?"라고 사정하며 단결을 유지했다. 시위 참가자들은 "주디가 실망할까 두려워서" 자리를 떠날 수 없었다고 했다.

미국 정부의 굴복

다큐멘터리에 이런 말이 나온다. "세상은 우리가 죽어 없어졌으면 하고 바랍니다. 장애가 있는 사람들은 매일 그 사실을 깨닫습니다. 세상 사람들은 우리가 주변에서 사라져버리길 원해요." 504조를 통과시킨 미국의 정치인과 공무원들도 그랬을 것이다. 장애인들이 시끄럽게 목소리를 높이지 말고 조용히 숨어 지냈으면 했던 것 같다. 그래서 4년을 도망 다녔는데도 주디 휴먼이 나타나 그들을 붙잡은 것이다. 휴먼은 시위대에게 "우리가 시위하는 이곳에서 정부를 대상으로 청문회를 열자"고 했고 그의 생각은 어느 정도 현실이 되었다. 의원 두 사람이 찾아와서 그들의 요구 사항을 들은 것이다.

하지만 서명을 해야 하는 당사자인 장관은 직접 오지 않고 대변인을 보내어 타협안을 제시했다. 모든 학교에 장애인 접근 시설을 설치하는 것은 무리니, 학군마다 장애인 접근 시설을 갖춘 학교를 하나씩 지정하는 식으로 합의를 보자는 것이었다. 칼리파노 장관이 서명하지 않고 버틴 이유는 각 학군과 대학교, 심지어 병원들까지 나서서 장애인을 위한 설비 개선에 반대하는 로비를 했기 때문이다. 시위대는 그 타협안에 분노했다. 이른바 '분리 평등(separate but equal)'이라는 과거 미국의 인종분리 정책을 장애인들에게 적용하려는 시도였기 때문이다. 이에 분노한 휴먼이 장관 대변인에게 떨리는 목소리로 한 말이 유명하다. "당신들이 '분리 평등' 얘기를 꺼낼 때마다 미국에 사는 장애인들은 분노합니다. 그 분노는 계속될 것이고 불이 붙을 겁니다. 당신들이 우리의 입장을 이해하기 시작할 때까지 앞으로 더 많은 점거 농성이 있을 것입니다. 우리는 정부가 장애인들을 탄압하게 놔두지 않을 것입니다. 우리는 법이 강제 적용되기를 바랍니다. 우리는 분리를 원하지 않습니다. 우리는 분리 정책을 논의하는 것을 거부합니다." 여기까지 말했을 때 대변인이 공감하는 척 고개를 끄덕이자 휴먼은 울먹이며 이렇게 말한다. "그리고 우리가 하는 말을 이해하지 못하면서 동의하는 척 고개를 끄덕거리는 것 좀 그만하셨으면 합니다."(당시 현장을 담은 영상은 290쪽 QR에서 볼 수 있다.)

미국 정부가 그동안 이렇게 들어주는 척하고 무시할 수 있었던 것은 장애인의 목소리에 대중이 별 관심이 없었기 때문이다. 주변에 있는 장애인들은 집 밖으로 나오지 않거나 시설에 수용되어 있으니 별로 볼 일이 없고, 눈에 보이는 장애인들은 자기주장을 하지 않으니 세상에 장애인은 얼마 되지 않는다는 착시현상이 일어난다. 그런 이유로 주디 휴먼은 장애인으로서 장애인들의 목소리를 대변해 그들의 존재와 권리를 큰 소리로 알리는 일을 시작한 것이다. 그는 샌프란시스코에서 점거 농성을 하기 5년 전인 1972년에는 다른 장애인들과 뉴욕시 한복판에서 도로를 점거하고 시위를 벌여 교통을 마비시키기도 했다. 장애인들에 의한 도로 점거 시위로는 미국 역사상 최초였다.

미국 정부가 이번에도 장애인들의 말에 공감하는 척하면서 서명하기를 거부하자 이런 식으로는 정부가 움직이지 않는다고 결정한 주디 휴먼과 동료 시위대는 시위 시작 15일째 되는 날에 비행기를 타고 연방정부가 있는 워싱턴 D.C.로 날아간다. 그리고 그곳에서 칼리파노 장관의 집 앞에서 밤샘 시위를 하고, 일요일에는 카터 대통령이 가족과 함께 가는 교회 앞으로 찾아가서 시위를 벌이며, 끈질기게 투쟁했다. 한국도 마찬가지지만 수도에서 크고 작은 시위는 항상 일어난다. 모두 절박한 사람들이 벌이는 시위들이지만 대부분은 국민의 관심 밖에 있다. 그렇게 국민이 관심을 가지지 않으면 정치인들은 움직이지 않는다. 주디 휴먼의 시위도 그런 많은 시위 중 하나였기에 언론은 관심을 보이지 않았다. 유일하게 이 시위를 보도한 곳은 ABC방송의 샌프란

"우리가 하는 말을 이해하지 못하면서 동의하는 척 고개를 끄덕거리는 것 좀 그만하셨으면 합니다."

시스코 지국 하나였고, 그것도 에반 화이트(Evan White)라는 기자 한 사람만 이들을 열심히 취재했을 뿐이다.

그런데 뜻하지 않은 행운이 찾아왔다. 화이트 기자가 워싱턴까지 시위대를 따라와 자신의 방송국인 샌프란시코 ABC에 방송하려고 했는데 그때 마침 뉴욕의 ABC 본국에서 파업이 발생한 것이다. 그때까지 주디 휴먼이 이끄는 시위 뉴스는 샌프란시스코에서나 관심을 갖는, 말하자면 '지방 뉴스'에 불과했다. 그런데 본국에서 파업 때문에 전국 뉴스용 기사가 부족해지자 어쩔 수 없이 화이트 기자가 취재한 내용을 전국 뉴스로 내보낸 것이다. 그때까지 휴먼의 시위를 샌프란시스코에서 일어난 작은 말썽 정도로 생각하던 미국 정부는 깜짝 놀랐고 방송을 본 미국인의 여론이 움직이기 시작했다. 결국 칼리파노 장관은 504조에 서명할 수밖에 없었다. 시위가 시작된 지 24일째 되는 날이었다.

물론 휴먼의 싸움은 그걸로 끝이 아니었다. 법이 강제성을 확보한 후에도 미국 사회의 저항은 이어졌고, 그로부터 3년 후에 취임한 로널드 레이건 대통령은 미국 사회의 보수화를 이끌면서 예산을 핑계로 504조의 효력을 약화시키려 했다. 무엇보다 504조를 강제할 수 있는 곳은 연방정부의 지원을 받는 조직과 단체뿐이라는 한계가 있었다. 휴먼이 싸움을 멈출 수 없었던 것은 당연하다. 그렇게 또 10년을 싸운 후인 1990년 미국 정부는 비로소 포괄적인 미국장애인법을 통과·발효한다. 연방정부의 지원을 받는 곳뿐 아니라 미국 어디서나 볼 수 있는 휠체어 경사로, 장애인용 화장실·엘리베이터 버튼 같은 시설이 비로소 생겨나기 시작한 것이다.

1970년대 캠프 제네드가 있었던 곳을 장애인들이 다시 찾는 다큐멘터리의 마지막 부분이 특히 감동적이다. 실화를 바탕으로 한 영화들처럼 다큐멘터리에 등장했던 인물이 언제 세상을 떠났는지 알려주는 자막을 보면서 눈물을 참을 수 있는 사람은 많지 않을 것이다. 이 세상에서 75년을 뜨겁게 살다가 친구들 곁으로 돌아간 주디 휴먼을 친구들이 반갑게 맞아주는 모습을 상상하면서 그들이 평생을 바쳐 이뤄내고 우리에게 남겨준 선물을 생각하게 된다. 우리는, 나는 다음 세대에게 어떤 선물을 남길 수 있을까.

재활법 504조에 서명하라는 운동을 하던 1970년대의 주디 휴먼

HUMAN RIGHTS
SIGN
504
ACCD

낯선 모습의 킹 목사

인종주의자에 반대하는 만화가는 왜 킹 목사를 폭력 시위를 주도하는 인물로 묘사했을까? 백인들이 킹 목사를 자신들에게 불편하지 않은 버전으로 바꿔놓은 역사.

요즘은 그 인기가 예전만 못하지만 20세기만 해도 한 칸짜리 시사만평은 신문마다 그날의 뉴스를 요약해주는 중요한 코너였다. 종이신문 구독자들은 신문을 손에 들면 으레 시사만평을 제일 먼저 찾아봤다. 시사만평은 단순히 뉴스를 요약하는 게 아니라 뉴스의 해석이고 그 매체가 특정 뉴스를 바라보는 시각을 함축적으로 보여주는 역할을 했다. 쉽게 말하자면 그림으로 보는 사설이다. 실제로 미국 신문에서는 시사만평을 'editorial cartoon', 즉 '사설 만화'라 부른다. '만평(漫評)'이라는 표현도 '만화로 하는 (뉴스) 비평'을 의미한다. 그런 의미에서 1967년 미국 신문에 등장한 만평(298쪽)은 이를 게재한 신문사가 당시 미국을 휩쓸고 있던 뉴스를 해석한 방식이다.

만평을 보면 우선 오래된 그림체라 지금은 낯선 묘사가 눈에 띈다. 가령 예전에는 죽은 사람을 그릴 때 눈에 ×자를 그려 넣는 일이 흔했다. 요즘 보기 힘든 이유는 시사만화에 죽은 사람을 그려 넣는 것 자체를 부담스럽게 생각해서이겠지만 코믹하게 ×자를 그려 넣는 것 또한 부적절하게 여겨질 것이 분명하기 때문이다. 그런데 이 만평에 이 같은 묘사가 대수롭지 않게 등장했다

마틴 루서 킹이 기자에게 “나는 내일도 비폭력 행진을 이끌 계획입니다”라고 말하고 있다.

는 사실은 당시의 문화 혹은 매체의 분위기를 보여주는 단서이기도 하다. 당시 그림에서 기자는 모자를 쓰고 펜과 노트 혹은 카메라를 든 남성으로 다소 진부하게 표현되었다. 대개 모자에는 'PRESS'라고 적힌 종이쪽지가 꽂혀 있었다.

아마도 원본은 사라진 듯하고 누군가 스크랩해서 보관 중이던 것을 찍은 사진으로 보인다. 그림에 등장하는 길거리는 큰 폭동이 휩쓸고 간 듯 차량과 건물은 파괴되어 불에 타고 있고, 사람들이 던진 것으로 보이는 깨진 병과 벽돌이 흩어져 있으며, 바닥에는 사람들이 쓰러져 있다. 그림 왼쪽에 등장하는 인물은 마틴 루서 킹 목사이고 오른쪽은 기자다. 킹 목사는 자기 말을 받아 적고 있는 기자에게 "저는 내일도 비폭력 행진을 이끌 계획입니다(I plan to lead another non-violent march tomorrow)"라고 말하고 있다. 그렇게 말하는 만화 속 킹 목사는 주변 상황, 즉 폭력 시위의 결과를 전혀 인식하지 못하거나 무시하는 것처럼 보인다. 기자는 손으로는 킹 목사의 말을 받아 적고 있지만 눈으로는 불에 타는 건물을 보고 있다. 이 만평을 게재한 신문은 "당신은 이걸 비폭력 시위라고 부르는 건가?"라는 질문을 하고 있는 것이다.

이 만평이 실린 신문은 앨라배마주 버밍햄에서 발행되는 〈버밍햄뉴스(The Birmingham News)〉. 만평이 전달하려는 메시지에 공감해 오려낸 것으로 보이는 독자가 그림 주변의 여백에 자기 생각을 손으로 적은 것을 보면 매체가 이 만화를 통해 말하려던 메시지는 완벽하게 전달된 것 같다. 그중 일부를 소개하면 다음과 같다.

“예수 그리스도의 복음을 전하는 목사라는 사람이 이렇게 기만적이고 위선적일 수 있는 건가? 비폭력을 구역질 나게 주장하지만 아무도 안 속는다.”

요즘 언론사의 기사 밑에 독자들이 남겨둔 댓글과 거의 차이가 없는 것처럼 느껴진다면 사실이다. 기술의 변화 속도가 아무리 빨라도 대중의 사고는 거의 변하지 않았다. 차이가 있다면 일반인이 이런 생각을 표현하기 위해서는 기껏해야 신문을 스크랩하고 거기에 끼적거리는 게 전부였다면 지금은 매체의 댓글과 소셜미디어를 통해 노출과 확산, 공유가 가능해졌다는 것이다. (만평 옆에 자신의 의견을 적은 독자는 이 부분을 오려내서 킹 목사에게 보냈고 킹 목사 측에서 이를 보관한 것으로 알려졌다.)

만평의 수수께끼

사람들에게 마틴 루서 킹 목사가 어떤 사람이냐고 물어보면 대개 이런 답을 들을 수 있다. “1960년대 미국에서 흑인 민권운동을 주도했고, 간디의 비폭력주의를 본받아 동시대 인물인 맬컴 엑스와는 달리 평화적인 방법으로 시위해서 미국 사회의 동의를 끌어냈으며, 그 공로로 노벨평화상을 받았지만, 그를 싫어한 백인 인종주의자에 의해 암살당했다." 특별히 틀린 내용은 없다.

하지만 이 설명은 그의 삶에서 많은 내용을 생략한, 말하자면 누구나 이해하기 쉽게 요점만을 요약한 '위인전 버전'이다. 특정인의 인생과 업적을 역사적인 맥락 속에서 입체적으로 파악하는 것은 시간과 노력이 들어가는 일이다. 따라서 역사에 특별히 관심 없는 대중은 이런 요약 버전을 읽고 기억한다.

그렇기 때문에 앞의 만평 같은 역사 자료가 등장하면 우리는 당황한다. 우리가 들어 알고 있는 내용만으로는 만평이 해석되지 않기 때문이다. 킹 목사는 비폭력주의로 노벨상을 받았는데 미국 언론은 그를 폭력 시위를 주도하는 인물로 묘사하고 있는 것이다. 이런 인지부조화가 생길 때 사람들은 이 간극을 메우기 위해 나름의 해석을 시도한다. 가령 나는 앞의 그림을 처음 봤을 때 '이 만평이 그려진 때는 킹 목사의 비폭력주의가 아직 미국인 대다수의 동의를 받지 않았을 때가 아닐까?'라고 생각했다.

하지만 연도를 확인해보니 그렇지 않았다. 그가 노벨평화상을 받은 것은 1964년이고 앞의 만평이 그려진 것은 1967년이다. 즉 만평이 나왔을 때는 미국인들은 물론 전 세계 사람들이 그의 주장을 알고 있었고 많이들 동의했던 시점이다. 그런데도 킹 목사를 비난하는 만평(지금의 미국에서는 상상하기 힘들다)이 그려졌다니 여전히 이해하기 힘들다. 따라서 그 간극을 메우기 위해 이런 생각을 하게 된다. '이 만화를 그린 사람이 노벨상까지 받은 킹 목사

를 지독하게 싫어하는 백인우월주의자가 아닐까?'

이 만평을 그린 만화가에 관해 알아보니 이번에도 내 추측은 빗나갔다. 만화가 찰스 브룩스(Charles Brooks)는 백인우월주의자와는 거리가 먼 인물이었다. 1940년대에 미국의 백인우월주의 폭력단체인 KKK에 반대하는 만화를 많이 그려서 신변의 위협을 받게 되자 미 연방수사국(FBI)이 보호해주었을 정도였다. 만평으로 드러나는 그의 정치적인 견해는 중도 성향이었고 백인우월주의에 반대한 것으로 보아 특별히 킹 목사를 증오한 사람은 아닌 게 분명하다.

위인전 버전의 마틴 루서 킹.

동시대 인물인 맬컴 엑스와 달리

평화적인 방법으로 시위해서

미국 사회의 동의를 끌어냈고

그 공로로 노벨평화상을 받았지만

그를 싫어한 백인 인종주의자에 의해 암살당했다.

1963년의 킹 목사. "나에게는 꿈이 있습니다"라는 연설을 했을 때의 모습이다.

그렇다면 브룩스는 왜 킹 목사를 폭력 시위의 주도자로 묘사하는 만평을, 그것도 1967년에 그렸을까? 이를 이해하기 위해서는 킹 목사의 변화, 아니 엄밀하게 말하면 킹 목사를 보는 대중의 시각 변화를 살펴볼 필요가 있다. 1967년 만평을 이해하는 열쇠가 여기에 있다.

킹 목사가 미국에서 흑인 인권운동의 리더 중 하나로 각인된 첫 계기는 1955년 앨라배마주 몽고메리에서 일어난 버스 보이콧 운동이었다. 이 도시에 살던 로자 파크스(Rosa Parks)가 백인에게 버스 앞자리를 양보하지 않다가 체포된 것을 계기로 일어난 운동으로 알려져 있지만, 사실 파크스의 거부와 뒤이은 체포 그리고 시위는 그 지역 민권운동가들의 치밀한 계획하에 진행된 것이었다. 그보다 한 해 전인 1954년 25세의 나이로 그 지역의 한 교회에 목사로 부임한 마틴 루서 킹이 이를 계획한 운동가 중 한 명이었다. 버스 보이콧 운동을 시작으로 킹 목사는 전국에서 일어나는 흑인 인권운동을 지지하고 주도하는 역할을 하면서 인권운동의 대명사로 떠올랐다. 1963년 "나에게는 꿈이 있습니다(I have a dream)"라는 연설을 하게 된 것도 그런 그의

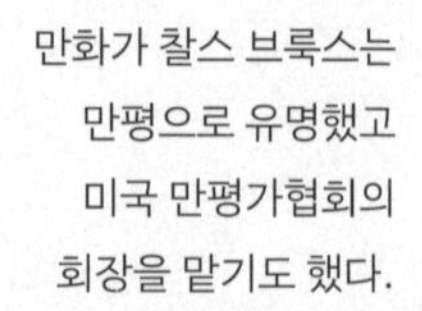
만화가 찰스 브룩스는 만평으로 유명했고 미국 만평가협회의 회장을 맡기도 했다.

위치를 말해주는 것이었고 이듬해인 1964년에는 노벨평화상까지 받는다.

미국 흑인의 인권 문제가 전 세계가 주목하는 문제가 되면서 미국 정부도 압력을 피할 수 없었고 당시 대통령이었던 민주당의 린든 B. 존슨은 유색인종의 인권을 보장하는 역사적인 입법에 성공한다. 미국에서 학생들이 역사 시간에 반드시 배워야 하는 공민권법(Civil Rights Act, 1964)과 투표권법(Voting Rights Act, 1965)이 바로 그것이다. 킹 목사를 비롯한 흑인 인권운동가들로서는 몽고메리 버스 보이콧 운동을 한 지 10년 만에 이뤄낸 쾌거였다. 여기까지, 즉 1965년까지의 이야기가 킹 목사에 관해 흔히 알고 있는, 혹은 가장 널리 알려진 버전이다. 킹 목사의 평화적인 운동은 성공했고 미국의 흑인들은 노예제도가 폐지된 지 103년 만에 비로소 시민으로서의 권리를 인정받았다는 해피엔딩이다. 학교에서 어린아이들에게 "우리 모두 킹 목사의 가르침을 따라 인종 화합에 노력해야 한다"라고 가르치고 싶다면 여기까지만 알면 충분하다.

하지만 세상은 읽기 쉬운 동화책이 아니라서 쉽게 이해하기 힘든 사건들로 가득하다. 흑인의 권리를 보장하는 투표권법이 미국 연방상원을 통과한 지 정확하게 일주일 만에 캘리포니아주 로스앤젤레스에서 와츠 폭동(Watts Riots)이 일어났다. 미국 역사에서 대규모 인종 폭동의 시초로 여겨지는 폭동이고 지금도 인종 폭동이 일어날 때마다 언론에서 언급하는 악명 높은 사건이다.

이 일을 시작으로 미국 사회의 인종 갈등은 새로운 국면을 맞게 된다. 킹 목사의 인권운동을 지지하던 백인들이 등을 돌리기 시작한 것이 이때부터다. 킹 목사의 업적을 찬양하는 백인들이 애써 언급하지 않고 생략하는 시기가 바로 이때부터 그가 암살당할 때까지의 3년이다. 앞의 만평이 나온 것이 이 시기다.

따라서 당시 흑인과 킹 목사를 보는 백인 여론의 변화를 이해하려면 와츠 폭동을 이해해야 한다. 그런데 흑인이 아닌 다른 인종의 눈에 와츠 폭동은 참 이해하기 힘든 사건이다. 1965년 8월 11일부터 16일까지 일어난 와츠 폭동은 이제 미국에서 하나의 전형이 된 '백인 경찰의 흑인 폭행이 흑인 커뮤니티의 분노와 폭동'으로 이어진 사건이다. 흑인 음주 운전자를 경찰이 제압하는 과정에서 폭행이 일어났고 이를 목격한 흑인들이 항의하면서 시작된 시위로서 34명이 사망하고 도시 곳곳이 불에 타고 큰 재산 피해가 생겼다. 결국 병력(주 방위군)까지 진압에 동원된 최악의 폭동이었다. 이로 인해 도시가 입은 피해는 로스앤젤레스 한인타운이 습격받은 것으로 유명한 1992년 폭동(역시 흑인 운전사가 백인 경찰들에게 구타당한 일이 계기가 되었다)이 일어나기 전까지는 사상 최대의 규모였다.

당시 사람들이 와츠 폭동을 의아하게 생각했던 이유, 그리고 역사를 연구하는 사람들이 와츠 폭동에 주목하는 이유는 이 사건이 흑인들의 인권이 획기적으로 개선될 수 있는 중요한 법이 마련된 직후에 발생했기 때문이다. 흑인들은 그토록 바라고 요구하던 권리를 보장받게 되었는데 왜 도시를 불태우는 대규모 폭동을 일으켰느냐는 게 궁금증의 핵심이다.

물론 미국 내 흑인들을 하나의 동질적인 집단으로 생각할 수는 없다. 남부를 중심으로 일어난 인권운동이 성과를 거뒀다고 해서 로스앤젤레스 같은 대도시에 사는 흑인들의 문제가 해결되는 것은 아니다. 각 커뮤니티는 자신들만의 불만과 요구 사항을 갖고 있다.

하지만 그렇다고 해서 와츠 폭동이 다른 흑인 커뮤니티들과는 무관한, 동떨어진 사건이었다고 보기도 힘들다. 이듬해인 1967년 7월에는 동북부 뉴저지주 뉴어크에서 5일 동안 폭동이 일어나 26명이 숨지고 도시가 불에 탔다. 며칠 후에는 중서부 미시간주의 대도시 디트로이트에서 나흘 동안 폭동이 일어나 40여 명이 숨지고 큰 재산 피해가 발생했다. 그리고 이런 시위는 다른 지역으로도 전파되어 일리노이주, 노스캐롤라이나주, 테네시주, 메릴랜드주에서도 인종 갈등으로 인한 폭동이 발생했다. 전국적인 현상이 된 것이다. 앞에 소개한 1967년의 신문 만평은 바로 이 상황을 묘사한 것이다.

미국의 흑인들이 자신의 권리를 법적으로 보장받게 된 시점에 전국적으로 폭동이 일어난 것을 두고 '고마워할 줄 모른다'라고 생각한 것은 백인들뿐, 흑인들의 생각은 달랐다. 1960년대는 미국이 2차 세계대전의 영향에서 완전히 벗어난 시대였을 뿐 아니라 미국 역사상 가장 풍요롭고 희망찬 시대였다. 중산층이라면

비슷한 시기에 나온 다른 신문의 만평은 전국에서 폭동의 연기가 진동하는 가운데 <We Shall Overcome(우리 극복하리라)>이라는 곡이나 연주하고 있는 네로 황제로 킹 목사를 묘사한다.

누구나 집을 살 수 있었다. 그렇게 마련한 집의 차고에는 새로 뽑은 차가 있고 집 안에는 TV와 냉장고, 세탁기가 있었다. 지금처럼 부의 편중도 심하지 않아서 '누구나 열심히 일하면 중산층이 될 수 있다'는 생각이 당연하게 받아들여졌다. '미국은 세계에서 가장 잘사는 나라'라는 이미지는 이때 만들어졌다.

하지만 이런 풍요에서 흑인들만은 예외였다. 겉으로는 공민권법으로 똑같은 권리를 보장받는 듯했지만 미국 경제는 흑인들을 철저하게 배제한 백인 위주의 경제였다.

이런 보이지 않는 차별의 대표적인 사례가 '레드라이닝(redlining)'이라는 관행이었다. 노스웨스턴 대학교의 사회학자였던 존 맥나이트(John McKnight)는 당시 지역별 빈부 격차를 연구하다가 은행들이 내부적으로 사용하던 도시 지도 여기저기에 빨간 선이 그어져 있는 것을 발견했다. 미국은 1930년대에 주택 보급을 늘리기 위해 정부가 보증을 서는 부동산 모기지를 제공했다. 그 과정에서 동네들을 1~4등급으로 나눠서 장기적으로 주택의 가치가 내려갈 것으로 예상되는 4등급(D)에 해당하는 동네들에 대해서는 대출을 제한했고, 대출을 해주더라도 높은 이자와 수수료를 요구했다. 은행들이 이런 동네를 빨간 선으로 둘러서 표시하던 관행이 레드라이닝이었고 그중 대부분의 동네가 흑인들이 사는 지역이었다. 이렇게 빨간 선 안에 들어간 동네에서 집을 구입하려면 대출을 받기 어렵기 때문에 동네에 들어오기 힘들었고, 집을 팔기 힘드니 동네를 벗어나기도 힘들었다.

"미국의 중산층은 꾸준한 부동산 가격 상승이 만들어냈다"라는 말이 있을 만큼 미국의 고도 성장기에는 집을 소유하는 것이야말로 재산 증식의 가장 확실한 수단이었다. 하지만 이렇게 부동산 거래가 힘든 빨간 선 안에 사는 흑인들은 미국의 경제적 성장에서 제외된 것이었다. 사실상의 인종분리 정책인 셈이었다. 거주지 제한은 기회의 제한을 비롯한 다양한 불이익으로 이어지게 되었다. 와츠 폭동을 비롯한 많은 인종 폭동은 대개 흑인 용의자에 대한 백인 경찰관의 가혹 행위처럼 경제적 기회 박탈과 직접적인 관련이 없는 일로 시작되지만 길가의 차량을 파괴하고 상점을 약탈하고 방화하는 폭력 행위가 며칠간 지속되는 배경에는 이렇게 흑인 커뮤니티 내에 쌓인 경제적 박탈감이 존재한다.

그렇다면 킹 목사는 이 상황에 대해서 어떻게 생각했을까? 그는 이런 폭동이 확산하기 훨씬 전부터 이미 문제의 본질을 파악하고 있었다. 많은 사람이 킹 목사가 '급진적 사회주의자'였다고 묘사하는데, 이건 과장이 아니다. 그는 1952년에 아내 코레타(Coretta Scott King)에게 보낸 편지에서 "아마 당신은 경제문제에 관해서는 내가 자본주의보다는 사회주의에 훨씬 더 가깝다는 것을 알 것"이라면서 자본주의는 숭고한 동기로 시작했지만 "오늘날의 자본주의는 그 효용성을 상실했다"고 썼다. 지금은 킹 목사를 대표하게 된 "내게는 꿈이 있습니다"라는 연설도 '직업과 자유를 위한 워싱턴 행진(March on Washington for Jobs and Freedom)'이라는 집회에서 했던 것이다.

그는 흑인들의 경제적인 문제를 해결하지 않고서는 진정한 자유를 꿈꿀 수 없다는 것을 잘 알고 있었다.

백인들의 취사선택

하지만 미국의 중산층 백인들의 생각은 달랐다. 그들은 흑인들의 상황이 꾸준히 나아지고 있다고 생각했고 이제 중요한 권리를 법적으로 보장받게 된 상황에서 흑인들의 추가적인 요구는 지나치다고 여겼다. 사회의 변화는 시간이 걸리는 문제이니 성급하게 요구하지 말고 기다리라는 백인들의 생각에 대해 킹 목사는 유명한 〈버밍햄 감옥에서 보내는 편지〉에서 이렇게 말한다.

"인종분리의 날카로운 고통을 한 번도 느껴본 적이 없는 사람들은 '기다리라'는 말을 쉽게 할 수 있을 겁니다. 하지만 사나운 무리가 당신의 아버지와 어머니를 거침없이 폭행해서 죽이고 당신의 형제와 자매를 물에 던져 죽이는 것을 목격했다면, 증오가 가득한 경찰이 흑인을 욕하고 발로 차고 죽이는 것을 목격했다면 (…) 기다리는 것이 왜 힘든지 이해할 것입니다."

그는 거기에서 그치지 않고 백인 중산층을 겨냥해 이렇게 말한다.

"솔직히 고백하면 저는 지난 몇 년 동안 중도 성향의 백인들에게 크게 실망했습니다. 저는 흑인들이 자유를 향해 가는 길을 막

“선의는 있지만

정확하게 이해하지 못하는 사람들은

악의를 갖고 있으면서

완전히 착각하는 사람들보다

더 큰 좌절감을 줍니다.”

는 가장 큰 장애물은 백인 시민 평의회나 KKK가 아니라 중도 성향의 백인들이라는 유감스러운 결론에 도달했습니다. 그들은 정의보다는 '질서'를, 정의가 존재하는 긍정적인 평화보다는 긴장이 존재하지 않는 부정적인 평화를 선호하고, '당신이 추구하는 목표에는 동의하지만 직접적으로 행동하는 당신의 방식에는 동의하지 않는다'라고 말합니다. 그들은 다른 사람이 언제 자유를 가질 수 있는지 일정을 자기가 정해줄 수 있다고 믿는데, 그들이 가진 시간의 개념은 신화에 가깝습니다. 그리고 흑인들에게 '더 유리한 시기'가 올 때까지 기다리라는 말을 끊임없이 합니다. 선의는 있지만 정확하게 이해하지 못하는 사람들은 악의를 갖고 있으면서 완전히 착각하는 사람들보다 더 큰 좌절감을 줍니다. 미온적인 수용은 노골적인 거부보다 더 당황스럽습니다."

이 편지는 1963년에 쓴 것이지만, 폭동이 전국으로 퍼져나가던 1967년에도 킹 목사의 태도는 변하지 않았다. 그는 폭력은 절대 용인하지 않았지만, "폭동은 아무도 말을 들어주지 않는 사람들의 언어(a riot is the language of the unheard)"라는 말로 폭동을 일으키는 흑인들에 대한 이해를 표했다. 이게 앞에서 소개한 만평이 나오게 된 배경이다. KKK의 살해 위협까지 받으며 인종주의에 반대해 싸웠던 만화가 찰스 브룩스는 이렇게 흑인들의 폭동을 이해하려는 킹 목사의 비폭력주의는 위선이라고 비판한 것이다.

당연한 얘기지만 브룩스만 그렇게 생각한 게 아니다. 1963년만 해도 킹 목사에 대한 여론은 '긍정' 41퍼센트, '부정' 37퍼센트로 긍정적인 견해가 우세했다. 그가 노벨평화상을 받은 1964년과 이듬해에는 긍정 평가가 더 올라가서 국민 45퍼센트가 그를 지지했다. 하지만 1966년부터는 킹 목사에 대한 지지도가 30퍼센트대로 떨어지고 그를 부정적으로 생각하는 여론은 60퍼센트를 넘어선다. 하지만 그렇게 돌아섰던 여론은 1968년 4월, 킹 목사가 백인에 의해 암살당하면서 다시 바뀌기 시작했고 지금 그는 아무도 부정하지 않는 미국 현대사의 위인으로 자리매김하게 되었다.

세월이 흐르면서 킹 목사에 대한 미국 중산층 백인들의 이미지는 다시 좋아졌지만 지금 미국의 많은 백인들이 이야기하는 킹 목사는 인종주의자들에 맞서 싸우던 킹 목사이지, 경제적으로 박탈당한 흑인들의 분노를 이해하던 킹 목사가 아니다. 그들이 좋아하는 킹 목사는 "내게는 꿈이 있습니다" 연설에 등장하는 아름다운 미래(킹 목사의 표현을 빌리면 "언제 올지 아무도 모르는 막연한 신화 속의 미래")를 이야기하는 사람이지, 자본주의에 내재된 불평등의 기제와 흑인들이 당장 받고 있는 경제적 차별을 지적하며 개선을 요구하는 사람이 아니다.

미국 사회가 킹 목사의 주장을 취사선택하는 것을 두고 '화이트워싱(whitewashing)'이라는 비판이 나오는 것은 당연한 일이다(화이트워싱이라는 표현은 요즘 할리우드에서 백인 배우가 백인이 아닌 캐릭터를 연기하던 관행을 비판할 때 사용되지만 원래는 자신에게 불리한 내용을 감추고 덮어씌우는 행위를 가리키는 용어다). 킹 목사를 화이트워싱하는 것은 그야말로 백인들에게 거슬리지 않고 백인 중산층을 위협하지 않는 흑인 지도자로 만드는 행위다. 1967년의 킹 목사가 낯설게 느껴진다면 그건 우리가 화이트워싱을 거친 킹 목사에게 익숙하기 때문이다. 우리에게는 낯설게 보이는 킹 목사가 진짜 킹 목사다.

정신력

세계 최고의 체조선수 시몬 바일스는 올림픽에서 기권해서 지지와 비판을 동시에 받았다. 그는 정말 '정신력이 해이해진' 걸까? 운동선수의 정신력의 정체는 뭘까?

몇 해 전 미국 프로농구(NBA) 경기 중 한 선수가 다리에 큰 부상을 당한 일이 있었다. 이를 보도한 기사에서는 아예 부상당한 선수의 다리를 보여주지 않거나 '끔찍한 이미지'라는 경고문이 붙어 있었다(다리가 부러져 뼈가 튀어나온 이 사진을 본 적이 없다면 인터넷 검색은 권하지 않는다). 그런데 그 사진을 본 많은 사람들이 의아하게 생각했다. 사이클이나 자동차 경주처럼 '탈것'을 이용해 빠른 속도로 움직이는 것도 아니고, 양궁이나 사격처럼 위험한 도구가 사용되는 경기도 아니고, 그저 공을 가지고 자기 힘으로 좁은 코트에서 뛰는 경기에서 어떻게 그렇게 끔찍한 사고가 날 수 있는지 이해하기 쉽지 않았기 때문이다.

원래 그 선수의 뼈에 문제가 있었다고 생각할 수도 있지만 세계 정상급 운동선수에게 골다공증 같은 증상이 있었다고는 믿기 어려울 뿐 아니라 특수한 상황이 있었다고 해도 그런 사고는 상상하기 힘들다. 적어도 일반인의 평범한 일상에서는 그렇다. 부상을 입은 그 선수는 일반인은 물론이고 프로 선수들도 할 수 없는 수준의 엄청난 힘을 다리에 가한 것이다. 이게 어떻게 가능했을까?

초인이 되는 사람들

평범한 체구의 여성이 자동차에 깔린 자신의 아이를 구하기 위해 자동차를 번쩍 들었다는 전설 같은 이야기를 한 번쯤 들어본 적 있을 것이다. '흥분된 섬망(譫妄, delirium)'이라 불리는 상태에서 발휘된다는 이런 초인적인 힘은 의학계에서 오래된 수수께끼 중 하나다. 이 가설을 과학적으로 증명하기 위해서는 같은 조건에서 반복됨을 보여주어야 하는데 피험자를 대상으로 그렇게 극단적인 상황을 만들어내는 것은 윤리적으로 심각한 문제가 있기 때문이다. 따라서 과학적인 연구는 하기 힘들어도 그 사례들은 꾸준히 등장한다.[1]

그런데 슈퍼맨의 한 장면처럼 자동차를 들어 올리는 모습은 아니더라도 초인적인 힘을 발휘하는 상황이 과학적으로 설명이 된다. 고압 전류에 감전 사고를 당한 사람이 '튕겨져 나가는' 일이 바로 그 경우로, 과학자들도 이유를 충분히 납득한다. 흔히 '전기 충격' 때문에 튀어 나갔다고 생각하지만, 사실은 사고를 당한 사람이 스스로 밀어내서 생긴 일이다. 물론 여기에서 '스스로'라는 표현은 적절하지 않다. 왜냐하면 의식적으로 밀어낸 것이 아니라 전기로 인한 근육 발작(muscle spasm)으로 의지와 상관없이 근육을 움직인 결과이기 때문이다. 하지만 본인의 의지는 아니었을 수 있어도 그 힘의 원천은 자신의 근육이다. 그렇게 튀어 나간 사람 중에는 평소 본인의 힘으로는 상상도 할 수 없는 점프를 해서 허공을 날았다는 사람들이 있는데 여기에서 중요한 것은 그게 본인의 의지가 아니었다는 사실이다.

결국 응급 상황에서 초인적 힘을 발휘한 평범한 사람들의 능력에 관한 해석은 이렇다. 사람들은 사실 자신의 신체가 가진 '능력의 한계치'로 알고 있는 것보다 훨씬 더 큰 힘을 가지고 있다. 그런 힘을 사용하지 않는, 혹은 사용하지 못하는 것은 자신의 '마인드(의식)' 때문이다. 운동선수나 군인을 훈련시키는 코치, 교관은 이런 마인드를 '두려움'이라고 부르기도 하고 '나약한 정신'이라고 부르기도 하지만 궁극적으로 이는 사람이 자기 몸을 보호하고 다치거나 상하지 않도록 지키려는 정상적인 작용이다. 슬럼프에 빠진 선수를 돕는 스포츠 심리학자들은 그들의 문제가 근육에 있지 않다는 것을 알고 있다. 이미 최정상에 있는 선수의 근력이나 심폐 능력의 100퍼센트를 끌어내어 승리하게 만들려면 그걸 사용해야 하는 선수를 가로막고 있는 정신적인 벽을 무너뜨려야 한다.

권투도 그렇지만 프로 이종격투기는 평범한 일반인이 할 수 있는 경기가 아니다. 경기 중에 크고 작은 신체 손상을 피할 수 없는 종목이라서 이를 알고 링에 뛰어들기 위해서는 두려움이 없어야 한다. 그런데 그 두려움의 원천은 엄밀하게 말하면 싸움의 상대가 아니라 나의 신체가 입게 될 손상에 대한 두려움이다. 상대가 두렵다면 그것은 그 상대의 의도가 (정도의 차이는 있어도) 궁극적으로 나의 신체를 손상시키는 것이기 때문이다. 구기 종목에서

She lifted a car to save her son

Associated Press Photo

Angela Cavallo poses with her son, Tony, right, and her helper in the rescue, Johnny Edwards.

LAWRENCEVILLE, Ga. (AP) — A middle-aged woman said prayer gave her the strength to lift a large automobile four inches off her unconscious son while neighbors came to rescue him.

Angela Cavallo, who is in her late 50s and is a grandmother, said her son Tony was working beneath his 1964 Chevrolet Impala when the bumper jack slipped and the car fell on him, knocking him out.

She said she lifted the car about four inches but was unable to rouse her son, a high school junior.

"I was kicking him, saying, 'Get out, get out,'" she said in an interview Tuesday.

Mrs. Cavallo held the car, while Johnny Edwards, 11, who was visiting his grandparents next door, rushed down the street and found two neighbors who reinserted the jack and dragged out the teen-ager.

The youth was taken to a hospital here Friday and transferred to another in nearby Decatur, where a neurologist found no brain damage. He was allowed to go home Sunday.

Mrs. Cavallo said she "was saying prayers" all through the ordeal and credits her son's lack of injuries to the prayers of fellow members of St. Lawrence Catholic Church.

차 밑에 깔린 아이를 구한 엄마에 관한 기사. '흥분된 섬망'이라 불리는 상태에서 발휘된다고 하는 이런 초인적인 힘은 의학계에서 오래된 수수께끼 중 하나다.

의 부상이 예외적인 상황이라면 프로들의 이종격투기는 정상적인 경기를 진행해도 눈이 부어오르고, 멍이 들고, 피부가 찢어져 피가 나고, 때로는 이빨도 빠진다. 그런데도 그런 경기를 하는 선수들은 그렇게 자연스러운 인간의 두려움 혹은 신체 보호의 욕구를 꺾을 방법을 알고 있는 사람들이다. 기본적으로 평균보다 아드레날린 수치가 높기도 하지만 오랜 훈련을 통해 정신적으로 두려움을 극복하는 방법을 터득한 것이다. 스포츠 영화에 빠지지 않고 등장하는 코치의 펩토크(pep talk)는 자신들보다 월등히 더 강하다고 '생각하는' 상대 팀과의 경기에서 위축된 선수들을 흥분시켜 잠재된 능력을 끌어내는 마법의 열쇠다.

격투기나 팀 스포츠에서만 이런 멘탈 트레이닝이 필요한 게 아니다. 올림픽 스키 점프대나 다이빙 플랫폼에 올라본 사람들은 극도의 공포심을 느끼고 그건 아주 당연한 일이다. 그런데 선수들이 별문제 없이 뛰어내릴 수 있는 것은 그만큼 공포심을 억누르는 훈련이 되었기 때문이다. 공포심을 억누르지 못해 움츠리거나 주저하는 순간 오히려 크게 다친다는 역설이 성립되는 극한의 스포츠들이다.

스스로에게 거짓말하기

사람들이 스스로에게 거짓말하는 순간을 잡아낸 연구가 있다.

펩토크
pep talk

자신들보다 월등히 더 강하다고 '생각하는'
상대 팀과의 경기에서
위축된 선수들을 흥분시켜 잠재된 능력을
끌어내는 마법의 열쇠

할리우드 스포츠 영화에 빠지지 않고 등장하는 코치의 펩토크

심리학자 해럴드 새크하임(Harold A. Sackeim)과 루벤 구어(Ruben Gur)는 사람들이 의식적으로 생각한 것과 잠재의식이 가진 생각이 서로 다를 때 이를 잡아내는 실험을 고안했다. "자신의 성적인 능력을 의심해본 적이 있느냐", "누군가를 성폭행하거나 성폭행 당해보고 싶은 마음이 있었느냐" 같은 질문들은 사람들이 '그렇다'고 답하기를 아주 꺼리는 질문이지만 잠재의식 수준에서, 즉 속으로는 '그렇다'고 답할 사람들이 분명히 있는 질문이다. 두 학자는 거짓말 탐지기와 비슷한 방식으로 말로는 "없다"라고 하면서도 몸으로는 '그렇다'라는 반응을 하는 피험자들을 찾아냈다. 즉 이런 사람들은 자기의 잠재의식을 의식적으로 통제하고 '나는 그렇지 않다'라고 믿는데, 이건 엄밀하게는 자기 자신에게 거짓말을 하고 있음을 의미한다. 물론 그들의 잠재의식을 억누른 것이니 흔히 생각하는 '거짓말'과는 다르지만 말이다.

스포츠 심리학자인 조애나 스타렉(Joanna Starek)은 이 연구 결과를 운동선수에게 적용하는 연구를 했다. 새크하임과 구어의 질문지를 가지고 스스로에게 거짓말을 잘하는 운동선수와 스스로에게 솔직한 운동선수를 구분한 후에 그들의 실력과 비교한 것이다. 그랬더니 놀랍게도 사회적, 도덕적으로 난감해질 수 있는 질문에는 솔직하게 대답하지 않은 선수들, 즉 자신의 잠재의식을 거짓말로 속이거나 의식적으로 억누르는 선수들의 기량이 (동일 신체 조건을 가진) 다른 선수에 비해 눈에 띄게 좋았다.

우리는 선수들이 "나는 할 수 있다!", "우리는 반드시 이긴다!"

고 외치는 것을 자주 본다. 사실 경기는 어느 쪽으로도 흐를 수 있고 누구도 승리는 장담할 수 없다. 하지만 이런 구호를 외치면서 정말로 이길 거라 믿는 선수들이 있는가 하면 아주 객관적으로 생각해서 질 가능성을 감안하는 선수들도 있다. 그런데 스타렉의 연구에 따르면 스스로를 성공적으로 속이는 선수들이 이길 가능성이 높다. 더 나아가 이렇게 스스로를 속일 수 있는 사람들은 운동경기에서 승리할 뿐 아니라 일상에서도 더 행복하다고 한다(그런 의미에서 우울증을 앓는 사람들은 현실을 비관적으로 보는 게 아니라 현실을 객관적으로 보는 사람들이라는 말도 있다). 운동선수들의 멘탈 트레이닝은 결국 분명한 신체 손상의 위험, 분명한 패배의 가능성을 생각하지 않거나 그럴 가능성이 없다고 스스로에게 거짓말을 하는 연습이다.

시몬 바일스의 기권

미국의 시몬 바일스(Simone Biles)가 세계 최고의 체조선수임을 부정하는 사람은 아무도 없다. 그냥 우리 시대 최고의 선수도 아니고 이 종목 역사상 최고의 선수라는 의미에서 GOAT(Greatest Of All Time)라는 별명이 따라다니는 선수가 바일스다. 그런 바일스가 2020년 도쿄 올림픽에서 몇 개의 경기를 기권한 것을 두고 말이 많았다. "팀과 나라를 실망시켰다"는 흔한 수준의 비난도 있지만 “이기적인 소시오패스”라는 개인적인 공격도 있었다. 특히 눈에 띄었던 건 그가 “나약하다(weak)”는 비난이었다.

미국의 한 스포츠 기자는 바일스가 나약하다는 비난에 대해 소셜미디어에서 이렇게 말했다. “시몬 바일스는 양쪽 발의 발가락이 부러진 채로 미국 전국대회에서 우승했고, 신장결석을 가진 채로 세계대회에서 우승했고, 성폭행의 피해자임에도 미국체조협회가 보호해주지 않는 압박을 견뎌내고 경기를 했다. 그런 바일스가 나약하다고 주장하는 당신들 중 절반은 식료품점에서 마스크도 쓰지 못하는 사람들이다.” 팬데믹 중에 미국인들의 절반이 마스크 착용을 거부한 것을 지적한 말이다.

그런데 출전을 포기하면서 바일스는 이렇게 말했다. “나는 체조선수를 하기 위해 태어난 것이 아니다.” “나는 내 정신 건강을 지키겠다.” 미국이라는 나라를 대표하는 국가대표 선수가 자신의 정신 건강이 중요하기 때문에 경기를 기권하겠다고 하면 “그럴 거면 왜 국가대표로 나갔느냐”라는 공격을 받기 쉽다. 하지만 그렇다고 올림픽 경기에서 국가의 영예를 위해 개인이 자신을 희생해야 한다고 할 수 있을까? 〈뉴욕타임스〉는 이를 두고 운동선수들이 자신의 (정신적) 문제를 앞세워 이야기하면 안 된다는 오랜 금기를 바일스가 깼다고 설명했다.

바일스는 최근 자신의 고난도 기술이 예전과 달리 무섭게 느껴진다는 말을 했다. 체조선수들이 공중에 떠서 몸을 회전하는 건 위험한 동작이다. 체조선수들에 따르면 대회에서 선수들이 뛰

USA

“트위스티를 느꼈다.”

체조선수들이 말하는
‘트위스티’란 공중에 뜬 상태에서
자기 몸의 위치를 알 수 없는
상황을 가리킨다.

바일스가 ‘트위스티’를 느꼈을 순간

는 바닥은 보기보다 아주 단단하다. 그런데 공중에서 빠르게 회전하며 떨어질 때 자신의 몸이 어떤 위치인지, 즉 똑바로 서 있는지, 거꾸로 서 있는지를 제대로 파악하지 못해 머리부터 떨어지면 목이 부러지는 최악의 사고가 날 수 있다. 한국에서는 1986년 서울 아시안게임을 앞두고 한국 체조의 유망주 김소영 선수가 16세의 나이에 척수 장애인이 되었다. 그런데 이런 사고는 생각보다 많이 일어난다. 세계 최고의 기량을 겨루는 선수들은 일반인들은 겁나서 시도할 수도 없는 고난도의 테크닉을 구사해야 하기 때문이다. 물론 겁이 나는 것은 스스로를 보호하기 위한 지극히 자연스럽고 당연한 인간의 반응이다.

도쿄 올림픽 단체 최종전에서 평소와 같이 두 바퀴 반을 도는 대신 한 바퀴 반을 도는 데 그친 바일스는 그 이유를 설명하면서 "트위스티를 느꼈다(I had the case of the twisties)"고 했다. 체조선수들이 말하는 '트위스티'란 공중에 뜬 상태에서 자기 몸의 위치를 알 수 없는 상황을 가리킨다. 올림픽에 출전하는 수준의 선수들은 모두 비슷한 위험에 노출되어 있지만 바일스는 누구도 힘들어하는 고난도의 기술을 구사하기 때문에 훨씬 더 위험할 수 있다. 전문가는 바일스가 공중에서 빠르게 회전하는 동안 자신의 위치를 정확하게 파악하는 드문 선수라고 감탄했었다. 그런데 그런 바일스가 "내 몸의 위치를 알 수 없었다"라며 전에 하던 동작이 무섭게 느껴진다고 하면 다른 사람들은 그의 말에 귀를 기울여야 한다. 왜냐하면 그건 오로지 선수 본인만이 알 수 있는 위험 신호

이기 때문이다.

운동선수의 깨달음

그렇다면 바일스는 왜 갑자기 자신이 해오던 동작이 두려워졌을까? 덴버 대학교에서 스포츠 심리학을 가르치는 마크 아오야기(Mark W. Aoyagi) 박사가 흥미로운 설명을 했다. 시몬 바일스의 심리적인 문제를 '정신 건강(mental health)'의 문제와 '심리적 수행 능력(mental performance)'의 문제, 둘로 구분해서 살펴볼 필요가 있다는 것이다. 전자가 개인의 건강, 웰빙에 관한 것이라면 후자는 자신이 하는 일에서 최고의 성과를 내는 것에 초점이 맞추어져 있는데 바일스가 도쿄 올림픽에서 맞닥뜨린 문제를 후자, 즉 심리적 수행 능력과 관련해서 생각해보자는 것이었다. 그는 바일스의 나이와 수행 능력에 연관성이 있을 수 있다고 했다.

사람 두뇌의 전전두엽 피질은 의사결정을 하고 사회적 행동을 조율하는 등 높은 수준의 사고를 담당하는 부분이다. 이곳에서는 미래를 상상하고 지금의 행동이 미래에 어떤 결과를 낳을지 예측해보는 작업도 한다. 그런데 사람들은 대개 20대 중반이 되어야 전전두엽 피질의 성장이 완성된다. 20대 초인 사람들이 위험한 행동을 겁 없이 할 수 있는 이유가 바로 전전두엽 피질이 완성되지 않았기 때문이라는 것이다. 그런데 시몬 바일스가 자신의

바일스의 정신력이 약해진 걸까?
하지만 다행히 지금 20대의 운동선수들은
이해력이 떨어지는 다른 사람들의 비난에
고개를 숙이지 않는다.

동작에 대해 걱정하기 시작한 것은 바로 전전두엽 피질이 완성되는 나이에 들어서면서 상황을 제대로 이해하게 되었기 때문이라는 것이 아오야기 박사의 설명이다. 다시 말해 성숙한 두뇌가 이른바 '맨정신'으로는 할 수 없는 일을 아직 두뇌가 완벽하게 성장하지 않은 20대 초중반의 운동선수들은 할 수 있다는 것이다.

이게 사실이라면 20대 초중반에 수행 능력이 절정에 이른다는 것은 신체발달은 완성되었지만 두뇌는 완성되지 않아서 당연히 두려움을 느껴야 할 상황에도 아직 두려움을 느끼지 못하는 상태이기 때문이라는 말이 된다("올림픽 운동선수가 최절정에 머무르는 순간은 24개월"이라는 말도 어쩌면 그래서 나왔을지 모른다). 그렇다면 젊은 운동선수들을 계속 밀어붙여 고난도의 기술을 사용하게 만드는 것이 과연 옳은 일인지도 한번 생각해볼 필요가 있다. 그리고 그들이 위험을 느낀다거나 정신 건강을 이야기한다면 그들의 말에 귀를 기울여야 하는 것도 너무나 당연하다. 문제는 '부상투혼' 따위의 말을 흔하게 듣고 자란 세대는 국가대표 선수가 다칠 것을 염려해서 출전을 포기하는 것을 쉽게 이해하지 못한다는 사실이다.

하지만 다행히 지금의 20대 운동선수들은 이해력이 떨어지는 다른 사람들의 비난에 고개를 숙이지 않는다. 시몬 바일스와 1997년생 동갑인 또 다른 스타 선수가 사람들의 기대에 어긋나는 선택으로 비슷한 비난을 받았지만 바일스와 마찬가지로 자기에게 가장 중요한 것은 자기 자신임을 분명히 했다.

괜찮지 않아도 괜찮아

세계 랭킹 2위의 오사카 나오미가 프랑스 오픈 대회를 기권하면서 남긴 트윗에는 스타 선수의 배짱이 보이지 않는다. 그보다는 새로운 세대의 등장을 맞이하는 인류 사회가 귀를 기울여야 할 내용이 담겨 있다.

2021년 5월, 당시 세계 여자 테니스 랭킹 2위의 오사카 나오미(Naomi Osaka)가 프랑스 오픈 참가를 포기했다. 랭킹 2위의 선수라고 해서 무조건 주요 대회에 참가해야 한다는 법은 없지만 눈에 띄는 부상이 없는데도 참가하지 않는다는 건 상상하기 힘든 일이었고 세계 체육계에 작은 파문이 일었다.

발단은 이렇다. 이 대회가 시작된 직후인 5월 26일 오사카는 자신의 소셜미디어 계정을 통해 프랑스 오픈 대회 중에 기자회견을 하지 않겠다고 밝히고 회견에 불참했다. 그런데 그랜드슬램 대회(호주 오픈, 프랑스 오픈, 영국 윔블던, US오픈) 주최 측은 대회에 참가한 선수들은 반드시 기자회견에 임해야 한다는 규정이 있다면서 이를 어긴 오사카에게 1만 5000달러(약 1600만 원)의 벌금을 부과했다. 더 나아가 오사카가 계속 규정을 위반할 경우 프랑스 오픈에서 실격될 수 있고 다른 그랜드슬램 경기에도 참가 자격을 뺏을 것이라고 경고했다. 이런 경고가 나온 직후 오사카는 소셜미디어를 통해 아예 이번 프랑스 오픈에 기권하고 잠시 테니스 코트에서 벗어나 있겠다는 발표를 했다.

대부분의 언론은 사건의 전개 과정만을 짧게 보도했기 때문에 오사카 나오미의 의도가 제대로 전달되지 않았다. 오사카가 하려던 말은 자신의 트위터 계정에 올린 텍스트 전문에 잘 드러난다. 먼저 기자회견에 불참하겠다는 발표를 했던 트윗을 보자.

여러분 모두 잘 지내고 계시죠? 저는 이번 롤랑가로스(프랑스 오픈의 공식 명칭) 중에 기자회견을 하지 않을 것임을 말씀드리기 위해 이 글을 씁니다. 저는 사람들이 운동선수의 정신 건강을 대수롭지 않게 생각한다는 느낌을 받습니다. 특히 기자회견을 보거나 제가 기자회견에 참여해보면 그렇습니다. 저희보고 앞에 앉으라고 해 놓고는 전에 여러 번 대답했던 질문을 하거나 저 자신을 의심하게 만드는 질문을 합니다. 저는 다른 사람들로 인해 제가 스스로를 의심하는 상황에 제 자신을 던져두지 않겠습니다.
저는 운동선수들이 패배한 후 기자회견장에서 울음을 터뜨리는 영상을 많이 봤습니다. 여러분도 많이 보셨을 겁니다. 저는 그게 쓰러진 사람을 계속 걷어차는 행위라고 생각합니다. 그걸 정당화할 수 있는 근거가 뭔지 모르겠습니다. 제가 기자회견을 하지 않겠다는 것은 대회 측에 개인적인 감정이 있어서가 아닙니다. 제가 어린 시절부터 저를 인터뷰해온 몇몇 기자분들은 아시겠지만 저는 대부분의 기자와 좋은 관계를 유지하고 있습니다.

하지만 대회 주최 측에서 계속 "기자회견을 해라. 하지 않으면 벌금을 내야 한다"고 말하면서 결국 그 단체가 하는 일의 중심에 있는 운동선수들의 정신 건강을 무시하려 한다면 저는 그저 웃겠습니다. 아무튼 저는 제가 벌금으로 내게 된 큰돈이 정신 건강을 다루는 단체에 기부되었으면 합니다.
허그와 키스를 보내며.

롤모델

오사카 나오미는 정치적인 의사 표현도 거침없이 한다. 백인 관중이 많은 테니스 경기에도 BLM에 대한 지지를 밝히면서 백인 경찰에게 살해당한 조지 플로이드의 이름이 적힌 검은 마스크를 하고 나오고 "조지 플로이드에게 정의를", "침묵이 배신일 때가 있다"라는 트윗을 하기도 한다. 트윗 끝에 붙인 V자를 그린 손가락도 짙은 피부색을 사용한다. 이는 2년 전 자신을 후원하는 일본의 라면 회사가 자신의 피부를 밝게 표현한 '화이트워싱'을 한 것에 반발해 자신이 흑인임을 분명히 한 것과 무관하지 않다.

사람들은 오사카가 그렇게 적극적으로 의사를 표현하는 것을 알기 때문에 그가 기자회견이 힘들다고 말한 것을 쉽게 이해하지 못했다. 하지만 그해 2월 호주 오픈에서 우승한 후에 있었던 기

오사카 나오미의 기자회견 사진 중에는 오사카 선수가 손으로 턱을 괴고 있는 장면이 유난히 많은데, 그가 하는 말이나 쓰는 글도 비슷한 느낌을 준다. 서두르지 않고 오래 생각한 바를 솔직하게 전달하는 드문 선수다.

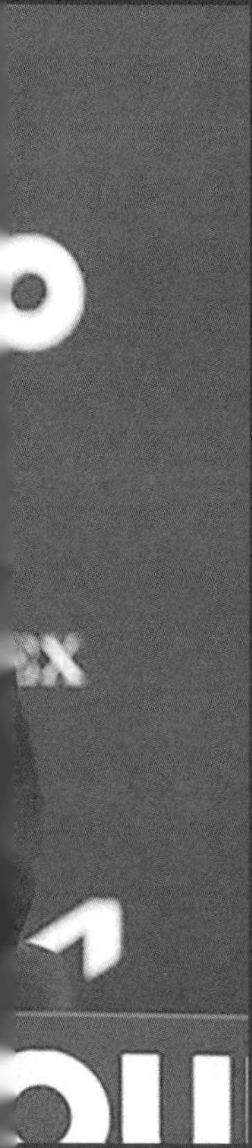

"제가 할 수 있는 건
저 자신에게
솔직해지는 것뿐이라는 걸
깨닫게 되었습니다."

자회견 장면을 보면 그의 심정을 이해하는 데 도움이 된다. 유튜브에서도 볼 수 있지만 그 기자회견 내내 오사카는 아주 침착하고 차분하게 대답하기 때문에 그가 몹시 긴장하고 있다는 걸 눈치채기는 쉽지 않다. 하지만 회견 중간에 한 기자가 던진 질문에 대한 오사카의 답이 많은 걸 설명해주었다. 그 기자는 오사카에게 "당신을 지켜보는 어린 팬들이 많은데, 당신은 그 사실을 어떤 책임 혹은 롤모델이 되는 기회로 생각하느냐"라고 물었다. 운동선수들은 이런 질문을 받으면 대개 "좋은 롤모델이 되기 위해 노력하겠다" 정도로 쉽게 대답하고 넘어간다. 그런데 오사카는 놀라우리만큼 진심을 다해서 대답했다.

"예전만 해도 저는 그걸 중대한 책임으로 생각했습니다. 그래서 항상 겁이 났고 긴장했어요. 제가 코트에서 하는 (라켓으로 바닥을 내리치는 등의) 행동이 어린 팬들에게 나쁜 롤모델로 보여서 언론으로부터 나쁜 말을 들을까 봐 걱정했습니다. 하지만 해가 지나면서 제가 할 수 있는 건 저 자신에게 솔직해지는 것(be myself, 나 자신이 되는 것)뿐임을 깨닫게 되었습니다. 제가 아니라도 아이들이 롤모델로 삼을 선수들은 얼마든지 있습니다. 저 자신도 아직 자라고 있기 때문에 저 스스로에게 그걸로 부담을 주고 싶지 않아요. 다만 바라는 것은 그 아이들도 저와 함께 성장했으면 하는 것입니다." 고민의 흔적이 들어 있는 답이었다.

내향적인 성격의 20대 초반 여성이 갑자기 전 세계적인 주목을 받게 되고, 경기를 잘하라는 부담에 더해 "롤모델이 되어라",

"그렇게 행동하면 아이들이 보고 뭘 배우겠느냐"라는 말까지 늘 기자들에게서 듣는다면 어떤 기분일까? 그게 오사카가 프랑스 오픈에 불참하기로 하고 올린 트윗에 잘 드러난다.

> **여러분 안녕하세요. 며칠 전에 글을 올렸을 때만 해도 상상하지 못했던, 혹은 의도하지 않았던 상황이 되었습니다. 저는 파리 오픈에 출전하지 않고 다른 사람들의 경기에 집중하도록 하는 것이 대회에, 다른 선수들에게, 그리고 제 건강에 가장 좋은 결정일 것 같습니다.**
> **저는 불필요한 관심을 끌고 싶은 마음이 절대 없었습니다. 이 타이밍이 그다지 좋지 않은 것, 그리고 제 메시지가 좀 더 분명했어야 한다는 것을 인정합니다. 그리고 무엇보다 저는 정신 건강을 대수롭지 않게 취급하거나 정신 건강이란 단어를 가볍게 사용하지 않습니다.**
> **사실을 말씀드리면 저는 2018년 US오픈 이후 우울증을 앓았고 이를 극복하지 못해 큰 어려움을 겪고 있습니다. 저를 아는 사람들은 제가 내향적인 성격인 것을 알고 있습니다. 제가 대회마다 헤드폰을 끼고 있는 것을 보신 분들이 많을 텐데요, 사람들 앞에 있을 때마다 제가 느끼는 불안을 억누르기 위해 헤드폰을 사용하는 겁니다.**
> **테니스를 취재하는 언론이 항상 저를 따뜻하게 대해주**

셨음에도 (저 때문에 상처를 받았을 좋은 기자분들께 특별히 사과의 말씀을 드립니다) 저는 사람들 앞에서 말을 잘하는 성격이 아니고, 전 세계에서 온 언론 기자들에게 이야기해야 할 때는 엄청난 불안감이 몰려옵니다. 그럴 때면 저는 몹시 긴장합니다. 그리고 인터뷰에 집중해서 최선의 답을 드려야 한다는 사실에 스트레스를 받습니다.
그런 이유로 저는 이곳 파리에 머물면서 정신적으로 취약한 상태에 있었고 불안했습니다. 그래서 저는 언론 인터뷰를 하지 말고 저 자신을 돌보는 것이 좋겠다고 판단했습니다. 제가 미리 말씀드린 것은 (인터뷰를 반드시 해야 한다는) 룰이 부분적으로 너무 시대에 뒤떨어져 있다고 생각했고, 그 사실을 강조하고 싶었기 때문입니다.
저는 대회 주최 측에 따로 연락해서 사과드리면서 그랜드슬램 대회가 워낙 부담이 크니 대회 후에 이야기를 나누고 싶다고 말씀드렸습니다.
이제 저는 코트에서 잠시 떠나 있으려 합니다. 적절한 때가 되면 대회 주최 측과 논의해서 선수와 기자단 그리고 팬들에게 모두 좋은 방법을 찾고 싶습니다. 여러분 모두 건강하고 안전하게 지내시기 바랍니다. 사랑해요, 여러분. 나중에 뵐게요.

당연한 말이지만 오사카 선수가 겪는 일은 남자 선수들도 겪는다. 가령 앤디 로딕이 호주 오픈에서 패한 후 기자들의 성의 없고 사나운 질문에 대답하는 장면을 보면 선수들이 어떤 일을 겪는지 쉽게 알 수 있다. 기자들은 패한 선수에게 질문으로서의 가치가 없고 그저 선수를 괴롭히기만 하는 질문을 던져서 그가 울음을 터뜨리거나 감정이 격해지는 모습을 찍거나 자신들이 이미 써놓은 기사에 맞춘 인용을 따내기 위해 의미도 없는 질문을 던진다. 하지만 여자 선수들, 특히 윌리엄스 자매나 오사카 나오미 같은 유색인종 선수들에게는 이런 기자들의 질문이 더욱더 무겁게 다가온다고 한다. 그들이 마치 인종을 대표하거나 여성을 대표하는 것처럼 취급하기 때문이다. 롤모델을 언급했던 기자의 질문이 좋은 예다.

삶은 여정입니다

오사카 나오미가 주최 측의 압력에 굴복하지 않고, 기자회견에 다시 나오는 대신 아예 대회 기권을 선택하자 많은 사람들, 특히 운동선수들이 오사카의 결정을 응원했다. NBA의 스테판 커리는 오사카의 트윗을 리트윗하면서 격려와 응원을 보냈고, 오사카의 경쟁자인 비너스 윌리엄스는 기자들의 사나운 공격에 대해 "나는 내게 질문을 던지는 사람들이 나만큼 테니스를 잘하지 못하고 영원히 그럴 것을 알기 때문에 아무도 나를 건드리지 못하지만"

"사람들은 (기자회견의 스트레스를) 다르게 받아들인다"고 말했다. 오사카의 결정을 존중하라는 것이다.

오사카의 기권으로 테니스계는 고민에 빠졌다. 테니스계의 경우 기자회견이 경기 중계와 함께 대회 홍보의 중요한 한 축이다. 그런 홍보 때문에 그랜드슬램이 세계적인 인기를 유지한다고 믿는다. 따라서 한 선수가 반기를 든 것을 두고 이제까지 지켜오던 룰을 바꿀 수는 없다. 하지만 기자회견을 거부한다는 이유로 랭킹 2위의 선수를 출전시키지 않는다는 것도 지나치게 가혹하고 팬들에게 설득력이 없다. 특히 테니스 팬들이 오사카 나오미의 편을 들고 응원할 때는 더더욱 그렇다. 오사카의 결정을 전하는 신문 기사에 한 독자가 이런 댓글을 달았다.

"기자들이 무례하고 깎아내리는 듯한 질문을 해도 운동선수는 싫어도 답을 해야 한다는 건 이해하기 힘들다. 운동선수는 경기로 말해야 한다. 선수들이 기자들에게 신세를 지는 것도 아니지 않나? 그게 스포츠 홍보의 일환이라고 해도 선수는 경기로 말하면 된다. 스포츠보다 경기 후 인터뷰에 더 관심 있다는 스포츠팬은 없다."

사람들은 기자들이 스스로 하나의 권력이 되어 대중과 상관없이 스타들을 재단하는 것을 좋아하지 않고 아예 언론에 등을 돌리기 시작했다. 오사카의 인터뷰 거부와 그에 따른 징계에서 팬들은 언론이 휘두르는 권력을 보았다. 오사카의 기자회견 거부 사건에서 독자들의 온도 변화를 느낀 언론계에서도 기자회견 방식의 문제를 지적하고 개선해야 한다는 목소리가 나왔다.

이런 변화의 배경에는 정신 건강, 특히 20대 여성들의 정신 건강 문제가 크게 대두된 현실이 있다. 팬데믹 이후 20대 여성들의 자살이 급증하면서 '조용한 학살'이라는 말이 나왔지만, 팬데믹 이전에도 (당시 오사카가 속했던 연령대인) 16세에서 24세 사이의 여성들은 정신 질환 '고위험군'으로 분류될 만큼 현대 사회에서 젊은 여성의 정신 건강은 큰 사회적 문제로 다뤄야 한다는 경고가 나온 지 오래다. 밀레니얼 여성들의 시각을 잘 대변해온 리파이너리29에서는 이 문제를 좀 더 확장해서 오사카 나오미의 결정이 2021년의 사회가 변화하고 있는 모습을 보여준다고 말한다. 점점 더 많은 사람이 과거처럼 "일할 때는 죽기 살기로 노력해야 한다"는 사고방식을 걷어차고 워라밸을 허락하지 않는 직장을 나와버린다는 것이다. 오사카 나오미의 결정은 자신의 직업이 정신 건강을 위협한다면 차라리 직업을 포기하겠다는 선언이었고, 이는 자신의 안전을 지키기 위해 출전을 포기한 시몬 바일스의 결정과 다르지 않다. 이들은 인생에서 중요한 것이 무엇인지를 새롭게 정의하는 것이다.

프랑스 오픈을 포기한 오사카 나오미는 몇 주 후에 한 매체에 "괜찮지 않아도 괜찮아(It's O.K. to not be O.K.)"라는 제목으로 자신의 심경을 정리한 글을 기고했다. "삶은 여정입니다"라는 말로 시작하는 그 글에서 오사카는 지난 몇 주 동안의 일에서 얻은 두 가지 교훈을 이야기한다. 하나는 "우리는 모든 사람을 기쁘게 해

DOUBLE ISSUE
JULY 19 / JULY 26, 2021
TIME
OLYMPIC PREVIEW
'IT'S O.K. TO NOT BE O.K.'
NAOMI OSAKA
ON HER FIRST OLYMPICS, PRIORITIZING MENTAL HEALTH AND WHY SPORTS NEEDS TO CHANGE—NOW
THE 40 MUST-WATCH OLYMPIANS
time.com

"괜찮지 않아도 괜찮아."

줄 수 없다"는 것이었고, 다른 하나는 "많은 세상 사람들이 본인의 정신 건강 문제로 힘들어하거나 힘들어하는 사람을 알고 있다"는 것이었다. 자신의 정신 건강을 지키기 위해 기자회견을 하지 않겠다고 결정하자 많은 사람들이 보내온 응원을 통해 그걸 알게 된 것이다.

오사카는 운동선수들도 다른 직업인과 마찬가지로 정말 힘들 때는 정신적인 휴식을 취할 수 있는 권리를 보장받아야 한다면서 그런 휴식 시간을 얻기 위해 정신적으로 취약한 상태에 있는 선수들이 자기 증상을 모두 공개해야 하는 압박을 받는 일이 다른 선수들에게는 없기를 바란다고 했다. 올림픽 수영 금메달리스트인 마이클 펠프스는 오사카의 소신 있는 발언이 누군가의 생명을 구했을 수도 있다면서 그를 격려했지만 "천성이 내향적이고 남의 주목을 받는 것을 싫어하는" 오사카는 자신의 신념을 말한 대가로 엄청난 불안감을 느낀다면서 자신이 운동선수의 정신 건강의 대변자가 되는 것을 원하지 않는다고 했다. 사람들이 용기 있는 행동에 박수를 보내는 상황에서도 나는 그런 사람이 아니고 그런 사람이 되고 싶지도 않다고 말하는 그에게서 사람들은 새로운 종류의 롤모델을 본다. 물론 오사카는 그런 역할을 사양하겠지만.

트렁크에 들어간 여배우

전통적인 영화 촬영장에서 어린 여자 배우가 입을 여는 것은 쉽지 않다. 이런 사실을 윈슬릿은 누구보다 잘 알고 있었다.

몇 해 전 미국 캘리포니아주 팜스프링스에서 거대한 작품의 설치를 두고 주민들 사이에 논란이 일었다. 이 작품은 20세기 중반에 최고의 인기를 누렸던 배우 매릴린 먼로가 1955년에 출연한 영화 〈7년 만의 외출〉에 등장한 장면을 높이 7미터가 훌쩍 넘는 조각으로 묘사한 것으로서 팜스프링스미술관 앞 도로변에 설치될 예정이었다. 여자 주인공이 치마를 입고 지하철 환기구 위에 서 있다가 올라오는 바람에 치마가 들리는 이 모습은 매릴린 먼로의 영화를 본 적이 없는 세대도 알고 있을 만큼 유명한 20세기 대중문화를 대표하는 상징적 이미지다. 그런데 이 장면을 묘사한 매릴린 먼로의 동상은 이게 처음은 아니다. 시카고를 비롯해 다른 장소에도 이미 존재하는 이 동상이 이번에 논란이 된 이유는 "지금은 21세기이기 때문"이었다.

성폭력적 행동, 여성 비하적 묘사, 인종차별적 표현 등 과거에는 당연시되던 많은 것이 더는 용인되지 않는 거대한 문화적 변동의 한가운데에서 그 밑을 지나는 관객들이 여성의 치마 속을 훔쳐보는 이른바 '업스커트'를 유발하도록 고안된 동상을 2021년에 더 만들어야 하느냐는 것이 이 동상의 설치에 반대하

Palm
CALIFOR

는 사람들의 주장이다. 이 동상 때문에 '매릴린도 피해자'라는 '#MeTooMarilyn(미투 매릴린)'이라는 해시태그도 생겨났다. 매릴린 먼로가 아직 살아 있다면 90대의 할머니일 텐데, 그럼 그 먼로 할머니는 자신의 모습이 이렇게 전시되는 것에 찬성했을까? 매릴린 먼로의 동상 논란은 단순히 한 작품의 적절성 문제를 넘어 영화사에서 여자 배우들이 겪어온 성적 대상화와 주체성·자기 결정권을 상실한 객체화의 문제로 이어진다. 이런 이야기를 꺼내면 흔히 듣게 되는 말은 "영화란 게 원래 관객의 성적 욕망에 의존하는 산업 아니냐", "여자 배우들이 그걸 모르고 영화를 하겠느냐" 같은 것이다.

상상하기 힘들겠지만 그 논리는 20세기 중반 이후 여성들이 가정주부라는 위치에 만족하지 않고 직업을 갖기 시작했을 때부터 나왔다. 지금은 여성의 권리가 제법 보장된다고 생각하는 미국 같은 나라에서도 당시에는 넉넉한 집안의 '정숙한 여성'은 직업을 갖는 게 아니라고 생각했고, 그렇기 때문에 회사에 취직한 여성들은 남성들의 '가벼운' 성추행 대상이 되는 건 감수해야 하는 현실이라는 게 일반적인 인식이었다. 1950~60년대 미

매릴린 먼로가 살아 있다면
90대 할머니일 거다.
그 할머니는 자신의 모습이
이렇게 전시되는 것에 찬성했을까?

국의 직장 여성이 처한 환경을 묘사한 실비아 플라스(Sylvia Plath)의《벨 자》같은 소설, 〈매드맨(Mad Men)〉 같은 드라마를 봐도 알겠지만 여성은 성추행과 성희롱을 포함한 각종 성폭력에 노출되어 있었을 뿐 아니라 그렇게 피해를 입어도 일차적인 책임은 직장 생활을 선택한 여성에게 있다는 무언의 사회적 인식이 있었다. 요즘 남자 직원이 직장 동료를 성추행한 후에 "여자들이 그걸 모르고 회사에 다니겠냐"고 반문한다면 사회적 지탄을 받겠지만 말이다.

그런데 그런 일은 직장에서 절대 일어나면 안 된다고 생각하는 사람들도 여자 배우들이 촬영장에서 겪어야 하는 일에 대해서는 '여자 배우들이 그걸 모르고 영화를 하겠느냐'라고 생각하는 경향이 있다. 배우는 일반 직장인과 다른 일을 하는 사람들이라는 사회적 시선 때문에 여자 배우들이 받는 차별과 폭력은 쉽게 드러나지 않는다. 2021년 아카데미 여우조연상을 받은 배우 윤여정은 수상 소감에서 자신을 영화계에 입문시켜준 고(故) 김기영 감독에게 감사를 표했다. 그런데 윤여정은 한 매체와의 인터뷰에서 김 감독과 '열심히 싸웠던' 일을 회상하면서 이렇게 말한 적이 있다.

"(영화) 〈충녀〉 때 저만 빼고 감독님과 모든 스태프가 미리 계획을 짰더군요. 처음엔 그냥 침대에 누워 있는 장면이라고만 했어요. 그런데 조금 뒤 시트 밖으로 옷이 비치니 벗고 누우라는 거예요. 그 뒤에 느닷없이 쥐 떼가 떨어진 거죠. 몸에 쥐가 달라붙는데 벗고 있다는 게 생각이 났겠어요? 정신을 놓고 난리가 났죠. 감독님이 귀여운 데가 있으세요. 집에 그 필름을 들고 오셔서 미스 윤 마음대로 하라고 하셨어요. 그런데 그게 병 주고 약 주는 것 같아 또 싸웠죠(웃음)."[1]

옷 벗기를 원치 않는 어린 여자 배우의 노출 장면을 찍기 위해 50대 남자 감독과 남성 스태프들이 짜고 거짓말을 했고, 여자 배우에게 알리지 않은 채 쥐를 떨어뜨려서 나체를 찍었다는 얘기다. 김 감독은 일단 그렇게 여자 배우의 몸을 도둑 촬영한 후에 "미스 윤 마음대로 하라"고 했단다. 많은 돈이 투자된 영화의 성공이 달려 있는 상황에서 어린 여자 배우에게 "마음대로 하라"는 말은 한마디로 영화를 위해 네가 희생하라는 압력임을 모르는 사람은 한국에서 사회생활을 해본 적이 없는 사람이다.

윽박과 설득

하지만 이건 1970년대 한국 영화계의 상황만이 아니었다. 1992년에 나온 할리우드 영화 〈원초적 본능(Basic Instinct)〉은 여자 주인공 샤론 스톤의 성기가 드러나는 충격적인 노출신으로 큰 화제가 됐다. 감독 폴 버호벤(Paul Verhoeven)은 주인공이 그 장면에서 속옷을 입지 않았다는 설정에 맞게 찍어야 하는데 샤론 스톤이 입은 속옷이 흰옷 밖으로 비치기 때문에 그냥 벗고 찍는 게 좋겠다는 (김기영 감독과 똑같은) 말을 했다고 한다. 샤론 스톤은 카메라에는 민감한 부위가 드러나지 않는다는 감독의 말만 듣고 촬영에 임했다. 그리고 편집이 끝난 뒤에 시사회를 보다가 자신의 성기가 정면으로 화면에 등장한다는 사실을 발견했다. 샤론 스톤의 회고록에 따르면 분노한 스톤이 버호벤에게 항의했지만 결국 그 장면을 영화에 포함시키는 데 동의할 수밖에 없었다. 여자 배우를 속여서 원하지 않는 장면을 촬영한 후에 윽박과 설득으로 뒷수습을 하는 일은 동서양을 막론하고, 시대를 막론하고 당연시되었다. 샤론 스톤은 자신의 책에서 가슴 성형을 했을 때의 이야기도 했다. 마취에서 깨어보니 자신이 원했던 것보다 가슴이 더 커져 있어서 의사에게 따졌다고 한다. 그랬더니 "내 생각에는 좀 더 큰 게 좋을 것 같아서"라는 답이 돌아왔다.[2] 여자 배우는 자신의 몸에 대한 결정권도 없는 것이다.

비슷한 예는 넘쳐난다. 역시 충격적인 노출신과 성행위 묘사로 유명한 〈파리에서의 마지막 탱고〉는 김 감독이 윤여정을 속여서 노출신을 찍은 〈충녀〉와 같은 해인 1972년에 나온 베르나르도 베르톨루치(Bernardo Bertolucci) 감독의 작품이다. 이 작품에서 여자 주인공을 맡았던 마리아 슈나이더는 당시 19세였다. 그런데 이 영화에서 남자 주인공 말런 브랜도가 슈나이더를 힘으로 제압하고 강제로 성행위를 하는 장면에서 30대의 남자 감독과 40대의 남자 배우는 대본에 없던 버터를 이용해 여자 배우가 놀라는 표정을 찍기로 몰래 계획을 세웠다. 어린 여성이 정말로 수치심을 느끼고 우는 장면을 건지자는 것이었다. 김 감독이 윤여정 모르게 스태프들과 짜고 쥐를 준비한 것과 똑같은 상황이었다. 물론 여자 배우는 자신이 원한다면 얼마든지 노출 장면을 찍을 수 있다. 하지만 그건 어디까지나 원하는 경우에만, 그리고 원하는 수준까지만 그렇다. 현실은 그렇지 않다. 지금의 영화 문화에서 여자 배우들은 대개 어리고 경험이 부족한 상태로 노출신 촬영에 들어간다. 경험 많은 남자 감독과 스태프들이 공모해 현장에서 대본에 없는 요구를 하는 식으로 압력을 넣고 분위기를 험악하게 만들면 대부분의 여자 배우는 시키는 대로 할 수밖에 없다. 샤론 스톤이 들었다는 "여자 배우가 너밖에 없는 줄 아느냐"는 말은 버호벤 감독만 사용한 말이 아니다.

힘 있는 큰언니 케이트 윈슬럿

하지만 세상은 변하고 있다. 변화의 폭은 크지 않고 그 속도도 느리지만, 어디선가, 누군가는 이런 상황을 바꾸기 위해 노력하고 있다. 할리우드의 영화배우 케이트 윈슬럿(Kate Winslet)이 그런 사람이다. 그는 한 인터뷰에서[3] 이런 이야기를 들려줬다. 자기와 같은 영화에 출연한 18세의 여자 배우가 한밤중에 차 안에서 성행위를 하는 장면을 촬영하게 되자 윈슬럿은 자기가 등장하는 장면의 촬영이 끝났음에도 어린 여자 배우 옆에 남기로 했단다. 촬영기사와 감독 모두 훌륭하고 믿을 만한 사람들이었지만, 그래도 그들은 남자였기 때문이다. 그는 카메라에 잡히지 않고 여자 배우 가까이에 머물기 위해 차의 트렁크에 들어가서 촬영 중간중간에 "혹시 불편하지 않느냐," "혹시 물 마시고 싶은 사람 없느냐"는 말을 계속 건넸다고 한다. 왜 그런 말을 했을까?

그 어린 여자 배우가 처한 상황은 힘 있는 남성들이 많은 환경에서 여성이 겪는 아주 전형적인 경우에 해당한다. 미투운동에 불만을 가진 남자들이 피해자에게 하는 가장 흔한 말이 "왜 싫으면 싫다고 말을 하지 않았느냐"다. 여성이 겪는 사회적 압력은 너무나 미묘해 쉽게 드러나지 않기 때문에 먼저 싫다고 말하기 힘들다. 그런 항의에 기분 상한, 대개는 조직 내에서 더 힘이 있는 남성이 "네가 오해한 거"라면서 여성을 오히려 이상한 사람으로 몰아가는 것은 아주 쉽고 익숙한 방어다. 그런 분위기에 눌려 입을 열지 못하고 있을 때 누가 옆에서 "너 혹시 이거 싫지 않아? 불편하지 않아?"라고 물어봐주면 "그렇다", "불편하다"라고 대답하기는 훨씬 쉬워진다. 케이트 윈슬릿 같은 유명한 여자 배우가 같은 차 안에 있다는 것만으로도 힘이 되겠지만, 그럼에도 쉽게 입을 열지 못할까 봐 "물 좀 마시지 않겠느냐" 같은 말로 끊임없이 정적을 깨고 누구나 입을 열 수 있는 분위기를 조성한 것이다.

윈슬릿은 어떻게 이렇게 훌륭한 방법을 배우게 되었을까? 그가 17세에 출연한 첫 영화에서 노출 장면을 찍으면서 겪었던 일 때문이다. 자기가 모르는, 게다가 압도적으로 많은 남자들로 구성된 스태프 앞에서 반라의 노출 장면을 찍을 때 받는 무언의 압력을 경험해봤기에 여자 배우에게 필요한 것이 자신의 생각과 의견을 말할 수 있는 분위기와 기회라는 것을 잘 알고 있었다. 아무리 노출 장면에 동의하고 촬영을 했더라도 "이건 괜찮다," "이건 싫다"라고 말할 수 있어야 한다. 하지만 전통적인 영화 촬영장에서 여자 배우, 그것도 어린 여자 배우가 입을 여는 것은 쉽지 않다. 촬영장의 이런 역학관계를 윈슬릿은 누구보다 잘 알고 있었다. 자신의 경험담을 이야기하는 윈슬릿은 배우들이 함께 모여 대본을 읽을 때 남자 감독이 민감한 장면에서 (자신의 상대역인) 남자 배우의 대사를 대신 읽는 상황을 예로 들었다. 감독이 슬그머니 여자 배우의 성관계 상대역을 하는 관행이다. 이 상황에서 여자 배우는 불편함을 느끼지만 남자 감독은 연기를 지시하기 위해서라고 빠져나갈 핑계가 있다. 이렇게 미묘하고 폭력적인 상황에 처한 경험 때문에 윈슬릿은 여자 배우들의 큰언니를 자임하기로 한 것이다.

계약서와 대본에 없는 내용을 현장에서 내놓고, 혹은 무언의 압력으로 강요하는 일이 업계에 흔하다는 사실이 공론화되자 할리우드 일각에서는 변화의 노력이 시작되었다. 그러지 않아도 유명 제작자 하비 와인스틴(Harvey Weinstein)의 연쇄 성폭행으로 미투운동의 직격탄을 맞은 할리우드는 이 문제를 해결하기 위해 촬영장에 배우를 보호하는 역할을 하는 '인티머시 코디네이터(intimacy coordinator)'를 두기 시작했다. 배우가 직접 조건을 들이

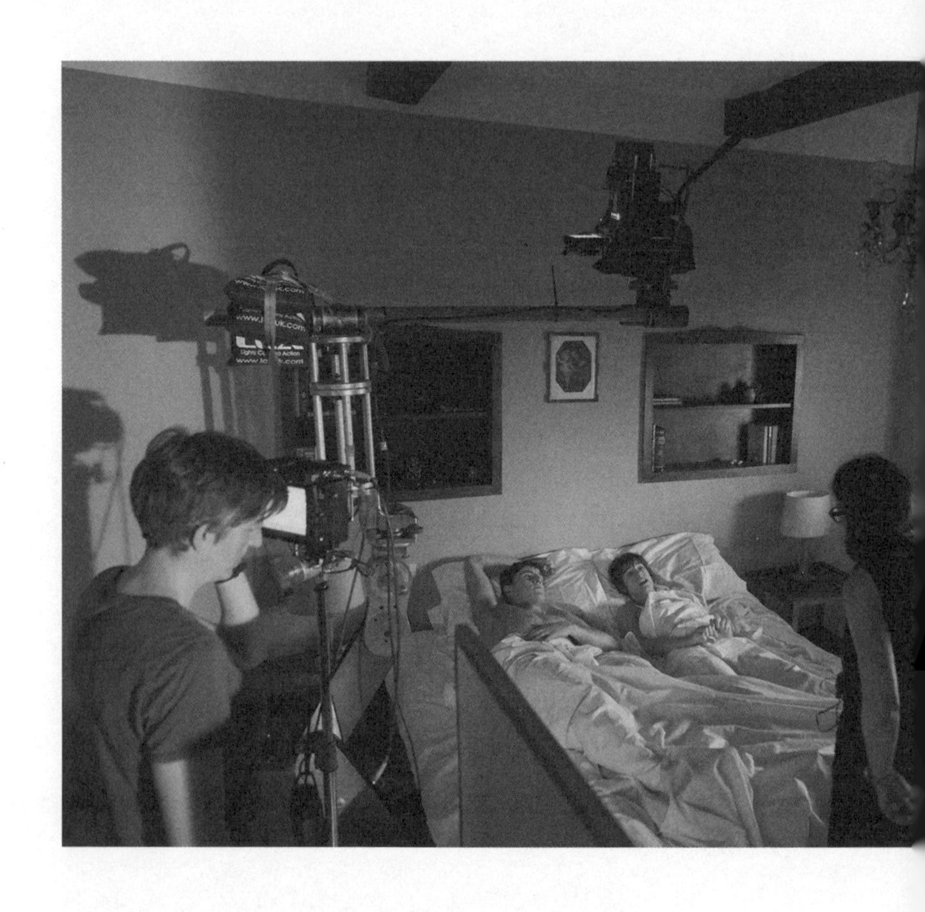

"저는 감독의 생각을 옹호하는 한편,
연기자가 보호받을 수 있는
경계 안에 있기를 바라고 있습니다."
(이타 오브라이언)

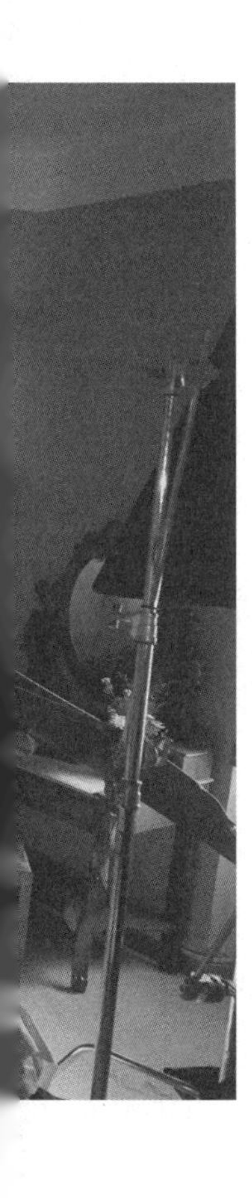

대거나 항의하기 힘들다는 것을 잘 알기 때문에 영화판을 잘 아는 코디네이터(대개는 나이가 더 많은 여성)가 민감한 장면을 촬영할 때 배우 곁에 붙어서 감독이 요구하는 내용이 대본과 다르면 배우 대신 제동을 걸고, 촬영 중간중간에 배우가 보이지 않는 압력과 불편함을 겪지 않는지 살펴주는 '힘 있는 큰언니' 역할을 하는 것이다. 케이트 윈슬릿은 이런 조치가 영화계를 크게 바꿨고, 덕분에 영화계가 옳은 방향으로 가고 있지만 아직도 변해야 할 게 많다고 말한다.

앞서 언급한 인터뷰에서 윤여정 배우는 김기영 감독에게 감사하는 마음을 표현했다. 그런 감사가 윤 배우의 진심임을 의심하지 않는다. 하지만 1972년에 그 배우가 겪은 일은 미화돼서도, 반복돼서도 안 된다. 영화판이 아니라 그 어디에서도 여성이 무언의 압력 때문에 '노'를 하지 못했다고 항의할 자격을 의심받아서도 안 된다. 여성이 자신의 장래를 쥐고 있는 남성들의 부당한 요구를 들어줘야 한다는 것, 그러고도 오히려 남성들에게 감사해야 한다는 것은 분명히 불평등한 구도다. 우리 세대는 이런 구도를 끝내야 한다.

'인티머시 코디네이터'는 요즘 할리우드에서 가장 주목받는 직업이다. 모든 신체 노출 촬영에 이들의 도움이 들어간다. 샐리 루니의 소설을 영화화한 <노멀 피플> 촬영 중 '인티머시 코디네이터' 이타 오브라이언의 모습.

진정한 전문가

경험 많은 사람의 정직한 의견을 듣기 싫어하는

사회는 대중을 속이려는 사람들이 이끌게 된다.

2022년 8월, 언론에 부고 기사가 하나 떴다. 데이비드 케이(David A. Kay)라는 사람이 세상을 떠났다는 소식이었다. 사람들에게 낯익은 이름은 아니었다. 한때 공직에 있었지만 물러난 지 20년 가까이 되었고 말년에는 공직 시절에 하던 일과는 거리가 먼 웨딩 사진작가로 일하면서 근근이 살았다고 한다. 얼마나 대중의 관심 밖에 있었냐면, 그가 세상을 떠난 것은 8월 13일이지만 그 소식이 알려진 것은 열흘 가까이 지난 22일이었다. 과거에 무슨 일을 했던 사람이기에 언론이 뒤늦게나마 이 사람의 사망 소식에 관심을 가졌을까?

데이비드 케이는 정치학 박사로서 젊은 시절 대학교 정치학과 교수였지만 커리어를 바꿔 국제원자력기구(IAEA)에서 일하게 되었다. 한국 언론에도 북한의 핵개발과 관련해서 자주 등장하는 IAEA는 원자력의 무기화를 억제하고 평화적 사용을 장려하기 위해 만들어진 UN 산하의 독립 기구다. 케이 박사는 그곳에서 각 나라가 의무를 제대로 이행하는지 사찰하는 부서에서 행정 업무를 담당했고, 1991년에 UN의 무기사찰 최고책임자가 되었다. 그런데 그가 UN의 무기사찰 책임자가 된 것은 우연하게도 걸프 전쟁(1990~91)이 끝난 직후였다. 이라크의 사담 후세인이 이웃 나라 쿠웨이트를 침공한 것을 계기로 미국이 주도하는 다국적군이 이라크를 굴복시킨 이 전쟁은 독재자 후세인이 숨기고 있는 것으로 알려진 무기를 사찰할 수 있는 기회였다. 후세인은 화학무기를 사용해 민간인을 학살한 혐의가 있었기 때문에 케이 박사가 이끄는 UN 사찰단은 이라크에서 후세인이 숨긴 생화학무기를 찾아내는 역할을 담당했고 2년 후인 1993년에 그는 UN의 사찰 책임자 자리에서 내려왔다.

국제기구에서 일했던 그를 미국 정부가 부른 것은 2002년의 일이다. 당시 백악관은 이라크를 침공할 계획을 세우고 있었다. 훗날 '이라크 전쟁'으로 불리게 된 바로 그 전쟁이다. 미국은 한 해 전인 2001년 9월 11일에 일어난 테러 사건에 대한 보복으로 이 전쟁을 준비했다고 알려졌지만, 사실 9·11 테러는 알카에다라는 국제 테러조직이 저질렀고 오사마 빈 라덴을 비롯해 이

를 실행에 옮긴 많은 사람들은 이라크인이 아니라 (미국의 우방인) 사우디아라비아인이었다. 이들은 아프가니스탄에서 그곳 정부와 탈레반의 도움을 받아 숨어 있었는데 조지 W. 부시(George W. Bush) 대통령과 딕 체니(Dick Cheney) 부통령, 도널드 럼스펠드(Donald Rumsfeld) 국방장관은 엉뚱한 이라크를 침공하기로 결심한 것이다.

후세인의 WMD

알카에다의 공격을 받았는데 그와 무관한 이라크를 공격한다는 게 얼마나 어처구니없는 일인지 지금은 많은 사람들이 알고 있지만, 당시 미국 정부는 사담 후세인이 테러리스트를 숨겨주고 있다고 주장했고 사람들은 대체로 미국 정부의 말을 믿었다. 그 배경에는 폴 울포위츠(Paul Wolfowitz)라는 인물이 있다. 당시 울포위츠는 국방부 차관으로 도널드 럼스펠드 밑에 있었는데, 9·11 테러가 일어난 날 밤 회의에서 그가 "이라크를 공격해야 한다"는 주장을 처음 꺼낸 것으로 알려져 있다. 정확하게 왜 조지 W. 부시가 이라크를 침공하기로 결정했는지에 대해서는 다양한 추측이 있다. 아버지(조지 H. W. 부시)가 주도한 걸프 전쟁 때 제거하지 않고 놔둔 사담 후세인이 중동 지역의 평화를 위협했기 때문이라고도 하고, 이라크의 풍부한 석유 때문이라고도 하고, 공화당 사람들,

특히 딕 체니 부통령의 이해관계 때문이었다는 주장도 있다. 딕 체니는 부통령이 되기 전에 할리버튼이라는 기업의 CEO를 역임했는데, 할리버튼은 이라크 전쟁 때 미국 정부로부터 395억 달러(약 53조 원) 규모의 용역을 따냈다.

하지만 국가의 군대를 동원해서 다른 나라를 침공하기 위해서는 단순히 독재자를 제거한다는 것 이상의 정당한 이유가 있어야 한다. 세상에 독재자들이 한둘도 아닌데, 굳이 이라크를 침략하는 것은 명분이 부족한 일이었다. 고민하던 부시와 그의 참모들은 "후세인이 대량살상무기(WMD)를 숨기고 있다"는 것을 그 이유로 들었다. 이런 주장을 한 것은 부시와 딕 체니, 럼스펠드 그리고 울포위츠였지만 이들은 국제사회에서는 물론 전쟁에 반대하는 미국 국민 사이에서도 신뢰를 받지 못했기 때문에 부시와 참모들에게는 누구나 신뢰할 수 있는 '전문가'의 말이 필요했다. 데이비드 케이 박사의 이름이 언급된 것은 그 때문이었다.

무엇보다 케이 박사는 1991년에 이라크를 사찰했던 경험이 있었고 그때의 경험으로 후세인이 WMD를 만들고 있다고 확신했다. 따라서 부시 행정부에는 더없이 완벽한 인물이었다. 물론 케이 박사가 이라크를 사찰하는 건 미군이 이라크군을 무력화한 후에나 가능한 일이었고, 전쟁으로 가기까지 부시는 당시 행정부 내에서 국내외적으로 신뢰를 받고 있던 콜린 파월(Colin Powell) 국무장관을 활용했다(부시 측근이 파월 장관에게 틀린 정보를 전달했다는 주장도 있고, 그 정보가 거짓임을 파월도 알았다는 주장도 있다). 하지만 일단 이라크를 점령한 후에는 사찰이 가능했기에 부시 정권은 2003년에 케이 박사를 사찰 책임자로 내세워서 후세인의 WMD를 찾아내게 했다. 그 임무를 맡은 것이 미 중앙정보국(CIA)에서 만든 이라크 서베이 그룹(Iraq Survey Group)이었고 케이 박사는 그 책임자였다.

그런데 그렇게 이라크를 샅샅이 뒤진 케이 박사가 밝혀낸 사실은 사담 후세인이 WMD 개발 프로그램을 대부분 포기했다는 것이었다. 화생방무기를 만들 생각으로 재료를 모은 흔적은 있지만 무기나 개발 프로그램은 없었고 고작 장거리 탄도탄 개발 프로그램 정도가 남아 있을 뿐이었다. 이는 후세인이 WMD를 숨기고 있다는 부시 정권의 주장과는 다른 내용이었다. 10만 명이 넘는 민간인이 죽고 양쪽에서 수천 명의 군인이 전사한 전쟁이 잘못된 정보 혹은 허위 정보에 기반해서 일어났다는 얘기였다.

진실을 알린 대가

데이비드 케이 박사는 2003년 말 이라크에서 돌아온 후 CIA 국장 조지 테넷(George Tenet)을 찾아가 자신이 발견한 사실을 알리고, 곧이어 조사단에서 사임했다. 그리고 2004년 1월 미국 상원 국방위원회 청문회에 출석했다. 그 자리에서 그는 이렇게 입을 열었다. "먼저 우리가 거의 모든 부분에서 틀렸다는 사실을 말씀드리고 시작하겠습니다. 여기에서 말하는 '우리'에는 저도 분명히 포함됩니다. (…) 전쟁 전만 해도 저는 그때까지 나온 정보를 보고 이라크가 WMD를 가지고 있다고 생각했습니다. 하지만 사찰 후의 제 판단으로는 우리 모두가 틀린 것으로 보입니다. 이 사실이 가장 충격적입니다."

하지만 청문회 때까지만 해도 케이 박사는 이라크 침공은 그래도 잘한 결정이라고 믿었다. 후세인은 민간인을 학살한 잔인한 독재자였기 때문에 그를 제거한 것은 모두에게 좋은 결과라고 생각한 것이다. 하지만 그 전쟁 중에 사망한 민간인과 그 이후에 이라크 지역에서 일어난 수많은 비극을 생각하면 이야기는 달라진다. 그렇게 시간이 흐르면서 상황이 나빠지는 것을 지켜본 케이 박사는 생각을 바꿨다. 2006년 한 TV 시사 프로그램에 출연한 케이 박사는 침공을 결정할 당시 조지 테넷 CIA 국장이 파월에게 틀린 정보를 전달한 사실을 강하게 비판하면서 "테넷 국장은 정확한 정보를 전달하면 백악관에서 반기지 않을 것을 알았다. 그는 그들(백악관의 핵심 세력) 사이에 끼고 싶어서 (틀린 정보를 전달)한 것"이라고 강하게 비판했다.

그의 솔직한 고백이 백악관을 분노하게 했으리라는 사실은 충분히 짐작할 수 있다. 당시 케이 박사를 가까이에서 취재했던 기자 밥 드로긴은 그를 회고하는 칼럼에서 CIA와 백악관은 불리한 증언을 한 케이 박사를 절대 용서하지 않았다고 했다. 백악관의 눈 밖에 난 케이 박사는 워싱턴 내에서 모든 끈이 끊어졌고 직업을 잃었다. 그는 생계를 잇기 위해 웨딩사진 찍는 일을 했다. 드로긴 기자는 권력 앞에서 당당하게 진실을 말하는 것은 미국의 자랑스러운 가치이지만 그렇게 용기 있는 발언을 한 사람은 부당한 대우를 받게 된다고 개탄한다.

케이 박사는 자신의 신념을 입 밖에 내지 않았다면 경제적으로 편안한 여생을 살았을 것이다. 이라크에서 사찰 작업을 끝내고 미국으로 돌아와 사직서를 냈을 때 CIA에서는 그에게 고문직을 제안했다. 하지만 그는 CIA의 제안이 자신의 입을 막기 위한 것임을 알았기에 거절했고, 의회와 언론 앞에서 진실을 알리는 쪽을 선택했다. 그리고 그 대가로 그는 워싱턴에서 배신자 취급을 받았다.

드로긴 기자는 자신의 안위를 포기하고 용기 있게 신념을 선택한 데이비드 케이 박사야말로 진정한 미국의 영웅이라고 말한다. 하지만 케이 박사는 영웅이기에 앞서 전문가로서의 자세를 보여준 사람이다. 사담 후세인이 WMD를 갖고 있다고 굳게 믿고

**"먼저 우리가 거의 모든 점에서 틀렸다는
사실을 말씀드립니다.
여기에는 분명히 저도 포함됩니다."**

2004년 1월 상원 청문회에 출석한 데이비드 케이 박사이라크에 들어갔음에도 자신의 신념으로 사실을 숨기지 않았고, 자기 생각이 틀렸음을 깨닫자 이를 인정했기 때문이다. 그리고 그렇게 인정하는 것이 직업인으로서 자신의 앞길을 막을 것임을 알았어도 진실을 말하는 쪽을 택했다.

하지만 드로긴 기자의 말처럼 "세상은 이런 전문가보다는 정치적인 이익을 위해 기꺼이 거짓말을 하거나 입을 다무는 사람을 선호한다." 케이 박사는 대중에게 잊혔지만 9·11 테러가 일어난 날 백악관 사람들에게 후세인이 WMD를 숨기고 있다는 거짓 정보를 내세우며 이라크를 침공해야 한다고 끝까지 주장했던 폴 울포위츠는 그런 충성의 대가로 2005년에 세계은행 총재가 되었다(성추문 등의 문제로 2년 만에 사퇴했다). 부시의 다른 충성파 멤버들도 대부분 영전했다. 데이비드 케이 박사의 용기가 더욱 널리 알려져야 할 이유가 여기에 있다. 경험 많은 전문가의 정직한 의견을 듣기 싫어하는 사회는 대중을 기꺼이 속이려는 사람들이 이끌게 되기 때문이다.

주

1부

세상의 모든 멜라니들

1 "Three Miles," This American Life, 2015. 3. 15.

2 "Summer Melt: Why Aren't Students Showing Up For College?," Hidden Brain, 2018. 6. 18.

3 "The Scarcity Trap: Why We Keep Digging When We're Stuck In A Hole," Hidden Brain, 2018. 4. 2.

4 "The N.Y.U. Chemistry Students Shouldn't Have Needed That Petition," *The New York Times*, 2022. 10. 7.

여자 옷과 주머니

1 "'주머니'의 역사와 여성용 옷에 숨어 있는 성차별," <뉴스페퍼민트>, 2016. 3. 4.

2 "The Weird, Complicated, Sexist History of Pockets," Rachel Lubitz, Mic, 2016. 2. 20.

3 "Pick your clothes wisely, if you want pockets," All Things Considered, NPR, 2023. 9. 22.

4 "The gender politics of pockets," KERA's Think, 2023. 12. 23.

완톤 폰트

1 "Cultural Stereotypes in Letter Forms in Public Space," Irmi Wachendorff.

캐스터 세메냐의 정체

1 "Either/Or," *The New Yorker*, 2009. 11. 19

2 "Black Boys Viewed as Older, Less Innocent Than Whites, Research Finds," American Psychological Association, 2014. 3.

3 "I was sore about losing to Caster Semenya. But this decision against

her is wrong," *The Guardian*, 2019. 5. 1.

완벽하지 않은 피해자

1 "The Trouble With Johnny Depp," *Rollingstone*, 2018. 06. 21.
2 "Why the Depp-Heard trial is so much worse than you realize," Vox, 2022. 3. 20.
3 "How The Media Failed Amber Heard," WNYC, 2022. 6. 3.
4 "Surgeon: Johnny Depp's severed finger story has flaws," AP, 2022. 5. 24.
5 "The Truth About Gandhi," *The Harvard Crimson*, 1983. 3. 7.
6 영국 배우인 폴 베타니가 말한 '익사 테스트'라는 건 몸을 줄로 묶고 물에 빠뜨려서 가라앉으면 마녀가 아니라고 생각한 과거 영국의 마녀 테스트 방식을 말한다.
7 "The Amber Heard-Johnny Depp trial was an orgy of misogyny," *The Guardian*, 2022. 6. 1.

2부

친애하는 슐츠 씨께

1 당시에는 흑인을 이렇게 부르는 것이 일반적이었다.
2 주인공이 아닌, 엑스트라 배우처럼 등장하는 것을 의미하는 것으로 보인다.

정신력

1 과학적인 연구는 아니지만 영문 위키피디아의 'hysterical strength' 항목에 이런 사례들이 정리되어 있다.

트렁크에 들어간 여배우

1 "윤여정 '김기영 감독 이후 영화 그만두려 했죠'" <한겨레> 2008. 6. 22.
2 "Sharon Stone: cosmetic surgeon enlarged my breasts without consent," *The Guardian*, 2021. 6. 10.
3 "Kate Winslet On The Roles That Scare Her And How 'Titanic' Shaped Her Career," NPR 'Fresh Air,' 2021. 4. 30.

사진 출처

1부

세상의 모든 멜라니들

22쪽 Jennifer S. Altman Archive
30쪽 Ryan Pfluger/ The New York Times
34쪽 Ethical Culture Fieldston School LinkedIn
52쪽 WEATON COLLEGE
60쪽 Hill Street Studios
64쪽 씨리얼 유튜브 화면 캡처 https://youtu.be/yJ9n93Jp_Qg

센트럴파크의 탐조인

75쪽 Melody Cooper(Mr. Cooper's sister) 트위터
78쪽 James Estrin
85쪽 treknews.net
89쪽 Wikipedia/ Public Domain

여자 옷과 주머니

98쪽 Hannah Carlson, 《Pockets》
104쪽 Hannah Carlson, 《Pockets》
109쪽 Hannah Carlson, 《Pockets》, Digital Collections of the Los Angeles Public Library
110쪽 Hannah Carlson, 《Pockets》, The Metropolitan Museum of Art
116쪽 Hannah Carlson, 《Pockets》
118쪽 https://pudding.cool/2018/08/pockets/
120쪽 Wikipedia/ Public Domain, 연합뉴스

완톤 폰트

128쪽 https://www.reddit.com/media?url=https%3A%2F%2Fi.redd.it%2F4xyyzv74c5a81.jpg&rdt=35883

130쪽 https://newjerseyglobe.com/fr/is-the-macarthur-kim-mailing-racist/
140쪽 프락투어 폰트가 사용된 히틀러의 《나의 투쟁(Mein Kampf)》 초판본
143쪽 영화 <티파니에서 아침을> 화면 캡처
145쪽 Wikipedia/ Public Domain

캐스터 세메냐의 정체

150쪽 SIPHIWE SIBEKO1/ Reuters
155쪽 Wikipedia/ Public Domain
165쪽 Alamy
167쪽 Wikipedia/ Public Domain
170쪽 Andy Lyons/ Getty Images

코드 스위치

186쪽 CBS Evening News
190쪽 https://www.pritzkerprize.com/
194쪽 Wikipedia/ Public Domain

완벽하지 않은 피해자

202쪽 Steve Helber/ Associated Press
210쪽 https://fandomwire.com/its-disgusting-amber-heard-finally-responds-to-amber-turd-accusations/
215쪽 Alamy

매리 포드의 결격 사유

226쪽 Kevin Burg/ Flickr
229쪽 Animation Guild
233쪽 The Guerrilla Girls

2부

상식적인 남자들

246쪽 Keystone-France/ Gamma-Keystone

248쪽 Madeline Bilis/ Boston Globe

250쪽 박상현

친애하는 슐츠 씨께

258쪽 Neil Gaiman Tumblr

262쪽 Neil Gaiman Tumblr

266쪽 Danny Lyon, Richard and Ronay Menschel Collection

270쪽 African American Veterans Monument

세상을 바꾼 여름 캠프

281쪽 다큐멘터리 <크립 캠프: 장애는 없다> 화면 캡처

284쪽 주디 휴먼 트위터

290쪽 MSNBC 유튜브 화면 캡처 https://youtu.be/WKiDJqMrrcQ?t=256

292쪽 The American Association of People with Disabilities

낯선 모습의 킹 목사

298쪽 Comic Book Resources

302쪽 Wikipedia/ Public Domain

304쪽 Birmingham Public Library

308쪽 Comic Book Resources

312쪽 Wikipedia/ Public Domain

정신력

322쪽 Springfield Union

324쪽 영화 <애니 기븐 선데이> 화면 캡처

328쪽 Wikipedia/ Public Domain

332쪽 Wikipedia/ Public Domain

괜찮지 않아도 괜찮아

340쪽 Australian Open 2021 Press Conferences/Interviews(ausopen.com)

348쪽 The cover of Time magazine featuring Naomi Osaka

트렁크에 들어간 여배우

362쪽 Enda Bowe/BBC/Element Pictures/Hulu

진정한 전문가

370쪽 C-SPAN 유튜브 화면 캡처 https://www.c-span.org/video/?c5028533/david-kay/

374쪽 Doug Mills/ The New York Times

- 이 책에 사용된 사진은 대부분 저작권자의 동의를 얻었지만, 저작권자를 찾지 못한 도판은 확인되는 대로 통상의 사용료를 지불하겠습니다.

감사의 말

이 책은 <오터레터>에 발행된 글을 모아 정리한 것이다. <오터레터>는 좋은 콘텐츠를 모아 소개하는 노력은 금전적 보상을 받아야 한다는 취지에 동의한 많은 분들의 구독으로 유지되는 매체다. 이 자리를 빌려 <오터레터>를 지지, 후원하시는 구독자 여러분께 감사의 말씀을 전한다.

특히 샌프란시스코 대학교의 정은진 교수님은 따로 언급해야 한다. <오터레터>에 발행되는 모든 글에서 무수한 오타와 맞춤법은 물론이고, 내용과 번역의 오류까지 날카로운 눈으로 찾아서 일일이 알려주시는 정 교수님이 없으면 <오터레터>는 지금의 모습으로 존재하기 힘들다. <오터레터>에 대한 사랑으로 대가 없이 애써주시는 교수님께 보답할 날이 있기를 바라며, 다시 한번 깊이 감사드린다.

친애하는 슐츠 씨

초판 1쇄 발행 2024년 6월 3일
초판 4쇄 발행 2024년 10월 21일

지은이 박상현
발행인 김형보
편집 최윤경, 강태영, 임재희, 홍민기, 강민영, 송현주, 박지연
마케팅 이연실, 이다영, 송신아 **디자인** 송은비
경영지원 최윤영, 유현

발행처 어크로스출판그룹(주)
출판신고 2018년 12월 20일 제 2018-000339호
주소 서울시 마포구 동교로 109-6
전화 070-5080-4113(편집) 070-8724-5877(영업) **팩스** 02-6085-7676
이메일 across@acrossbook.com **홈페이지** www.acrossbook.com

ISBN 979-11-6774-152-3 03100

만든 사람들
편집 강태영 **교정** 윤정숙 **디자인** [★]규